세상의 종말

세상의 종말

데보라 다노프스키,
에두아르두 비베이루스 지 카스트루 지음

김현경, 이승연 옮김

세상의 종말:
좀비 아포칼립스에서 인류세까지
종말론에 대한 단상

일러두기

— 이 책은 지은이의 동의를 얻어 영문판인
  The Ends of the World(Polity, 2017)를
  우리말로 옮긴 것입니다.
— world는 '세상'으로 번역했습니다.
  단, '세계상실'처럼 특정한 철학적 맥락에서
  사용될 때는 '세계'로 번역했습니다.
— 본문 중 대괄호([])안의 작은 글씨는
  독자의 이해를 돕기 위해 한국어판
  옮긴이가 추가한 것입니다.
— 지은이 주는 모두 각 장 미주로 처리했으며,
  한국어판 옮긴이 주는 본문 하단에
  설명주로 덧붙였습니다.

다가올 세상의 지구생활자 이렌에게

다가올 세상의 지구생활자 이렌에게

이자벨 스탕게르스(Isabelle Stengers)가 가이아의 침입(*in-trusion of Gaia*)이라고 부른 것은 우리에게서 완전히 방향감각을 빼앗는다. 그렇다, 가이아는 침입자다. 가이아의 지배 아래 있는 생명을 위해서 준비된, 고려된, 계획된, 예측된, 도입된 것이 전혀 없었다는 점에서 그렇다. 최소한 우리가 더 이상 근대라고 부를 수 없는 저 역사적인 시기 동안에는 전혀 없었다. 물론 자연(*Nature*)이 있었다. 이 차갑고 영원하고 소원한 형상은 경제 법칙을 포함하여 모든 인간 행위에 자신의 법칙을 부과한다고 여겨졌다. 하지만 신성한 자연이라는 관념은 오늘날 우리 눈에 너무 낡아 보이고, 순진하게 인간중심주의에 갇혀 있다는 인상을 준다. 아무튼 자연 역시 결국에는 세속화되었다. 그렇다면 우리는 어떻게 가이아라는 침입자에게 익숙해질 수 있을까? 이 신화우주론(mythocosmology) 에세이의 두 저자—철학에 경도된 인류학자와 생태학에 열중하는 철학자—는 바로 이 지점에서 출발한다. 그리고 물론 그들은 (생태학적 위기에 이르려면 빅뱅에서 시작해서 최초의 인류 루시, 라스코 동굴 등등을 거쳐야 한다는 듯이) 태초부터 시작하는 게 아니라, 유일하게 가능한 출발점, 즉 종말에서 시작한다. 요한 계시록 같은 시간의 종말이 아니라, 시간이 흐르던 방식의 중지(*suspension*). 이 에세이는 재고조사라도 하듯이 오늘날 철학과 문학에 등장하는 괴물들을 모아 놓은 진열장들 앞을 경쾌하게 나아간다. 일종의 가이드 투어라고 할까? 이 괴물들은 인기 폭발인 것도 있고, 잘 알려지지 않은 것도 있다. 하지만 모두 현재의 불안한 상태를 알린다. 이어서 저자들은 인류학으로 넘어가서, 자연과 문화의 구별이 필요치 않았던 토착적인 세계를 다룬다. 다른 세계를 다루기 때문에 논조도 달라진다. 마지막은 정치에 대한 통찰이다. 이 책은 정치와 함께, 정치를 관통하면서, 시간이 더는 자기들 편이 아님을 알고 있는 모든 집단들의 열띤 집결을 상기시키면서, 결말로 다가간다. 그리하여 모든 것이 다시 시작된다—또는 시작될 것이다, 우리가 어린 시절부터 무심코 믿어 온 많은 것을 뒤로 한 채. 이 책은 찬물 샤워를 하듯이 읽어야 한다. 그렇게 우리는 익숙해진다. 최악의 사태를 예상하면서. 그렇게 우리는 마음의 준비를 한다.

하지만 우리들, 자연의 지배자들이
두려워하지 않는다면,
과연 누가 두려워하겠는가?
클라리시 리스펙토르(Clarice Lispector)

우리와 달리, 백인들은 무너지는 하늘에
깔려 죽는 것을 걱정하지 않는다.
하지만 언젠가는 그들도 우리만큼 두려워하겠지!
다비 코페나와(Davi Kopenawa)

이 책의 두 번째 챕터 도입부에 인용한 텍스트에서 브뤼노 라투르는 "상황이 너무 빠르게 바뀌고 있어서 따라가기 어렵다"고 말한다. 이 말은 《세상의 종말》에 완벽하게 들어맞는다. 지금 독자들의 눈앞에 있는 책은 2014년 쿨투라에바바리에(Cultura e Barbárie) 출판사와 사회환경연구소(Instituto Socioembiental)가 《앞으로의 세상은 있는가? 공포와 종말에 관한 에세이 (Há Mundo Por Vir? Ensaio sobre os medos e os fins)》라는 제목으로 출간한 포르투갈어판의 번역본이다. 그 후 한편으로는 지구온난화가 꿋꿋하게 행진을 계속하고, 다른 한편으로는 "세상의 종말"과 "인류세"에 대한 (넓은 의미에서의) 담론의 산더미가, 그리고 인류세라는 용어가 너무나 편리하면서도 논쟁적으로 요약해버린 주제의 뭉게구름이 너무나 커지는 바람에, 겨우 일이 년 전에 제기된 주장들을 업데이트하려는 시도조차 불가능에 가까운 과제가 되고 말았다.

　이 책에도 여기저기 영향이 남아 있을, 중요한 이정표들을 몇 개만 떠올려 보자.

— 2014년 9월 리우데자네이루에서 열린 국제 콜로키움 〈가이아의 천 개의 이름. 인류세부터 지구의 시대까지(The Thousand Names of Gaia: From the Anthropocene to the Age of the Earth)〉. 《세상의 종말》의 두 저자가 함께 꾸렸고, 이 주제를 연구하는 주요 사상가들이 한데 모였다.

— 교황의 회칙 〈찬미받으소서(Laudato Si')〉의 공표. 이는 바티칸이 이 논의에 정식으로 화려하게 가담할 것임을 알렸다.

— 〈신환경운동 성명문(An Ecomodernist Manifesto)〉의 등장(우리는 신중하게 이 단어를 선택했다). 브레이크스루연구소(Breakthrough Institute)가 작성을 주도했고, (이 연구소가 옹호하는 입장을 훨씬 더 급진적으로 주장하는) 수많은 친자본주의 유명인들이 서명했다.

— 교황의 회칙과 씨름하는 여러 텍스트들, 그리고 〈신환경운동 성명문〉을 맹비난하는 또 다른 수많은 텍스트들. 이들 중 일부는 우리 책에서도 다루고 있는 저자들이 쓴 것이다.

— 제이슨 무어(Jason Moore)의 《생명의 그물 속 자본주의: 자본의 축적과 세계생태론(Capitalism in the Web of Life: Ecology and the Accumulation of Capital)》의 출간. 이 책에서 우리는 ("자본세"로 다시 태어난) 인류세에 천착하는 역사적 유물론자의 면밀한 내러티브를 발견한다.

— "가속주의적" 경향의 이벤트들, 텍스트들, 선언들의 진정한 폭발. 가속주의는 얼마간 성숙기에 도달한 것처럼 보이는데, 원래는 진했던 프로메테우스적인 와인에 계속해서 물을 타는 방식을 보면 이런 인상이 더욱 강해진다.

— 또한 말할 필요도 없이, 2015년 12월에 개최된 COP21(2015 United Nations Climate Change Conference, 21차 유엔기후변화협약 당사국총회)에서 채택된 파리기후변화협약. COP21은 환경운동가들과 과학자들에게 희망과 절망을 똑같은 비중으로 심어 주는 데 있어서 앞선 스무 번의 총회 중 어느 것보다도 성공적이었다. 지구 온도 상승을 2°C 이하로, 가능하다면 1.5°C 이하로 제한할 필요에 대해 회원국들 사이에 합의를 끌어냈으나, 그러면서도 그 목표를 현실화하거나 최소한 가망 있는 것이 되게 할 구체적인 단일 조치를 정하지 못하였으며, 그리하여 이 회의들이 이른바 "지구공학적 플랜B의 불가피성"이라는 유령에 의해 조종된다는 씁쓸한 의혹을 불러일으켰다.[1]

그렇지만 "비판적"이라기보다는 "대화적"이라고 할 수 있을 어떤 관점에서 보자면, 이 책의 수용맥락을 실질적으로 바꾸어 놓은 가장 중요한 사건은 브뤼노 라투르의 《가이아와 마주하며(Face à Gaïa)》(2015)의 발간이었다. 《가이아와 마주하며》는 2013년 에든버러 대학교에서 열린, 자연 종교를 주제로 한 라투르의 기퍼드 강연* 〈가이아 대면하기(Facing Gaia)〉를 광범위하고 철저하게 개정한 것이다. 《세상의 종말》에서 우리는 이 강연을 서사의 실타래로 이용하였다. 《가이아와 마주하며》는 다른 여러 텍스트 중에서도 우리가 쓴 〈세상의 멈춤(L'Arrêt de Monde)〉을 염두에 두고 저술된 것이다. 라투르의 책을 우리 책에 통합시키려면 사실상 완전히 다른 책을 써야 할 것이다. 따라서 할 수 있다면, 이 책 《세상의 종말》을 《가이아와 마주하며》(또는 곧 출간될 영역본 *Facing Gaia*, Polity Press, 2017)와 함께

---

*   애덤 기퍼드 경이 창설한 석학 강연 시리즈로 세인트앤드루스 대학교, 글래스고 대학교, 애버딘 대학교, 에든버러 대학교에서 돌아가며 진행된다 -역주

세 상 의 **15** 종 말

읽기를 추천한다. 그렇게 함으로써 독자들은 자신만의 결론을 도출할 수 있을 것이다.

요컨대, 우리가 이 모든 후속 논의들을 무시하고《세상의 종말》을 출간하기로 결정한 이유는 이 책에 담긴 관찰들, 이 책이 옹호하는 입장들과 반박하는 입장들이 이 책의 분석이나 중심 논지를 수정할 만큼의 정교화를 요구하지 않는다고 강력하게 확신하기 때문이다.

끝으로, 몇 가지 기술적인 문제에 대해 주석을 추가하고 싶다. 첫째, § 기호는 주요 논의에서 벗어나 있지만, 확장된 각주와 같은 방식으로 텍스트에 깊이 있는 설명을 더하기 위한 문단을 표시한다. 둘째, 기퍼드 강연에서 라투르는 불어의 Terriens(지구인)을 "Earthling(지구인)", "Earthbound people(지구 민족)"으로 번역했다. 후자가 더 빈번하게 사용되었는데, 이는 Earthbound(지구에 속한)의 여러 함의를 이용하기 위해서다. 지구를 향해 있고, 지구에 발이 묶여 있으며, 지구에 사로잡힌 사람들. 우리는 이 사람들을 가리키는 단어로 "Terrans(이하에서 "지구 생활자"로 번역)"을 선택했다. 앞으로 보겠지만, 라투르는 "지구 생활자"를 "인간(Humans)" 그리고/또는 "근대인(Moderns)" 과 대립시킨다("인간"과 "근대인"은 같은 사람들, 곧 "우리"를 가리키는 동의어로 간주된다). 이 "지구생활자들"이 누구인가는 우리 책에서 다루는 중요한 문제 중 하나다.

1 우리가 이 서문을 막 끝냈을 때
등장하여 과학자 커뮤니티뿐만 아니라
일반 대중에게도 큰 영향을 미친 두 개의
연구 논문을 언급하지 않을 수 없다.
Richard E. Zeebe, Andy Ridgwell,
and James C. Zachos (2016), 그리고
Hansen et al. (2016).

❖

감사의 말

이 책의 초고는 "철학적 이성과 지식 연구팀(Equipe de Recherche sur les Rationalités Philosophiques et les Savoirs, ER-RAPHIS)"의 요청으로, 프랑스의 툴르즈-장 조레스(르 미라이) 대학교에서 2012년 12월 21일("마야" 달력으로 세상의 마지막 날)에 발표했던 원고다. 이 발표가 있고 나서 몇 주 후에, 파리 정치대학교(Sciences Po)에서 〈예술과 정치실험(Expérimentation Arts et Politiques, SPEAP)〉 프로그램의 일환으로 열린 세미나에서도 같은 내용을 발표했다. 장-크리스토프 고다르(Jean-Christophe Goddard)와 브뤼노 라투르(Bruno Latour)에게 각각의 초대에 대해서 감사드린다. 또한 강연에 참석하여 환영사와 논평을 해준 사람들에게도 감사드린다. 장-크리스토프, 그웬-엘렌(Gwen-Elen), 잔느 고다르(Jeanne Goddard)는 툴루즈대학교에서 뭉클할 정도로 따뜻하게 우리를 맞아주었다. 오랜 친구 브뤼노 라투르는 우리에게 강력한 동기를 부여했을 뿐 아니라, 우리의 주요 대화 상대임이 분명하므로 특별한 감사를 받아 마땅하다.

또한 #ATOA의 용감한 동료 지구생활자들, 알렉산드르 노다리(Alexandre Nodari), 플라비아 세라(Flavia Cera), 마르코스 데 알메이다 마토스(Marcos de Almeida Matos), 론디넬리 고메스 데 메데이로스(Rondinelly Gomes de Medeiros)에게도 감사를 전하고 싶다. 이들은 시작부터, 그리고 특히 리우+20 기후 회의와 함께 열린 정상 회담의 일부로서 개최되었던 "인류세 논쟁" 행사 〈테라테라(*terrAterra*)〉 이후 계속 우리와 함께했다. 차크라바르티(Dipesh Chakrabarty)의 논문으로 처음 우리를 이끌었고, 지구생활자 운동을 늘 아낌없이 지원하는 이델베르 아벨라르(Idelber Avelar)에게 감사드린다. 사변적 실재론과 가속주의, 그리고 그 배경에 대한 몇 가지 지적에 대해 로드리고 누네스(Rodrigo Nunes)에게 감사드린다. 펠리페 쥐세킨트(Felipe Süssekind), 알린 데 카스트로 코스타(Alyne de Castro Costa), 훌리아나 파우스토(Juliana Fausto), 마르코 안토니오 발렌팀(Marco Antônio Valentim), 세실리아 바이아스(Cecilia Vallias), 모이세스 핀토 네토(Moysés Pinto Neto)에게도 감사드린다. 그들은 세상들의 전쟁이 진행되는 가운데 두 차례 이상의 교전에서 우리와 공모하여 결정적인 지원을 제공했다. 우리는 승리할 것이다.

《세상의 종말》은 오이아라 보니야(Oiara Bonillar) —그녀의 인내에 감사드린다—가 포르투갈어에서 프랑스어로 번역한 〈세상의 멈춤(L'Arrêt de monde)〉을 다듬고 확장한 것이다. 후자는 2014년에 출간된 《닫힌 우주에서 무한한 세계까지(De l'Univers Clos au Monde Infini)》에 포함되었다. 이 공동작업에 우리를 초대해 준 에밀리에 아체(Émilie Hache)에게 감사드린다. 에밀리에는 고맙게도 우리의 글을 온전한 형태로 실어주었고, 편집자로서 귀중한 제안을 해주었다. 우리의 친구 엘리 콩스(Élie Kongs)에게도 같은 감사의 말을 전한다. 끝으로, 마이클 하우스만(Michael Houseman)은 2013년의 어느 추운 오후 내내, 이 글의 구상을 듣고 의견을 주었으며, 마리카 무아세프(Marika Moisseeff)와 함께, 너무나 여러 해 동안 너무나 여러 차례, 조건 없이 너그러운 우정으로 우리를 맞아주었다. 고마운 분들이 훨씬 더 많지만, 이쯤에서 감사의 말을 줄인다.

다음을 본문에 인용할 수 있게 허락해 준 것에 대해 감사를 표한다.

11쪽: Lispector, Clarice (1999) *Para Não Esquecer (Crônicas)*. Rio De Janeiro: Rocco.

39쪽: Thom Yorke. From the song "Idiotheque" by Thomas Edward Yorke (author of lyrics), Philip James Selway, Edward John O'Brien, Colin Charles Greenwood, Jonathan Greenwood, Richard Guy and Paul Lansky, on the album *Kid A* (2000) by Radiohead. Warner/Chappell Music Ltd and Warner/Chappell Music Publishing Ltd.

79쪽: Don Juan Matus, cited in Carlos Castañeda (1992) *Tales of Power*. New York: Washington Square Press (reissue edition 1992; original 1974).

103쪽: T. S. Eliot, 'The Hollow Men', in T. S. Eliot(1991) *Collected Poems 1909-1962*. San Diego/New York/London: Harcourt Brace Jovanovich, Copyright 1936 by Houghton Mifflin Harcourt Publishing Company. Copyright © renewed 1964 by Thomas Stearns Eliot. Reprinted by permission of Houghton Mifflin Harcourt Publishing Company. All rights reserved. Reprinted outside of the US by permission of Faber and Faber Ltd.

11, 200쪽: Davi Kopenawa and Bruce Albert, *The Falling Sky: Words of a Yanomami Shaman*. Translated by Nicholas Elliott and Alison Dundy, Cambridge, Mass.: The Belknap Press of Harvard University Press, Copyright © 2013 by the President and Fellows of Harvard College.

229쪽: From 'What is Philosophy?', by Felix Guattari and Gilles Deleuze. Copyright © 1996 Columbia University Press. Reprinted with permission of the publisher.

1
웬 사나운 짐승이…

세상의 종말은 영원한 이야깃거리인 것 같다. 물론 종말이 오기 전까지는 그럴 것 같다는 이야기다. 민족지적(ethnographic) 기록이 증언하듯이, 다양한 문화들은 역사의 시공간적 틀의 탈구를 다양한 방식으로 상상해 왔다. 이러한 상상 중 어떤 것은 이 행성의 열역학 체제에 진행 중인 변화에 대해 과학적 합의가 생겨나는 1990년대 이후 새로운 생명을 얻었다. 전 지구적 "위기"의 (인간적) 원인과 (파국적) 결과에 대한 정보가 빠른 속도로 축적되면서, 학문적 성찰뿐만 아니라 대중적 인식의 수준이 높아졌다.

당면한 환경 위기와 문명 위기의 중대성, 그리고 불가역성이 점점 더 분명해짐에 따라서,[1] 우리가 간단하게 "세상의 종말"이라고 부르려 하는, 하지만 이 에세이를 통해 좀 더 복잡하게 만들려고 하는 어떤 주제에 대해 새롭거나 오래된 변이들이 증식하고 있다. 판타지 장르의 블록버스터,[2] 히스토리 채널의 도큐픽션, 다양한 복잡성을 다루는 과학 대중서, 비디오 게임, 미술 작품, 음악 작품, 이데올로기 스펙트럼을 가로지르는 다양한 논조의 블로그, 이 주제에 특화된 학술지와 네트워크, 각종 세계 기구가 발행하는 보고서와 선언문, (COP처럼) 어김없이 절망적인 글로벌 기후 위기 콘퍼런스, 신학 심포지움, 교황의 회칙, 철학 소논문, 뉴에이지와 네오페이건(neopagan)의 의식, 기하급수적으로 급증한 정치권의 성명문—한마디로 온갖 대의명분, 텍스트, 전달 수단, 연사들, 청중들—의 형태로. 현대 문화에서 이 테마의 영향력은 그 언급 대상—즉, 지구의 거시 환경의 격렬한 변화—만큼이나 크고 급속하게 증가해 왔다.

이렇듯 참으로 불쾌한 대유행은, 서양 역사에서 지난 삼사백 년 동안 주류를 이루었던 낙관적 "인본주의"의 결을 거스른다. 이는 정신(Spirit)의 모험으로서의 역사의 지평에서 배제되어 있었던 무언가의 (반영이 아니라면) 전조다. 우리의 지구적 문명의 몰락은 바로 이 정신이 헤게모니를 장악한 결과인 것이다. 상당수 인구가 끌려 들어가고 말게 될 몰락이, 세계 시스템의 쓰레기 처리장인 게토에 거주하는 궁핍한 대중들에게서 명백히 시작되고 있다. 하지만 다가오는 재앙은 어떤 식으로든 우리 전체를 강타하는 성격의 것이다. 그러므로, 이 위기가 호명하는 것은 지배적인 서구 기독교 자본주의 문명 모체만이 아니라 인류 전체이며, 인류라는 관념 자체다. 무엇보다 (그리고 정당한 사유로) 저 종족들, 문화들, 사회들은 앞서 말한 위기에 책임이 없다. "인간의" 행위가 초래한 환경 변화 때문에 멸종 위기에 놓여 있거나 이미 이 세상에서 자취를 감춘, 계통이 다른 수천 종의 생명체들은 말할 것도 없다.[3]

이런 인구학적, 문명적 재난은 "지구적" 사건의 결과로 상상되곤 한다. "불가항력"(치명적인 슈퍼바이러스, 거대한 화산 폭발, 천체의 충돌, 강력한 태양 폭풍) 때문이든, 지구 시스템[4]에 대한 인류의 개입이 누적된 결과이든(롤랜드 에머리히 감독의 2004년 영화 〈투모로우〉에서처럼), 아니면 구식의 핵전쟁이 마침내 발발했기 때문이든, 인류 혹은 지구 생명체가 갑작스럽게 절멸한다는 시나리오다. 재난은 더 현실적으로 묘사될 수도 있다. 이른바 기후 과학이 제시하는 단계적 시나리오와 비슷하게, 재난이 하나의 '과정'으로 그려지는 것이다. 멈출 줄 모르는, 극도로 집중된, 이미 진행 중인, 점차 가속화되는, 많은 부분에서 비가역적인 과정. 홀로세[5] 동안 인간의 생명을 주재해 온 환경 조건의 악화. 태풍과 홍수에 이어 가뭄이 닥치고, 흉년에 이어 전염병이 닥치며, (속 전체, 과 전체, 심지어 문 전체에 영향을 미치는) 멸종을 배경으로 전쟁과 대학살이 벌어진다. 이 모든 것의 상호작용은 악순환을 거듭하며 서서히, 그러나 거침없이 인류를 "느린 폭력"(Nixon, 2011)으로 몰고 갈 것이다. 점점 더 느려지며 물질적, 정치적으로 지저분한 실존—이자벨 스탕게르스(Stengers, 2015)가 "다가오는 야만"이라고 명명한 것—을 향해 나아가는 과정. 이 과정은 지배적인 기술경제 시스템—가타리가 "통합된 세계 자본주의"라고 부른 것—이 맹목적인 돌진을 계속하기 때문에 더욱 야만적일 것이다.

표류하는 세상에 대한 이 기록들에서 양분을 얻은 것은 자연과학과 대중문화만이 아니다. 철학 분야 중에서도 가장 천상에 가깝다고 여겨지는 형이상학조차 보편화된 불안을 반영하기 시작했다. 예를 들어 지난해에는 철학 특유의 방식으로 "세상의 종말"을 제시하는, 새롭고 정교한 개념적 논의가 전개되었다.[6] "인간을 위한 세상"일 수밖에 없다고 인식되는 세상과 결별하고 (인간 오성의 법칙 제정적 개입에 절대적으로 선행하여 스스로를 명확히 표현하는) "우리 없는 세상"에 대한 온전한 인식론적 접근을 정당화하든, "의미로서의 세계"와 결별하고—마치 "진짜(real)" 세상은 이성과 의미에 대항하여 철저한 우발성과 무목적성 속에서 "실현되어야(realized)" 한다는 듯이—존재를 순수하게 미분화된 외부성으로 규정하든.

이 형이상학적 세계 종말들 중 다수가 전 지구적 파국이라는 물리적 사건으로부터 간접적으로만 동기를 부여받고 있는 것은 사실이다. 하지만 이것이 철학이 파국에 대해 말을 아낀다는 의미는 아니다. 그렇기는커녕 철학은 인간과 세계가 불화한다는, 심지어 양립 불가능하다는 어질어질한 감각을 발산할 수단을 제공하고 있다. 서양의 지적 활동은 진정하고 독특한 "초월(transcendence)" 과정에서 지구 대기권으로 다시 진입했으며,

오늘날 상상력의 영역들 가운데서 이 폭력적인 재진입에 영향받지 않은 것은 거의 없다. 한때 우리는 우리가 광대한 별들의 바다로 나아갈 것이라고 믿었지만, 이제 우리는 처음 출발했던 항구에 팽개쳐진 우리 자신을 발견한다.

그리하여 디스토피아가 퍼져나간다. 그리고 ("파국론"이라고 경멸조로 일컬어지는) 어떤 당혹스러운 공황 상태가, ("가속주의"라는 이름으로 최근에 대중화된) 일종의 음울한 만족감까지는 아닐지라도, 시대 정신으로 떠돌고 있는 듯하다.

펑크록의 "미래는 끝났다"는 유명한 외침이 갖는 예언적 가치가 다시 활기를 얻고—혹시 이것이 적절한 표현이라면—그와 동시에, 그 범위와 강도에서 우리 시대의 불안과 견줄 만한, 그리 멀지 않은 과거의 냉전 시대에 핵무장 경쟁이 촉발한 것과 같은 종류의 불안감이 되돌아온다. 귄터 안더스(Anders, 2007:112-13)가 히로시마와 나가사키 이후 인류의 "형이상학적 변신"에 대해 고찰하면서 내렸던, 무뚝뚝하고 우울한 결론을 떠올리지 않을 수 없다: "미래의 부재는 이미 시작되었다."

이렇듯, 이 끝나버린 미래는 이미 시작되었기 때문에(신석기 시대에? 산업혁명기에? 원자력 시대에?) 결코 멈출 수 없음을 암시하면서, 다시 한 번 도래했다. 기후 위기의 전망은 핵무기의 위협 만큼 극적이지 않지만, 그 존재론은 더 복잡하다. 인간의 행위 능력(agency)과의 연관성 면에서도 그렇고, 역설적인 시간 기록 장치에서도 그렇다.[7] 이 도래한 미래에는 종(種)의 이름이 붙어 있다: 인류세(Anthropocene). 파울 크뤼천(Paul Crutzen)과 유진 스토머(Eugene Stoermer)가 홀로세 다음에 오는 새로운 지질시대— 산업혁명과 함께 시작되어 2차 세계대전 이후 본격화되는—를 가리키기 위해 이 이름을 제안했다.

우주 공간에서 지구를 보는 관점인 "생물권"에 대한 인식의 출현과 기후변화이론의 공고화가 (레이건 대통령의 스타워즈 프로그램을 포함한) 냉전 시대의 군비 확장 경쟁과 갖는 다소 역설적인 관계에 관심이 있는 독자는 조셉 마스코(Masco, 2010; 2012)와 페테르 센디(Szendy, 2011)의 연구를 참조하라. 최근 TED 강연에서 제임스 핸슨(Hansen, 2012)은 온실가스 증가에 기인한 지구 시스템의 일시적인 에너지 불균형(지구 시스템에 들어오는 에너지 혹은 열의 양과 우주 공간으로 되돌려 보내는 양의 차이)을 언급하면서, 지구의 "저장고"(바다, 땅, 만년설)에 매일 쌓이는 $0.58W/m^2$의 열은 40만 개의 원자 폭탄이 폭발하면서 방출하는 열과 맞먹는다는 호소력 있는 등식을 제시하였다. 이 주제에 관해서는, 존 쿡의 출중한 블로그 〈Skeptical Science〉를 참조하라. 이 블로그에 따르면, 우리의 기후는 1초마다 히로시마 원자 폭탄 4개의 폭발에 맞먹는 양의 열을 축적해 왔으며, 1998년부터 이 글을 쓰고 있는 시점(〈http://4hiroshimas.com〉 위젯을 참조하자면, 브라질 시간으로 정확히 2014년 7월 2일 오후 2시 45분이다)까지 총 2,115,122,880개의 폭탄이 투하된 셈이다[8]["히로시마"와 "카트리나"라는 이름 사이의 강력한 상징 관계—폴 발레리라면 "소리에서 감각까지의 지연된 망설임"이라고 말했을 것이다—에 대해서는 AAP(2013) 참조]. 요컨대, 산업혁명 이후 에너지를 얻는 과정들이 가속화되면서, 일인당 가용 에너지를 계속해서 늘리는 인류의 오랜 프로젝트(Lévi-Strauss, 1952:32)가 벽을 만난 것 같다. 인류는 이 벽을 향해 충돌의 위험을 무릅쓰고 요란하게 달려가는 중이다.

지난 세기에 (또는 그보다 더 일찍) "인류권(Anthro-posphere)", "앤트로신(Anthrocene)", "인류세(Anthro-pocene)" 같은 용어를 제안한 사람들이 있었다고는 하지만, 2000년 멕시코시티에서 열린 IGBP(International Geosphere-Biosphere Programme, 국제 지질권-생물권 프로그램) 회의에서 대기화학자이자 노벨상 수상자인 파울 크뤼첸이 처음으로 이 개념을 제안했다고 알려져 있다. 그는 회의 직후 이 주제에 대한 논문을 출간했고(Crutzen and Stoermer, 2000), 2년 후에 이를 공식화(Crutzen, 2002)했다. 인류세의 개념은 과학계에서 여전히 검토 중이며, 2016년 8월의 국제 지질학 총회(International Congress of Geology)에서 논의될 예정이다. 크뤼첸은 최근에 20세기의 핵실험을 인류세를 진단하는 시작점("골든 스파이크")으로 제안하고 싶다고 말했다.

인류세는, 다른 어떤 이름으로 불러도 마찬가지겠지만,[9] 지질학적인 의미에서 하나의 "시대(epoch)"이다. 하지만 인류의 입장에서 이 단어는 그러한 시대 구분의 종말을 의미한다. 그 시대는 우리와 함께 시작하였지만, 우리 없이 끝날 것이기 때문이다. 인류세는 우리가 지표면에서 사라지고 나서 오랜 시간이 흐른 뒤에야 새로운 지질학적 시대에 자리를 내줄 것이다.

우리의 현재는 인류세다. 인류세는 우리의 시대다. 하지만 이 현재 시간은 "앞이 보이지 않는" 현재이자 수동적인 현재로서, 우리의 손이 닿지 않는 곳에 있어서 도저히 무효화할 수 없는 지구물리학적 카르마의 무기력한 전달자로서 그 모습을 점차 드러내고 있다. 따라서 이를 완화할 의무는 더욱더 시급하고 부담스러워진다. "혁명은 이미 일어났다…. 우리가 대처해야 할 사건들은 미래에 놓여 있지 않으며, 대개는 과거에 있다…. 우리가 지금 무엇을 하든지, 수백 년, 수천 년 동안 위협이 남게 될 것이다."(Latour, 2013a:109)

형 이 상 학 과   신 화   물 리 학

이 에세이는 세상의 종말에 관한 오늘날의 담론들을 진지하게 받아들이고, 그것을 서구의 인류학적 모험의 쇠퇴에 관한 사고 실험들로, 다시 말해 (반드시 의도적인 것은 아니라 해도) 우리 시대에 적합한 신화를 발명하려는 노력들로 파악하려는 시도다. "세상의 종말"은 철학자 칸트가 인간 이성이 해결할 수 없으면서도 제기할 수밖에 없는 문제들이라고 말했던 유명한 문제 중 하나다. 이성은 그러므로 이 문제를 신비로운 우화의 형태로, 혹은 요즘 유행하는 말로 "서사"의 형태로 제기한다. 우리에게 방향을 제시하고 의욕을 불어넣는 서사. 신화의 기호학적 체제는 그 내용의 경험적 진위에 완전히 무관심하며, 인간들과 그들의 가장 일반적인 존재 조건 간의 관계가 그 자체로 그냥 문제가 될 때 때마다 작동을 개시한다. 신화란 어떤 초험적 조건들을 경험적인 언어로 도식화한 것이라고 말할 수 있다. 충족 이유(sufficient reason)를 작용인(efficient cause)으로 거꾸로 투사하여 승인하는 것이라고 말이다. 그렇다면 현재의 곤경은 더더욱 비극적이고 아이러니하다. 이성의 문제를 오성이 승인하고

웬 사 나 운 **31** 짐 승 이 …

있기 때문이다. 세상의 종말이라는, 본질상 형이상학적인 문제는 여기서 기후학, 지구물리학, 생화학에서처럼, 지극히 실증적인 과학의 엄격한 용어로 표현된다. 어쩌면, 레비스트로스가 즐겨 말했듯이, 삼천 년 전에 신화로부터 자신을 분리하기 시작했던 과학은 분석적 이성을 변증법적 이성에 묶어 두고, 시니피앙의 철자 바꾸어 재조합하기를 시니피에의 역사적 우여곡절에 묶어 두는, 저 "이중 꼬임(double twist)"들 중 하나가 끝날 때쯤에는 결국 다시 한 번 신화와 만날지도 모른다.[10]

"신화"의 개념에 대해 한마디 덧붙이고 싶다. 본서는 2006년 프랑스어로 처음 출간된 퀭탱 메이야수(Quentin Meillassoux)의 《유한성 이후(Après la finitude)》에서, 그리고 이른바 "사변적 실재론"과 연관된 다른 현대 사상가들의 저작들에서 우발적이지만 중요한 자극을 받았다. 메이야수의 프로젝트는 우리가 보기에, 마지못해(*nolens volens*), 형이상학적 고찰과 온갖 사상의 신화적(칸트라면 "도그마적"이라고 말했을) 모체 사이에 있는 연결을 새롭게 만드는 것 같았다. 《유한성 이후》를 읽고 나서—그리고 사변적 실재론을 대표하는 또 하나의 중요한 저서인 레이 브라시에(Ray Brassier)의 《풀려난 허무(Nihil Unbound)》를 읽고 나서—우리는 이 책이 성 안셀무스에서 알랭 바디우에 이르는 어떤 시리즈의 연장이라는 느낌을 받았고, 그러면서도 동시에 전 세계에서 수천 년간 쌓여 온 토착적 우주론들의 보물창고에서 시작하여 라스 폰 트리에 감독의 영화 〈멜랑콜리아〉(2011)와 코맥 매카시의 소설 《로드(The Road)》에 이르는, 방대한 담론의 우주에 속해 있다는 인상을 받았다. 이 담론의 우주에는 "황무지" 또는 못 쓰는 땅(*pays gaste*)을 주제로 하는 서구의 긴 신화문학적 전통(Weston, 1920)과 끈질긴 생명

력을 지닌, 사이언스 픽션이라는 "마이너" 장르도 포함된다.[11]

보르헤스는 《미로(Labyrinths)》에서 형이상학이 환상 문학의 한 갈래라고 말했다. 그런데 그 역(逆)도 사실이다. 환상 문학과 사이언스 픽션은 우리 시대의 대중적인 형이상학(또는 "신화물리학")이다. 보르헤스의 명언은 또한 현대 철학의 주변부에서 벌어지는 창의적인 실험과 H. P. 러브크래프트, 필립 K. 딕, 어슐러 르 귄, 윌리엄 깁슨, 데이비드 브린, 차이나 미에빌 같은 "대중적인" 작가들의 작품 사이에서 일어나는 교배를 사실상 예측한 셈이다.

그러므로 이제 우리의 목표는 "세상의 종말"이라는 주제의 주요 변종 중 일부에 대해 예비적인 대차대조표를 작성하는 것이다. 이는 이 주제가 세계 문화의 상상력 속에서 어떻게 모습을 드러내는지 보여줄 것이다. 하지만 먼저 이 문제의 이른바 객관적 측면들을 간략히 환기하면서 시작하기로 하자.

1   예를 들어, 기후 변화에 관한
정부 간 협의체(IPCC)가 발간한 최신
보고서를 참조할 것. 이 보고서는
2013-2014년에 발표되었고 〈http://
www.ipcc.ch〉에서 찾아볼 수 있다.
잘 알려져 있다시피, IPCC의 추정은
기후 변화의 속도 및 강도와 관련하여
과학계 안에서 돌아다니는 숫자들
가운데서도 아주 온건한 편이다.

2   종말론적 영화에 대해서 독자들이
참고할 수 있는 최상의 책은 페테르
센디의 《종말론 영화(Apocalyse-
Cinema)》일 것이다. 세상의 종말을
다룬 열세 편의 영화에 대한 비평
외에도 수십 편의 다른 영화에 대한
유용한 설명이 담긴 책이다. 여성 청소년
관객을 겨냥한 디스토피아 판타지들의
흥미로운 사례들 속에서 종말 담론의
증식을 분석한 논문으로는 어맨다
크레이그(Craig, 2012)를
참조할 것.

3   현존하는 정치적 집합체(국가,
민족, 정당, 시민단체)들의 환경위기에
관한 성찰과 행동에 뼈대를 제공하는
개념으로서 "인간"("인류") 그리고/또는
"인간다움"이 얼마나 적절한지에 대한
의문은 이 책의 결론에서 집중적으로
다루려고 한다.

4   "지구 시스템(Earth System)"은
기후학자들을 비롯한 지구과학
연구자들이 우리 행성 특유의
지구물리학적, 거시-생태계적
파라미터들을 가리키기 위해 사용하는
기술적인(technical) 개념이다.

5   홀로세는 플라이스토세
(Pleistocene)의 뒤를 잇는 신생대
제4기의 마지막 시기로, 서기 2000년을
기준으로 약 11,700년 전부터 현재까지
펼쳐진다(지질학계가 인류세의
시작점을 표시하는 "골든 스파이크"에
대해 합의할 때까지—조만간 합의에
이르게 될 것 같다—는 그렇다).

6   이 세상을 "자기들 방식으로"
끝내기 위해, 즉 칸트에서 데리다에
이르기까지, 그리고 그 뒤로도 계속 현대
철학이 정교화해온 세계 개념(Gaston,
2013)을 파괴하기 위해.

7   "핵전쟁은 권력의 의도적인
결정이었을 것이다. 기후 위기는 인간
행위의 의도치 않은 결과물이며,
과학적 분석을 통해서만 하나의
종으로서 우리가 한 행위들의 효과를
보여준다."(Chakrabarty, 2009:221).

8   쿡(Cook, 2013a; 2013b)을 참조할
것. 이 게시글 중 하나에 달린 댓글이
지적하듯이, 존 라이먼(John Lyman,
하와이대학교)이 《네이처》에 발표한
연구 논문에 관한 인터뷰들에서 이미
해수 온도와 히로시마 원자 폭탄의
비교를 사용한 적이 있다(Lyman et al.,
2010; Israel, 2010).

9   결론에서 우리는 우리가 사는
시대와 우리에게 들이닥친 사건을
명명하기 위해 이 개념을 사용하는
문제를 두고 의견이 분분한 이유가
무엇인지 살펴볼 것이다.

10   대표적인 구조주의적 변형
공식인 "이중 꼬임"에 대해서는
마란다(Maranda, 2001),
알메이다(Almeida, 2008), 비베이루스
지 카스트루(Viveiros de Castro,
2013)를 참조할 것.

11   에두아르두 스테르치(Eduardo
Sterzi)는 유럽에서 기원하여 현대
브라질 문학까지 퍼져 있는 황무지라는
주제에 대하여 몇 가지 중요한 연구를
수행했다. 예를 들어 스테르치 (Sterzi,
2009)를 참조할 것.

2

···마침내 그것의 시간이 왔다···

우리는 공포를 조장하려는 게 아니다.
이것은 정말로 일어나고 있다.

톰 요크
(Thom Yorke)

고대 중국의 저주(咀呪)대로 우리는 지금 흥미로운 시간을 살고 있는 것 같다.* 우리 시대의 가장 흥미로운 일면은, 거듭 관찰되었듯이, 가속화다. 시간이 탈구되어 더욱 빠르게 흐르고 있다. "상황이 너무나 빠르게 변하고 있어서 따라가기가 어렵다"고 브뤼노 라투르(Latour, 2013a:126)가 말했을 때, 그는 이 문제에 관한 과학적 지식의 상태를 언급한 것이었다.[1] 하지만 지금까지 꽤 긴 시간 동안, 단지 빨라졌을 뿐 아니라 질적으로 항상 변한 것은 변화를 표시하는 차원 자체, 즉 시간 자체였다(아리스토텔레스에 따르면 시간은 "운동의 숫자"다). 기후 위기에 관해 이야기될 수 있는 모든 것은 사실상 그 자체로(*ipso facto*) 뒤죽박죽이고 엇박자다. 마찬가지로 기후 위기와 관련하여 우리가 취할 수 있는 조치들은 모두 너무 사소하고 때늦다. 이 메타-시간적인 불안정성은, 세계의 갑작스러운 불충분함과 결합한다. 미국 국민의 평균 에너지 소비수준을 인류 전체로 확장하려면 지구가 다섯 개 필요하다는 주장을 떠올려 보자. 이 주장은 우리에게 공간(세상)과 시간(종말)이 와해되는 경험과 비슷한 무언가를 안겨 주었다. 시간과 공간이 지각의 선험적 조건에서 인간 행동에 의해 조건화된 형식으로 순식간에 전락해 버리는 놀라운 경험….[2] 이는 우리가 사는 세계가 칸트적이기를 그만두는 하나의 방식, 결코 사소하다고 할 수 없는 방식이다. 칸트는 세 개의 위대한 선험적 관념으로 신, 영혼, 세계를 꼽았다(이는 각각 신

---

* 영어에는 누군가에게 악담을 할 때 사용되는 "May you live in interesting times"이라는 표현이 있는데, 미국인들은 이 표현이 고대 중국의 저주를 번역한 것이라고 믿는다.

학, 심리학, 우주론의 대상이다). 흥미롭게도 모든 것이 마치 우리가 이 세 가지 중 마지막 것의 몰락을 지켜보는 중이라는 듯이 진행된다. 18세기와 19세기 사이 어느 시점에 신이 죽었고, 그보다 약간 늦게 영혼이 죽었다(어느 정도 실증적인 영혼의 아바타로서 인간은 20세기 중반까지는 살아남았던 것 같다). 그 후 세계는 마지막으로 남아 형이상학의 흔들리는 성채를 힘겹게 지켜왔다(Gaston, 2013:ix).

인류 역사는 여러 번의 위기를 거쳤다. 하지만 이른바 "지구 문명"—화석연료 테크놀로지에 기초한 자본주의 경제의 전 세계적 확장을 오만하게 일컫는 단어—이 지금 진행 중인 것 같은 전 지구적 위기에 직면한 적은 한 번도 없었다. 지구온난화와 기후 변화만을 말하는 게 아니다. 2009년 9월 《네이처》는 지구의 한계를 확인하고 추정하는 공동연구를 실었다. 스톡홀름 회복력 센터(Stockholm Resilience Centre)의 요한 록스트룀(Johan Rockström)이 조직한 이 연구에서 과학자들은 지구 시스템의 생물물리학 과정 아홉 가지를 식별하고 이 과정들에 경계를 설정하고자 했다. 이 경계를 넘으면 생태계 교란이 일어나 인류를 포함한 많은 종이 사라진다. 기후 변화, 해양 산성화, 성층권 오존 파괴, 전 지구적 담수 소비, 생물 다양성 상실, 질소와 인의 순환 간섭, 토지 이용 변화, 화학적 오염, 대기 중에 떠도는 에어로졸 증가가 그 아홉 가지 과정이다. 결론 부분에서 저자들은 다음과 같이 경고한다. "우리는 이들 중 어느 하나에만 노력을 집중하는 사치를 누릴 수 없다. 하나의 경계가 무너지면, 다른 경계들도 심각한 위험에 처하게 된다"(Rockström et al., 2009:474). 그런데 사실, 이들에 따르면, 이 과정들 중 세 가지—생물 다양성 상실, 질소 순환에 대한 인간의 간섭(대기 중에서 제거된 질소가 인간이 사용하기 위한 반응성 질소로 전환되는 비율), 기후 변화—는 이미 안전지대를 벗어났을 가능성이 있다. 그리고 다른 세 가지—담수 소비, 토지 이용 변화, 해양 산성화—도 한계점에 바짝 다가서 있다.[3]

기후 변화라는 탄광 속의 카나리아는 지구를 덮은 얼음층의 융해다. 2007년에 발표된 IPCC(Intergovernmental Panel on Climate Change, 기후 변화에 관한 정부 간 협의체)의 4차 보고서는 21세기 말이면 북극해의 빙하가 사라질 수 있다고 추정했다. 그러나 이 지역의 해빙 기록은 2012년 8월에 경신되었고, 몇몇 과학자들은 십 년 안에 북극에서 빙하 없는 여름을 맞게 될 거라고 예언했다. 2013년 5차 보고서에서 IPCC의 실무 1그룹은 조사 결과를 요약하면서 이번 세기 중반에는 9월에 북극해의 빙하가 완전히 사라지는 것이 "가능"하다고 평가했다. 하지만 IPPC 5차 보고서에 뒤이어 극지방에서 나온 최신 뉴스에 의하면, 그린란드와 남극에서 엄청나게 거대한 빙하가 무서운 속도로 녹고 있으며, 이는 보고서에 서술된 해수면 상승에 대한 시간적 공간적 예측을 수정해야 함을 의미한다.《공산당 선언》의 유명한 구절을 조금 바꿔서 말해 보자면, 모든 견고한 것은—지구의 가장 오래된 빙하부터 시작하여—바다로 녹아내린다.[4]

§

해양 산성화는 기후 위기의 쌍둥이 동생처럼 취급되곤 한다. 동일한 원인에서 비롯되어 이 행성에 사는 생명체의 미래에 동일하게 심각한 결과를 초래하기 때문이다. "행성의 한계"가 잠정적으로 제안되었다는 점을 강조할 필요가 있다. 절대적인 확실성은 존재하지 않으며, 문제의 파라미터들 중 어떤 것은 스톡홀름 회복력 센터 연구에 참여했던 과학자들도 정량화와 관련해서 불확실성을 인정한다. 이 연구가 처음 나왔을 때 어떤 논쟁이 있었는지 대략이라도 알고 싶은 독자는 바르노스키(Barnosky et al., 2012)나 브룩(Brook et al., 2013)을 참조하길 바란다. 전자는 지구 생물권의 티핑 포인트 이론을 지지하고, 후자는 그러한 티핑 포인트의 존재에 대해, 특히 해양 산성화와의 연관성에 대해 의문을 제기한다. 팔송(Pálsson et al., 2013)은 대체로 인류학적인 관점에서 행성의 한계라는 주제를 비판적이면서도 낙관적인 태도로 다룬다("낙관적"이라고 한 이유는 이 저자들이 "좋은 인류세"의 가능성을 믿고 있는 듯하기 때문이다). 이 진지하고 고무적인 시도에서 팔송과 그의 공저자들은 환경 재앙에 이론적, 실천적으로 맞서려면, 영어 화자들이 주저하듯 접속사를 붙여서 "사회과학 그리고 인문학"이라고 부르는 전문 지식이 긴급하게 요청된다고 주장한다. "자연" 또는 "환경"은 자연과학자에게만(그리고 연구 예산에만) 맡겨 두기에는 너무나 중대한 어떤 것이다. 자연과 문화의 구별, "둘러싸는(ambient)"과 "둘러싸인(ambiented)"의 구별이 이론적으로나 경험적으로 점점 문제시되는 지금은 더더욱 그러하다. 이들의 호소와 이들을 그런 결론으로 이끈 추론에 동의하지 않기는 어렵다. 특히 다음과 같이 주장하는 대목에서 그렇다: 지구 시스템을 다루는 "자연" 과학이 행성 위기의 지구물리학적 진화를 파라미터로 나타내고 모델링할 수 있게 되었지만, 우리가 이 위기의 사회정치적 결과를 이해하고, 가능한 대응책을 명시하고, "인류"가 수용할 수 있는 타협안을 만들고자 한다면, 인문학의 도움이 불가결하다. 이 "인류"는 다양하고 상충하는 이해관계와 상이한 인생관을 지닌 분열된 집단들로 즉각적인 모습을 드러내며, 이들이 살아가게 될 미래는 중세나 구석기 사회와 다른 것만큼이나 오늘날의 통합된 세계 자본주의와도 다를 것이라고 저자들은 강조한다(이 대목은 반드시 낙관적이라고 할 수 없다). 우리가 탐탁지 않게 여기는 것은 팔송의 텍스트에서 반복적으로 나타나는 클리세, 즉 "한도와 한계에 대한 주장을 역사화하고 맥락화해야 한다"(Ibid.:8)는 생각이다. 물론 맞는 말이다. 아닌 게 아니라 그럴 필요가 있다. 하지만 그런 책망이 "한도와 경계"는 단지 또 하나의 "사회적 구성물"일 뿐이라는 맥빠지는 주장으로 귀결되지 않는 한에서 그렇다. 동일한 논문에서 발견되는, 또 하나의 근본적으로 타당한 경고에 대해서도 같은 말을 할 수 있다.

> 지구가 받는 부담을 언제나 쉽게 정량화할 수 있는 것은 아니며, 그것의 사회적 분배에는 많은 주의가 필요하다. 예를 들어 담수 접근성의 불균형은 구체적인 통치의 문제이며 지구적 재분배로 해결할 수 있는 부분이 거의 없다. "인간이 안전하게 이용할 수 있는 공간"은 지구적 차원에서는 유용한 개념적 도구일 수 있으나, 더 작은 단위에서는 허구이다 (Ibid.:7).

§

"통치(governance)," "자원," "환경 서비스"…. 이 텍스트의 곳곳에 출몰하는 경영학적 용어들—"지속가능성"의 개념과 결합해 있으며, 로컬 단위에서는 유용하지만 더 큰 규모에서는 허구라고 말할 수 있을—은 차치하고라도, 우리는 "로컬"과 "글로벌"의 이분법이 아주 자연스럽게 사용되고 있는 것에 주목하지 않을 수 없다. 행성의 위기가 바로 이 이분법에 도전하고 있는데도 말이다.[5] 우리가 만일 자연/문화 이분법을 공허하고 무가치하다고 비난하면서, 바로 그 동일한 몸짓을 통해 다시 한 번 그것을 재건한다면 안타까운 노릇이 아니겠는가. 정치적으로 그리 효율적이지 못한, "인류"라는 모호한 개념을 장착한 채 "지구물리학적 파라미터"에 몰두하고 있는 자연과학자들과 "환경정의"—이 지구의 비참한 이들이 권리를 얻기 위해 영원히 지속하는, 피할 수 없는 투쟁—에 대해서 이야기하는 사회학자들을 대립시키면서. 사실 사회학자들은 이전에는 "사회정의"라고 불렀던 것을 "환경정의"로 다시 명명했을 뿐이다. 1990년대에 출범한 브라질 사회환경연구소의 창립 슬로건 중 하나는 "사회-환경은 한 단어"라는 것이었다. 다른 말로 하자면, 정치생태학(*political ecology*)은 자연과 문화의 어떤 개념적인 절충이 아니라 강조의 의미를 지닌 동어반복(pleonasm)으로 이해되어야 한다. 자연과 문화의 분리는 은밀한 방식일지언정 결국 도전받지 않고 유지될 것이다. 아마 우리는 이 논문의 저자들이 제기하는 투쟁 요구를 너무 냉정하게 읽고 있는 것일지도 모른다. 그 점에 대해서는 양해를 구한다요컨대 우리는 지금까지 알고 있었던 어떤 것과도 닮지 않은 지구 시스템 상황으로 진입하는 중이다(아니, 이미 진입했을 수도 있다. 이런 불확실성 자체가 고삐 풀린 시간성의 증거다). 미래를 상상하는 것이 이제는 사이언스 픽션의 시나리오나 메시아적 종말론의 틀 안에서만 가능하다고 말하면 과장이겠지만, 가까운 미래를 상상할 수는 있어도 예측하는 것은 불가능해졌다.

환경 변화가 한두 세대 안에 감지될 정도로 가속화되고 있음을 보여주는 인상적인 아이콘들이 있다. 19세기 말부터 시작하여 지구의 평균 기온, 인구 성장, 일인당 에너지 소비량, 멸종률 등등이 아찔할 정도로 치솟고 있음을 보여주는 "하키 스틱"[6] 그래프, 1960년 이후 대기 중의 이산화탄소 농도 변화를 나타내는 킬링 커브(Keeling curve). 이산화탄소 농도는 산업혁명 이전에 280ppm이었는데, 2014년 5월 9일에 이미 중요한 기준점이었던 400ppm을 찍었다.[7] 그러므로 문제는 어떤 기준점과 관련된 변화의 양이 아니라 증가하는 가속도와 그로 인한 기준점의 상실이다. 해마다 기후 파라미터들을 위한 새로운 기준점("뉴 노멀")이 생겨나고 있다. 말하자면 비정상성이 표준이 된 것이다.

우리는 티핑 포인트들과 변곡점들의 시대에 살고 있다.[8] 예상치 못한 장소에서 기록적인 고온에 이어 기록적인 저온이 나타나는 일이 점점 더 많아지고 있다. 지구 전체로 보면 온도가 올라가고 있지만 말이다. 이산화탄소의 축적 속도에 대한 논쟁이 거의 날마다 벌어지고, 이는 개발도상국의 경제에 관한 토론으로 이어진다. 지구 시스템의 "민감도"와 이 시스템에 축적된 이산화탄소의 양이 두 배가 될 때 지구 온도가 얼마나 올라가는지에 대한 논쟁들이 있다. 한편 전 세계적인 빙하의 감소는 지구의 일부 지역(남극)에서 빙하가 (일시적으로?) 늘어나는 것을 막지 못한다. 새로 생긴 빙하는 밀도와 색이 다르며, 따라서 알베도(albedo), 즉 태양광선을 반사하는 능력도 다르다. 예를 들어 예상 해수면 상승률은 얼마이고 상승 속도는 얼마인가? 그리고 2010년과 2011년 사이에 전 세계 해수면이 갑자기 낮아진 이유는 무엇인가?[9] 기후변화귀속(climate change attribution)의 문제를 어떻게 설명해야 하는가? 그리고 기준 자체가 해마다 바뀐다면 기준과의 편차를 어떻게 설명해야 할까?[10] 더 뜨거워지면서 더 차가워지고, 더 가물면서 더 비가 내리고, 빨라지면서 느려지고, 밝아지면서 어두워진다. 민감도나 반사율이 증가하기도 하고 감소하기도 한다. 이런 불안정성은 시간, 양, 질, 척도, 기준에 영향을 미친다. 이는 또한 공간을 잠식한다. 로컬과 글로벌이 겹쳐지고, 구분은 흐릿해진다. 해수면 상승은 전 세계적으로 단일하지 않다. 기후 위기는 전 지구적 현상이지만, 극단적인 이상 기후는 한번은 여기, 한번은 저기를 강타하면서 예측과 예방을 어렵게 만든다. 우리가 로컬에서 하는 모든 일이 글로벌 기후에 영향을 미친다. 그렇지만 기후 변화를 막기 위해 우리가 개별적으로 하는 작은 실천들은 눈에 띄는 효과가 전혀 없는 듯하다. 말하자면 우리는 지구의 상태를 표시하는, 미쳐 날뛰는 숫자들 속에 갇혀 있는 셈이다. 그러므로 현재의 기후 시스템을 "기후 야수"라고 부르는 기후학자들이 있다고 해도 놀라서는 안 된다.[11]

이 모든 것이 시사하는 바는 이렇다. 서구 근대성의 실존적 혹은 심리문화적 조건으로 여겨졌던 시간의 가속화, 그리고 이와 관련된 공간의 압축은 객관적으로 역설적인 방식으로 사회문화사에서 생물지구물리학의 역사로 막 건너왔다. 차크라바르티는 〈역사의 기후: 네 가지 테제〉라는 선구적인 논문(Chakrabarty, 2009)에서 이 이행을 두고 인류가 단순한 생물 행위자(*agent*)에서 지질학적인 힘(*force*)으로 변신했다고 말한다. 이는 금세기의 가장 중요한 현상이다. 인류 역사의 지평에 돌연히 모습을 드러낸 "가이아의 침입"(Stengers, 2015). 우리가 초월했다고 믿었던 어떤 형태의 초월성이 확실히 되돌아왔으며, 그 어느 때보다도 더 무시무시한 형태로 다시 모습을 드러냈다는 느낌. 인간들이 지질학적인 힘으로, 즉 "객관적" 현상 혹은 "자연적" 대상으로 변신한 것에 대한 앙갚음으로, 가이아가 인간 세상에 침입하여 지구 시스템을 위협적인 형태의 역사적 주체로, 정치적 행위자로, 법적 인격으로 바꾸어 놓는 것이다(Latour, 2013a). 형상과 배경의 관계를 아이러니하고 치명적인(반복적으로 모순적이기 때문에) 방식으로 뒤집으면서 둘러싸인(*ambiented*) 것은 둘러싼(*ambient*) 것 또는 둘러싸고 있는(*ambienting*) 것이 되며, 그 역도 성립한다. 이것은 점점 더 불명확해지는 환경의 실질적인 붕괴이며, 그리하여 우리는 그것이 우리와의 관계에서 어디에 있고 또 우리는 그것과의 관계에서 어디에 있는지 더 이상 말할 수 없다.

인간과 지구의 이 갑작스러운 충돌, 지정학적인 것과 지구물리학적인 것의 무시무시한(terrifying) ─또는 지구화하는(terrafying) ─커뮤니케이션은 근대적인 에피스테메의 토대에 있는, 우주론적 질서와 인류학적 질서의 구별이 무너지는 데 결정적으로 기여한다. 이 둘은 본질의 면에서 그리고 규모 면에서, 이중의 단절에 의해 "아주 오랫동안"(최소한 17세기 이후) 분리되어 있었다. 한편으로는 인류의 진화, 다른 한편으로는 자본주의의 발달("장기적으로 보면 우리는 모두 죽는다"). 모든 것은 근본적으로 열역학이다. 하지만 정말 중요한 것은 주식시장의 역학이다. 양자 사건들은 현실의 핵심에서 요동친다. 하지만 우리의 마음과 정신을 실제로 움직이는 것은 의회정치의 불확실성이다. 다시 (더 줄여서) 말하자면, 자연과 문화의 불화가 문제다 (Latour, 1993; Viveiros de Castro, 2012a). 그리고 이제 우리는 여기 있다: "저 바깥의" 무한한 자연으로부터 우리를 떼어놓는 동시에 우리를 자연보다 위로 무한히 들어 올렸던 보호용 돔은 망가져 버렸고(Hache and Latour, 2010), 우리는 인류세, 즉 지질학이 고유하게 지질학적인 방식으로 도덕성과 공명하는 시대에 있다. 들뢰즈와 가타리(1987)라는 유명한 선지자들이 크뤼천보다 꼭 20년 앞서 예견했던 그대로이다.《천 개의 고원(Mille Plateaux: Capitalisme et Schizophrenie)》은 지질학에 그다지 도덕성—인간의 책임, 의도, 의미(Pálsson et al., 2013) — 을 부여하지 않는다는 점을 지적해야겠다. 오히려 도덕성에 지질학적 성격을 부여한다는 말이 더 정확할 것이다.[12] 근대성의 아름다운 사회우주론적 계층화가 우리의 눈앞에서 붕괴하기 시작한다. 우리는 이 건물을 떠받치는 가장 아래층이 경제라고 생각했다. 하지만 우리가 그 밑에 있는 토대를 잊고 있었음이 밝혀진다. 최종심에서 판결이 내려질 때 사실상 최후 진술의 기회조차 없을 거라고 알려지면서, 극심한 공포가 생겨난다….

근대성이 세계화되었을 뿐 아니라 지구가 근대화되었으며, 이 모든 일은 아주 단기간에 이루어졌다. "인간의 역사와 자연사의 구별이… 무너지기 시작한 것은 아주 최근의 일이다" (Chakrabarty, 2009:207). 인류가 이 행성에 새로 온 손님이며, 우리가 아는 역사(농경, 도시들, 글쓰기)는 그보다도 더 나중에 생겨났고, 에너지 집약적인, 화석연료에 의존하는 산업화된 생활양식은 호모 사피엔스의 진화 시계로 보면 불과 1초 전에 시작되었다는 것. 이런 생각은 인류 자체가 재앙이라는 결론을 시사하는 듯하다. 인류의 등장은 이 행성의 생물학적, 지구물리학적 역사에서 갑작스럽고 파괴적인 사건이며, 그것이 지구의 열역학 체제와 생물학적 균형에 초래하게 될 변화보다도 훨씬 더 빨리 끝나버리고 말 것이다. 역사가들, 고생물학자들, 기후학자들, 지질학자들이 들려주는 이 "깊은 역사(deep history)"가 우리에게 남기고 갈 회계장부에서 인간들은 중대하고도, 때늦으며, 또한 단명할 가능성이 큰 역할을 맡고 있다.[13]

§

아마도 과학적 실수 탓으로, 그리고 틀림없이 정치적 조작 덕분에, 인류세의 시작점이 신석기 시대로 거슬러 올라가기도 하는데, 이는 기술-경제적 이익단체들이 대기에 이산화탄소를 채우는 것에 면죄부를 주는(아니면 최소한 그들이 저지른 범죄의 심각성을 희석하는) 효과가 있다. 이 부분에 대해서는 해밀턴(Hamilton, 2014)을 참조하길 바란다. 이런 후퇴에 대한 이의제기와 별개로, 해밀턴은 우리에게 월리스 브로커(Wallace Broecker) 같이 널리 존경받는 고기후학자들의 존재를 상기시킨다. 브로커는 어떤 세(世) —인류세—보다는 새로운 지질시대—인류대(Anthropozoic)—에 대해 말하고 싶어 한다. 이는 산업혁명과 함께 시작되어 단계적으로 심화하는 사건의 연대기적 규모와 지구물리학적 중요성을 한 등급 이상 끌어올린다는 의미다.[14] 인류세의 대실패를 설명하기 위해서 호모 사피엔스의 타고난 환경파괴 성향이—때로는 좋은 의도로—환기되곤 한다는 점도 잊지 말자.[15] 하지만 "회복력 이론"에 가까운 입장을 지닌 일부 고생태학자들은 이런 생각에 회의적인 태도를 보여왔다(Brooke, 2014:8-9,

… 마 침 내 그 것 의   **51**   시 간 이   왔 다 …

267-8). 이들은 고대 사회가, 외인성의 환경적 장애물(인구폭발과 무관한 지각변동이나 천체 변화에서 오는 재해)이 중간중간 끼어들긴 했어도, 엄청나게 오랫동안 생태학적, 사회정치학적으로 안정되어 있었다는, 정반대의 주장을 펼친다. 한편, 파괴자 인간(*Homo destructor*)에 대한 몽비오(George Monbiot)의 주장과 같은 맥락에서 팔송(Pálsson et al., 2013:8)은 인류세에서 "가장 인상적인" 부분은 거시 물리학적 결정요인으로 작용하는 하나의 힘이 "자신의 지질학적 역할을 능동적으로 인지하고 있으며" 그리하여 이 지질학의 성격 자체를 바꿀 가능성이 있는 첫 번째 지질 연대라는 사실이라고 말한다. 하지만 이런 견해는 다윈 이후에 진화의 법칙들이 바뀔 "가능성이 있다"고, 즉 지금 우리가 그 법칙들을 위반할 능력이 있다고 말하는 것과 어느 정도는 비슷한 게 아닌가? 이는 유별난 주장이다. 자신의 지질 상태에서의 역할을 능동적으로 인지하고 있다는 것이 그 행동을 능동적으로 바꿀 능력이 있다는 것과 반드시 동의어일까? 어쨌거나 우리는 아마도 몇십만 년 동안, 그리고 지금까지도… 우리가 죽음을 피할 수 없다는 걸 "능동적으로 인지"해왔다.

"인류세"라는 용어를 "인문학" 전공자들이 한결같이 반기는 것은 아니다. 특히 그 지구물리학적-인류학적 참조와 관련하여 미지근한 반응이 존재한다. 이 점에 대해서는 나중에 더 자세히 살펴보기로 하자. 여기서는 우선 인류세를 둘러싼 여러 갈래의 비평 중에서도 특히 눈에 띄는 것, 즉 그것을 "자본세"라고 고쳐 부르자는 제안에 관해 이야기하려 한다. 이 제안의 위대한 옹호자는 세계 생태학 연구 네트워크(World Ecology Research Network)를 조직한 사회학자 제이슨 무어다.[16] 무어가 보기에, 19세기에 시작된 산업혁명은, "긴 16세기"* 동안 자본주의의 탄생을 가져온 사회·경제적 변동의 결과일 뿐이다. 그러므로, 이렇게 설명해도 좋다면, 위기는 궁극적으로 생산력보다는 (생산력 이전에) 생산 관계의 변화에서 비롯한다(이는 봉건영주를 낳은 것은 풍차가 아니며 산업자본가를 낳은 것은 증기기관이 아니라는 주장으로 이어진다고 할 수 있다). 하지만, 차크라바르티는 다음과 같이 지적한다:

> 어떤 학자들은 행성 차원의 영향력을 갖게 된 것은 인간의 행위능력 자체가 아니며, 기후 변화는 자본주의 발달의 단순한 결과물일 뿐이라고 주장한다. "바보야, 문제는 자본주의야!"가 그들의 후렴구다. 그들에게 소련식으로 세계가 근대화되었다 해도 결과는 아주 비슷했을 거라고 지적한다면, 그들 중 일부는 소련식 사회주의가 실제로는 또 하나의 자본주의였음을 입증하려고 온갖 이론적 묘기를 부릴 것이다(물론, 누구도 목격한 적이 없는 '진정한 사회주의'에 관해서는 아무도 따져볼 수 없다)(Charkrabarty, 2012).[17]

물론 우리 종의 경험적 유한성은 서구식 교육을 받은 사람들 대다수가 인정하도록 배운 어떤 것이다. 아무튼 다윈 이후로는 그랬다

* "긴 16세기"는 프랑스 역사가 페르낭 브로델이 처음 사용한 용어로 자본주의 세계 경제가 형성된 15세기 중반부터 17세기 초까지(보통 1450년에서 1620년까지, 혹은 1640년까지)를 가리킨다.

고 말해 두자. 우리는 "이 세상과 생명이 우리 없이 시작되었고 우리 없이 끝날 것"(Lévi-Strauss, 1961:397)임을 안다. 레비스트로스가 《슬픈 열대(Tristes Tropiques)》에 쓴 이 문장은 자주 환기되고, 자주 도용된다. 하지만 집단적인 유한성의 척도와 개별적인 유한성의 척도가 하나의 수렴하는 궤도로 진입하기 시작하면, 이미 알고 있던 이 사실이 새삼스럽게 정서적으로 감당하기 힘든 진실이 되어버린다. 수십억 년 후 이 지구와 우주 전체가 사라진다는 것, 그리고 그보다 훨씬 앞서긴 해도 여전히 막연한 미래에 인류가 멸종한다는 것을 인식하는 일(후자의 인식은 우리가 "다른 종"으로 바뀔 거라는 희망으로 승화되기도 한다. 그게 정확히 무슨 의미인지는 모르겠지만)과 임박한 가능성의 영역 내에서 현재 과학적 지식이 상정하는 상황—우리의 아들딸들이 빈곤하고 누추한 환경, 사막 같은 생태계와 지옥 같은 사회를 견뎌야 하는 상황—을 상상하는 일은 완전히 별개이다. 이는 우리가 언젠가는 죽는다는 사실을 이론적으로 아는 것과 검사결과지를 손에 든 주치의로부터 시한부 인생을 선고받는 것이 완전히 별개인 것과 마찬가지다.

§

기후 변화의 "초객관적(hyperobjective)" 특성은 파국에 대해 생각하는 것을 어렵게 만든다. "초객관"은 인류의 지속 기간까지는 들먹이지 않더라도 인간 수명이라는 개인적이고 집단적인 척도를 압도적으로 초과해서 영향을 미치기 때문에 우리가 제대로 지각할 수 없는, 상대적으로 새로운 유형의 현상들 그리고/또는 개체들에 티머시 모턴(Timothy Morton)이 붙인 이름이다(2010;2013). 예를 들면 방사성물질이나 다른 산업폐기물, 지구온난화와 그에 따른 변화들 같은 것이다. 이런 현상/개체는 그것을 만든 조건들이 바뀔 때까지 수천 년에서 수백만 년 동안 지속될 수 있다.

한스 요나스(Hans Jonas)와 귄터 안더스 같은 저자들은 인간 행위가 탈지역화되고 영원성—우리의 경험과 상상력의 관점에서—을 띠게 되는 과정에서 근대 기술의 창조적 힘이 빚어내는, 원인과 결과, 행위와 그 귀결 사이의 근본적인 불균형을 이미 대략 예견한 바 있다.[18]

이는 라투르가 현재 벌어지는 사건들 앞에서 우리를 마비시키는 "고립감"의 다양한 측면들을 설명하려 하면서 지적한 바와 같다: "적정 규모인 것이 하나도 없다." 즉 우리는 시공간 안에서의 "위기"뿐만 아니라 시간과 공간의 맹렬한 부식에도 대처해야 한다.(Latour, 2013a:109, 강조는 저자).[19] 이 공간적 시간적 규모의 전반적인 붕괴 현상은 (프랙털에 대한 관심이 커진 것은 우연이 아니다) 문화와 자연의 리듬 사이의 중대한 연속성의 증가를 예고한다. 이는 인간의 역사적 경험에 있어서 거대한 전환이 임박했다는 신호다. 이리하여 우리는 (다시 한 번 레비스트로스의 이중 꼬임에 의해) 또 다른 연속성의 도래를 인정하기에 이른다. 그 연속성은 거의 프로이트적인 사후성(*Nachträglichkeit*), 근대적 현재와 비근대적 과거 사이에 도래할 연속성이며, 신화적 연속성, 혹은 세계정치적(cosmopolitical) 연속성이다. 역사적 시간은 다시 기상학적 시간 또는 "생태학적" 시간(Evans-Pritchard, 1939)과 공명하기 시작한다. 하지만 더 이상 계절의 순환이라는 원형적인 의미에서가 아니라, 순환의 붕괴와 대재앙의 난입이라는 의미에서다. 심리적 공간은 생태적 공간과 완전히 포개어진다. 하지만 더 이상 환경에 대한 주술적 통제의 형식 속에서가 아니라, 과학적 지식과 정치적 무능 사이의—프레드릭 제임슨의 재치 있는 표현*을 빌리자면, 세상의 종말을 상상할 수 있는 우리의 (과학적) 능력과 자본주의의 종말을 상상하지 못하는 우리의 (정치적) 무능력 사이의—엄청난 간극에서 비롯된, "차가운 공황상태"(Stengers, 2015:32, 강조는 원문) 속에서다. 아무래도 우리는 "전근대적인 상태"로 회귀하기 직전일 뿐 아니라, 이른바 "원시인"이 자연의 힘 앞에서 느꼈던 것보다도 훨씬 더 무방비한 상태로 가이아와의 정면 충돌을 목전에 두고 있는 것 같다. 원시인은 적어도 "꿈이라는 쿠션의 완충작용에 의해 보호받았고, 어느 정도는 해방감을 느꼈을 것이다(Lévi-Strauss, 1961:390)." 반면 우리의 악몽은 우리가 말짱하게 깨어 있는 동안 우리를 공격한다. 깨어 있다는 느낌 역시 악몽의 일부일지도 모르지만.

세 계　종 말 의　전 망

앞서 언급한 종말론적 담론들이 암시하는 것은 바로 이런 심리적 충격이다. 우리는 이하에서 그것이 현대의 상상력에 미치는, 다양하고 때로는 서로 충돌하는 효과들을 분석하려 한다. 그러니까 세상의 종말. "종말"에서 시작해보자. 이 [세상의 종말이라

---

* 　프레드릭 제임슨의 2003년 에세이 〈미래 도시〉에 나오는 다음 문장을 말하는 듯하다. "Someone once said that it is easier to imagine the end of the world than to imagine the end of capitalism(언젠가 누가 이렇게 말했다, 자본주의의 종말을 상상하는 것보다는 세상의 종말을 상상하는 게 더 쉽다고)." Fredric Jameson, "Future City", *New Left Review* 21, May-June 2003.

세 상 의　56　종 말

는] 문구는 우리를 앞서 논의했던 시공간적 파라미터의 변형에 견줄 만한, 역설적인 상황에 빠뜨린다. 그것은 이중의 움직임을 통해 우리를 상반되는 두 방향으로, 과거와 미래로 이끈다. 과거와 미래는 각각 "경험적인" 면과 "선험적인" 면을 갖고 있어서 마찬가지로 이중적이다. 어둡고 격렬한 발생(우주의 생성, 인류의 발생)의 과거, 타락과 부패, 또는 예견된 죽음의 고통스러운 미래. 하지만 또 순수하게 존재로 충만한 과거(결코 현재로 나타난 적이 없고, 현재를 규제하는 관념과 현재의 신화적 전복으로서만 존재하는)와 절대적인 비존재의 미래(이미 일어난 미래, 왜냐하면 절대적인 무는 선험적으로 소급적이므로).[20] 그러므로 세상의 종말에 관한 생각은 모두 세상의 시작에 대한 의문과 시작 이전의 시간에 대한 의문, 카테콘(*katechon*, 종말의 시간, 즉 종말 직전의 시간)과 에스카톤(*eschaton*, 시간의 종말, 시간의 존재론적 사라짐, 종말의 종말)에 대한 의문을 제기한다.

"세상"이 그다음에 온다. "세상"의 종말에 대해 생각하는 것은 뺄셈과 덧셈이 동시에 이루어진 장부를 펼치는 것과 같다. 세상은 제거될 것으로 상정되어 있으며, 이 제거에 함축된 어떤 생각에 의해 이미 제거된 것으로 상정된다. 이 [제거라는] 생각이 세상의 (본질적이거나 우연한) 한 측면, 속성, 혹은 차원이며, 종말이라는 사건을 묘사함으로써, 혹은 "미리-보여줌"으로써 세상을 선점한다는 것을 고려하면 그렇다. 세상의 종말에 대한 사유는 필연적으로 사유의 종말, 즉 사유와 세상의 (내적이고 외적인) 관계의 종말이라는 연관된 문제를 상기시킨다.

논의의 편의상(어떤 존재론적 가정도 하지 않고) 여기서 우리는 세상의 종말이 사유에 의해 제기된 문제—사유만이 문제를 제기할 수 있으므로—라는, 가벼운 "상관주의자"의 입장을 택하려 한다. 이것이 인간(또는 철학자)만이 "사유"하며 이들만이 세상을 상실할 수 있다는 의미는 아니다(이는 아마도 덜 가벼운 주장일 것이다). 사실, 이 점을 말해 두어야겠는데, 묵시록적인 담론들에서 작동하는 온갖 "세상" 개념들은 들뢰즈(Deleuze,1990:301-20)의 "타자"[Autrui]와 유사한 개념적 상관물을 동원한다. 모든 가능한 "객관적" 세상의 조건이며 따라서 그 절멸의 객관적 가능성의 조건인, 선험적인 구조로서의 "타자".[21] "세상의 종말"은 이 종말을 맞는 세상이 누구를 위한 세상인지, 종말을 정의하는 속세의(worldly) 혹은 "세속화된(worlded)" 존재는 누구인지 확정할 수 있다는 조건에서만, 이 [묵시론적] 담론들 안에서 확정적인 의미를 가질 수 있다(그리고 가능한 것으로 사유될 수 있다). 세상은 한마디로 객관적인 전망(*objective perspective*)이다.[22]

세상의 종말에 대한 이 모든 신화적 변이들에서 중심 관계(또는 상관관계)는—이 관계의 종말이 결국 문제이고, 이 "문제"가 종말을 깨닫지 못하게 만들거나 그것에 집중하지 못하게 만들 때도 그렇다고 할 수 있는데—"세속성(worldliness)"과 "인류" 사이의 관계다. 이어지는 논의에서 우리는 세상의 종말을 반드시 [세상의] 반대편에 있는 항으로부터, 즉 이 종말 담론의 (구문론적 혹은 화용론적인) 주체를 포함하는 "우리"로부터 고찰되어야 하는 어떤 것으로 취급할 것이다. 우리는 우리가 "인류" 또는 "우리"라고 부르는 실체를 위해서 세상이 존재하고, "세상"이란 바로 이들의 세상이라고 가정할 것이다.[23] 하지만 결정적으로 "우리"가 누구냐는 질문, ("우리"의) 합의에 따라 "인간"으로 여겨지는 다른 집단들에서는 무엇을 "인간" 또는 "사람"이라 이해하느냐는 질문은 거의 제기되지 않으며, 어쨌든 포괄적인 분류 범주로서의 종(種)의 한계를 절대로 넘어서지 않는다. 이는 근대 서구의 시각에 뿌리를 둔 담론들—"자연주의적"이든, "인간주의적"이든 아니면 "포스트-휴머니즘"적이든—에서는 잘 언급되지 않는 부분이다. 이런 문제에 접근하는 것은 전략적인 과제다. 경험적인 인류학이나 민족지학은, 인류란 어떤 존재이고 사람들이 "우리"라고 말할 때 말하는 사람은 누구인지 언제나 완벽하게 알고 있을 것 같은, 철학적 인류학이나 형이상학보다 이 질문에 대답할 준비가 더 잘 되어 있다.[24]

세상의 종말이라는 문제는 그러므로 언제나 세상과 그 거주자들—호모 사피엔스라고 불리든, 아니면 현존재(*Dasein*)라고 불리든, 우리의 형이상학적 전통에서는 보통은 바로 "인간"이기 마련인, 그들의 세상이 바로 이 세상인 존재들—사이에 있는 이원성의 양극 중 하나가 사라지면서 생겨나는 틈 또는 벌어짐으로 정식화된다. 이런 사라짐은 한쪽 항이 물리적으로 소멸되거나 대립항에 형이상학적으로 흡수되는 데서 기인하는 것 같다 (이러한 흡수는 대립항의 재정의를 요구한다). 아주 간단히 설명하자면, 우리는 "우리 없는 세상", 즉 인류가 사라진 후의 세상과 "세상 없는 우리", 즉 세계상실의, 환경상실의 인류, 세상의 종말 이후에 남아 있는 어떤 주체성이나 인간성 사이의 대립에서 시작할 수 있다. 하지만 앞에서 보았듯이 이 두 항의 분리에 대해 생각하다 보면 지금과 같이 위태로운 그것들의 결합이 어디서 비롯되었는지 상기하지 않을 수 없다. 세상의 종말은 세상의 기원으로 역투사되며, 마찬가지로 인류의 미래는 우리에게 인류의 시작을 떠올리도록 한다. "우리 이전의 세상"의 존재를 상상하는 것은 그리 어려워 보이지 않는다. 그것을 철학적 도전이라고 간주하는 사람들도 있지만 말이다. 반면에 "세상 이전의 우리"의

가능성, 세상에 대한 인간의 존재론적-우주론적인(ontocosmo-
logical) 먼저-있음(pre-existence)은 서구 신화들의 표준적 버
전에서 거의 찾아보기 어렵다. 우리가 곧 보게 되겠지만, 이것은
아메리카 원주민(Amerindian)의 사유에서 많이 모색되어 온
가능성이다.

이 신화적인 인류/세상 이원론에서 두 개의 기둥 중 하나를
뽑아서 해체한다면, 그것을 미래에 투사하는지 과거에 투사하는
지에 따라 기본적으로 네 가지 경우가 생겨난다. 한편 뺄셈으로
만들어진 이 결과들 각각에 어떤 가치 혹은 정서를 부여하느냐
에 따라, 이 네 겹의 매트릭스는 여덟 가지 경우로 펼쳐진다. 우
리 이전의 세상은 온갖 생명체들의 황금기로 보일 수도 있고, 적
막하게 죽은 사막처럼 보일 수도 있다. 세상의 종말 이후의 인류
는 별들을 고향으로 삼는 초인처럼 보일 수도 있고 파괴된 행성
의 몇 안 되는 궁핍한 생존자처럼 보일 수도 있다. 이런 식으로
계속된다.[25]

그런데 이 그림은 훨씬 더 미묘한 차이가 있다. "세상"과 "인
류"의 지각과 레퍼런스는 예술적, 과학적, 철학적, 신화적인 창
작들 속에서 아주 다양하게 나타나는 경향이 있다. "주체" 또는
"사람들"이라는 극(極)은, 우리가 보아왔듯이, 거의 언제나 종으
로서의 인류 전체를 가리키는 것 같다. 하지만 이것은 또한 "진
정한" 인류, 즉 인류의 우수성을 어떤 특정한 사회문화 속에서
구현한 것(이를테면 우리처럼)으로 축소될 수 있다. 아니면, 이
와 반대로 보편적이고 의인화하는 가상성으로, 원물질(*prima
materia*)처럼 일종의 바탕이 되는 인간성으로 확장될 수도 있
다. 그 종말이 상상되고 있는 "세상"으로 말하자면, 이 단어는 지
구 생명권 전체를 가리킬 수도 있고, "전체"로서의 우주(시공간

전체와 과정들의 총체, 즉 물리학이 말하는 "세상")를 가리킬 수도 있고, 형이상학적 의미에서의 실재(Reality)나, 존재(Being) 자체일 수도 있다. 하지만 또 인간의 사회-자연적 움벨트(Umwelt, 환경), 혹은 더 협소하게, 진정한 인간다운 삶의 방식이라고 할 만한 특정한 생활양식을 가리킬 수도 있다(우리는 비행기, 컴퓨터, 플라스틱, 항생제 없이 살 수 있을까?).[26]

이처럼 불안정하고 모호한 면이 있다고 해도, "세상의 종말"이라는 생각이 지닌 강렬함과 강력함은 줄어들지 않는다. 오히려 불안정하고 모호할수록 그것은 더 다양한 종말들과 다양한 세상들로 분해되고 증식한다. 그리고 이 다양한 종말들과 세상들은 여전히 근본적으로 동일한 역사적 직관을 표현하는 것처럼 보인다: 모든 것이 빠르게 변하고 있고 그 변화는 "우리가 알고 있는 대로" 인간의 삶에 긍정적인 방향이 아니라는 사실이 밝혀졌다는 것.[27] 결론은, 이게 가장 중요한 점인데, 우리가 여기에 대해 무엇을 해야 할지 모른다는 것이다. 인류세는 어원상의 의미에서도 종말론적 의미에서도 아포칼립스이다. 실로 흥미로운 시대다.

1   그리고 바로 과학적 지식이 끊임없이 우리를 놀라게 한다. 예를 들면 2014년 4월 IPCC의 최신 보고서 마지막 부분이 출간되고 나서 몇 주가 지나지도 않았을 때, 그린란드와 남극에서 거대한 빙하의 융해가 가속화되고 있다는 내용의 사례 연구가 나왔다.

2   조건에서 조건화된 것으로의 이러한 이행을 안더스(Anders, 2007:82)는 그가 "종말의 시간"(**Endzeit**)이라고 부르는 것, 즉 "시간의 종말"(**Zeitenende**)의 가능성이 임박했다는 사실에 의해 규정되는, 핵폭발 이후의 **카이로스**(**kairós**)라는 관점에서 관찰했다.

3   이 저자들은 나중에 자신들의 연구를 수정하고 업데이트하여 발표했다(Steffen et al., 2015).

4   Abraham(2014); Chery(2014); Freedman(2014)을 참조할 것.

5   이런 고찰을 악명 높은 브레이크스루 연구소의 "환경 실용주의적(eco-pragmatist)" 주장(여기에 대해서는 뒤에서 더 자세히 다루려 한다)과 비교해 보아도 좋을 것이다. 그 주장의 요지는 행성의 한계라는 개념을 **전 지구적**으로 적용하는 것이 부적절하며, **지역적** 수준에서의 성장 "기회들"을 차단할 수 있다는 것이다. 브레이크스루 연구소에 따르면, 기후 위기와 대양의 산성화만이 행성의 한계의 진정한 하부 체계를 구성한다(Nordhaus, Shellenberger, and Blomqvist, 2013: 6-15).

6   마이클 만(Michael Mann)이 CE (Current Era, 기원후) 1000년부터 지금까지 지구의 온도 변화를 나타내기 위해 고안한 하키 스틱 그래프는 2001년 IPCC 제3차 보고서의 "정책 입안자들을 위한 요약" 파트에서 처음으로 등장했다. 이 그래프가 촉발한 논쟁을 살펴보고 싶다면 만(Mann, 2012)을 참조할 것.

7   이 측정값은 경험적인 관찰(빙하 코어, 나무의 나이테, 화석 기록, 등등)을 토대로 더 먼 과거로 확장되어왔으며, 일부는 "이상 온도"의 경우처럼 BP 1100년까지 거슬러 올라간다. 측정 연대의 범위가 확장됨에 따라, 인류가 진화해온 환경이라는 측면에서 현 시기의 예외성은 더욱 커졌다.

8   킬링 커브는 주간 및 계절 곡선을 제외하고는 음의 진동을 나타내지 않는 몇 안 되는 그래프 중 하나다. 한편, 지구 온도는 장기간에 걸쳐 뚜렷한 상승 경향을 보여주지만(산업혁명 이전의 온도를 포함하는 하키 스틱 그래프에서 특히 그렇다), 더 짧은 시간 간격일 때는 규칙적인 하락을 나타내곤 한다. 물론 지구 온도 상승이 **더 느려지기만** 해도 기후 부정론자들은 "온난화 가설"이 거짓이라는 증거가 나왔다며 축배를 든다. 하지만 기후학자들은 다른 파라미터들에서 더욱 두드러지는 상승과 연관시켜서 이를 쉽게 설명할 수 있다. 예를 들면 심층 해수 온도의 상승 같은 것이 그렇다.

9   한 연구는 이것을 같은 시기에 오스트레일리아에서 발생한 대홍수 탓으로 돌렸다. "어마어마한 양의 물이 바다에서 빠져나와 되돌아가지 못했다. 연체료가 계속 불어나는 도서관 이용자처럼."(Freedman, 2013). Fasullo et al.(2013)도 참조할 것.

10   Hansen et al., (2012)을 참조할 것.

11   차크라바르티(Chakrabarty, 2014:6)가 인용한 브로커(Wallace Broecker)와 쿤지그(Robert Kunzig)의 표현을 참고했다. "때때로… 자연은 기후 야수에게 날렵한 발차기를 멋지게 날리겠다는 결정을 내렸다. 그리고 그 야수는 반응했다. 야수들이 그렇듯이─난폭하게 그리고 약간은 예측 불가능하게."

12   《천 개의 고원》에서 "기원전 1만 년─도덕의 지질학(지구는 자신을 누구라고 생각하는가?)" 참조. 이 장의 제목에 있는 날짜는 명확하게 신석기 혁명과 홀로세의 시작점을 가리킨다.

13   존 브룩(Brooke, 2014)의 기념비적인 종합을 참조할 것.

14   팔송(Palsson et al., 2013:4)에 따르면, "인류대(人類代)"라는 용어는 이탈리아의 지질학자(이자 가톨릭 신부)인 안토니오 스토파니(Antoinio Stoppani)가 1873년에 이미 제안한 바 있다.

15   우리는 언젠가 죽을 수밖에 없는(mortal) 종일 뿐 아니라 죽음을 가져오는(mortiferous) 종이기도 하다. 이 점을 아는 이상, 우리는 무언가 대책을 세워야 한다. 몬비오(Monbiot, 2014)는 플라이스토세의 거대 동물들의 멸종을 다룬 최근의 연구들과 관련하여 이 점을 지적한다. [역주─조지 몬비오는 생태복원 운동을 추진하는 환경운동가로, 그에 의하면 매머드를 비롯한 플라이스토세의 거대 포유류의 멸종은 인간의 지나친 사냥 때문이었다.]

16   이 연구소의 페이스북 페이지를 참고할 것. ⟨https://www.facebook.com/pages/World-Ecology-Research-Network/174713375900335⟩

17   여기서 차크라바르티가 무어의 신랄한 비평을 염두에 두고 있었는지 우리로서는 알 수 없는 일이다.

18   "감각의 오판(paralogism of sensation)"에 대한 안더스(Anders, 2007:40-51)의 통렬한 글들을 참조할 것. 대재앙을 목전에 두고도 사람들이 태평한 이유는 "모두가 다 같이 죽는다면" **내가** 신경 쓸 일이 아니라는 생각 때문이다.

19 시간의 가속화에 대해서는 우리가 여기서 자세히 다룰 수 없는—당연히 그럴 수밖에 없지만—데리다의 난해한 글(Derrida, 1984)을 참조할 것. 가스통(Gaston, 2013)은 "세계(world)"라는 형이상학적인 개념과 그것의 상관물들에 대한 데리다 식의 비평을 제시하는 한편, 자신이 "생태주의 논객(eco-polemicists)"이라고 부르는 자들(Gaston, 2013:151ff)에 맞서서 데리다를 옹호한다.

20 "존재론의 **카이로스**"에 대해서는 안더스(Anders, 2007:18-27)를 참조할 것. 그것은 아포칼립스의 위협이 창조한 순간이며, 따라서 "우리에게 있어서 비존재(non-Being-for-us)"의 시대의 종말이자 "그 자체로서 비존재(non-Being-for-no-one)", (언제나 이미 폐기된) 과거를 폐기하게 될 절멸의 "진정한 비존재(true non-Being)"의 시대의 도래이다. 안더스의 성찰 이후 반세기가 지나서 "존재론적 전환(the ontological turn)"이라고 불리게 된 것과 세상의 종말이라는 전망 간의 이 같은 연관성이 우리에게는 본질적인 것처럼 느껴진다.

21 이 개념은 들뢰즈와 가타리의 《철학이란 무엇인가》(Deleuze and Guattari, 1994:16)에 다시 나타난다. 타자의 죽음이 세계의 종말이라는, 데리다의 언명에 대한 분석으로는 다시 한 번 가스통(Gaston, 2013:99ff)을 참조할 것.

22 "'실재 세계(actual world)'라는 표현은, 관점에 따라 그 의미가 달라진다는 점에서, '어제' 또는 '내일'과 비슷하다는 점을 기억해야 한다."(Whitehead, 1979:65).

23 주체를 위한 세계라는 "상대주의적" 개념과 주체의 세계라는 "관점주의적" 개념의 차이에 대해서는 비베이루스 지 카스트루(Viveiros de Castro, 2012a)를 참조할 것.

24 "우리"를 표현하는 조건들을 결정하는 방식에서의 이 같은 차이에 대해서는 비베이루스 지 카스트루(Viveiros de Castro, 2011a)가 리처드 로티(Richard Rorty)의 문장을 논평한 부분을 참조할 것.

25 본서에 담긴 정치적 의도를 고려한다면, 독자들은 우리가 "인간 없는 세상"보다 "세상 없는 인간"의 변종들이 더 흥미롭고 (레비스트로스라면 "더 생각하기 좋다"고 말했겠지만) 따라서 더 길게 다루어야 한다고 해도 놀라지 않을 것이다.

26 우리는 하나의 분과 학문으로서의 철학 "내부에서" 역사적으로 발전된 다양한 세계 개념들이 내포하는 미묘한 기술적 차이는 논의하지 않으려고 한다. 칸트-헤겔-후설-하이데거-데리다로 이어지는 계보를 중심으로 한 그 같은 역사에 대한 부분적인 분석으로는 다시 한 번 가스통의 유용한 책(Gaston, 2013)을 참조하라.

27   "우리가 알고 있는 대로 x의
종말"(여기에서 "x"는 세상, 인간의
삶, 문명, 국민 국가, 등을 나타낼 수
있다)이라는 공식은 현대의 담론 속에
편재해 있으며, 상세하게 분석할 가치가
있다. 지시 관용구의 순진함 아래
철학적인 함축과 가정들이 풍부하게
숨겨져 있다는 점에서 그렇다. **"우리"**는
도대체 누구인가?

3
…는 태어나려고 베들레헴을 향해 웅크리고 있는가?

우리가 조사의 출발점으로 선택한 모드—우리 이전의 세상—는 에덴동산에서 그 교과서적인 표현을 발견한다. 세상의 유년기에 어울리는 낙원의 이미지. 천지창조의 여섯째 날까지 존재했던 세상은 주인공인 "인간"의 등장을 위해 세팅된 무대였다. 에덴동산은 인간 없는 세상이면서 인간을 위한 세상이다. 인간은 맨 마지막에 등장했고, 어떤 의미에서는 이 세상의 "마지막", 세상의 결말이다. 아니면 우리는 천지창조 이후 일주일 동안의 세상, 아담과 이브가 창조되었으되 아직 원죄를 저지르지는 않은, 즉 세상으로부터 아직 분리되지 않았고 세상을 자기들의 적대자로 대상화하기 이전의 세상을 상상할 수도 있다. 타락 이전의 세상은 아직 주체가 되지 않은 인류를 위한, 대상화 이전의 세상이다.[1]

에덴동산 같은 세상이라는 신화적 테마—구조주의 용어로는 "신화소(mytheme)"—는 오늘날 황야(wilderness)의 관념 속에 끈질기게 살아남아 있다. 황야는 인간의 출현으로 더럽혀지지 않은 순수한 자연이자, 점점 더 축소되는 공간들로서, 호르티 콘클루시(*horti conclusi*, 닫힌 정원들)*처럼, 태초부터 지금까지 "건드려지지 않은" 상태를 유지해왔다고 여겨지는 어떤 과거를 증언한다. 하지만 서구 문명의 눈먼 탐욕 속에서 오늘날 사라질 위기에 처한 공간들이기도 하다. 윌리엄 크로넌(Cronon, 1995)이 정확히 지적했듯이, 18세기 말에 이르러서야 황야가 궁

---

* Hortus conclusus(복수형은 horti conclusi)는 라틴어로 "울타리로 둘러싸인 정원"을 의미하며, 중세 및 르네상스 시대의 미술과 문학에서 특히 성모 마리아의 순결의 상징으로 자주 사용되었다.

정적인 감정들과 연결되기 시작했다.

부분적으로 "숭고(sublime)"나 북아메리카인들의 상상에 존재하는 "최후의 변방(last frontier)" 같은 관념의 영향 아래, 황야는 인간보다 먼저 있었고 우위에 있다고 여겨지는 장엄한 자연을 관조할 때 생겨나는, 신성함 비슷한 감정과 연결되었다. 그전까지 황야는 버림받은, 황량한, 척박한, 제멋대로의 풍경을 뜻하는 단어로, 심미적 찬탄이나 경건함보다는 절망, 혼란, 악마의 손아귀에 떨어질까 봐 두려워하는 마음을 불러일으켰다. 밀턴의 《실낙원(Paradise Lost)》에서 황야는 에덴동산을 외부의 접근으로부터 보호하기 위해 그것을 둘러싸고 있는 지역이다. 황야는 낙원의 바깥에 있는, 낙원과는 정반대의 장소이며, 아담과 이브가 낙원에서 추방되었을 때 가야 했던 곳이다. 황야는 많은 노동과 수고를 들이고 나서야 길들고 인간화되었다.

"우리 없는 세상"으로서의 황야에 대한 긍정적인 인식은 20세기 후반에 그 활동의 정점에 도달했던 급진적 보호주의(radical preservationism)를 비롯하여, 많은 현대 환경운동의 중심에 있다. 이런 계열의 환경보호주의는 인간의 존재를 근본적으로 탈자연화하는 힘으로 간주하며, 따라서 "자연" 공간에서 거주자들(대개는 토착적인 혹은 "전통적인" 집단들, 다시 말해 자본주의 시장에 거의 편입되지 않은 사람들)을 쫓아내야 한다고 서슴없이 주장한다.[2] 인간 공동체에 대한 이런 실낙원적인(post-lapsarian) 인식은 원주민들이 아담처럼 "자연과 조화를 이루며" 살아가고 있다는—즉 인간을 제외함으로써 정의되는 환경이라는 생물물리학적 변수에 이들이 주는 "충격"은 미미하다는—인식과 대조를 이루거나 혼란스럽게 공존한다. 역으로, 원주민들이 공업 제품이나 기술을 그들의 생활양식 속에 받아들이면서 생겨난 사회변화는 그들에게서 이 특권을 누리는 아담의 지위를 박탈할 명분으로 충분하다. 그리고 이것은 다시 그들을 그들이 온 힘을 다해 지키고 있는 "야생의" 땅으로부터 몰아내야 한다는 주장에 이용된다. 이런 주장은 "보존"의 의도가 아니라 강력한 이해관계에서 비롯된다는 것이 예외 없이 드러난다. 우리는 브라질 같은 나라에서 농업기업들과 대규모 토지 소유자들이, 자본의 비굴한 고객이자 비즈니스 파트너인 미디어 기업들의 열광적인 지지를 업고서, "청바지를 입은 인디언"("이제는 인디언이 아니며", 따라서 "땅이 필요 없는 사회 복지 대상자")이라는 유령을 얼마나 자주 불러냈는지 기억해야 한다.

그러므로 에덴동산 같은 황야의 세상은 다원적이고 유기적인 세상이라고 할 수 있다. 이 세상은 하나의 근본적인 대립을 중심으로 건설된다: 무궁무진하게 다양한 형태와 미묘한 힘의 균형으로서의 생명과 양적·질적으로 생명을 훼손하고 감소시키고 불균형하게 만드는 요인으로서의 인류(본질적으로 "반자연적인" 종으로서의 인류이든, 근대 공업 사회가 만든 변종이든)의 대립.[3]

우 리 이 후 의 세 상

생명과 인류의 대립을 표현하는 두 번째 방법은 그것을 미래에 투사하는 것으로 이루어진다. 다양성과 풍부함에서 천하무적인 생명은 외계에서 온 무자비한 침입자처럼 굴던 인류가 콘크리트, 아스팔트, 플라스틱, 핵폐기물의 사막으로 바꿔놓은 영토(지구)를 재정복하면서 되살아날 것이다. 인류의 종말을 바라보는 이 역설적으로 낙관적인 시각은—채택된 관점이 분명히 생

… 는 태 어 나 려 고　　　　향 해
베 들 레 헴 을　　**71**　　웅 크 리 고 있 는 가 ?

명 자체의 관점인 만큼 낙관적이다— 저널리스트이자 작가이며 환경운동가인 앨런 와이즈먼의 《인간 없는 세상(The World Without Us)》에 잘 드러나 있다. 이 책은 다큐멘터리 영화와 TV 시리즈로도 제작되었다.[4] 와이즈먼의 책은 조지 스튜어트(George Stewart)의 위대한 SF 고전 《어스 어바이드(Earth Abides)》의 더 극단적인 버전이라고 할 수 있다. 《어스 어바이드》에서는 치명적인 바이러스성 전염병에서 살아남은 얼마 안 되는 사람 중 한 명인 직업적 생태연구자가 인간의 종말 이후 비인간 생명체가 어떻게 진화하는지 관찰하기로 마음먹는다.[5] 《인간 없는 세상》은 이와 반대로 (이 책에서는 명시하지 않은 이유로) 인류가 완전히 멸종한 후 지구에서 일어날 일을 설명하면서, 우리가 남긴 물리적 흔적이 어떻게 조금씩 지워져서 수십 년에서 몇천 년이라는 상대적으로 짧은 기간 안에 영원히 사라지게 될지를 보여주는, 사변적인 논픽션이다.

"자연"이 인류가 남기고 간 수많은 기술적 시한폭탄들의 폭발을 아직 흡수해야 하는 과도기를 거친 후에, 호모 사피엔스의 종말은, 한때 이들이 자랑했던 문명의 폐허 옆에서 지구가 다시 광대한 황야로, 헤아릴 수 없이 많은 종이 번성하는 생태계의 풍요로운 태피스트리로 돌아가는 것을 가능하게 할 것이다. 와이즈먼은 인류가 환경에 가한 충격 중에서 어떤 것은 (기후 변화처럼) 이미 진행 중이어서 돌이킬 수 없다는 점을 고려한다.[6] 하지만 그의 사고 실험은 문명의 물질적 껍데기를 없애고 인공물과 쓰레기의 축적으로 질식할 지경에 이른 행성을 되살리는 자연의 역량에 집중되어 있다.

지구가 에덴동산으로 돌아갈 수 있도록 인간을 제거한다는 생각은 자발적 인류 멸종 운동(Voluntary Human Extinction Movement)의 핵심에 있다.[7] 1990년대 초 미국의 활동가 레스 나이트(Les Knight)가 부분적으로 심층 생태주의(Deep Ecology)에서 영감을 받아 주창한 이 운동은 우리에게 생식의 자제를 통한 점진적인 소멸을 설파한다. 마지막으로 남은 얼마 안 되는 숫자의 인간들은 운 좋게도 이 새로운 에덴동산을 즐길 것이다.

차크라바르티는 〈역사의 기후(The Climate of History)〉 첫머리에서 《인간 없는 세상》에 공감을 표시하면서, 와이즈먼의 사고 실험은 과거와 미래를 잇는 연속성의 파괴가 우리의 역사에 대한 감각 자체를 얼마나 위협하고 있는지 보여준다고 지적한다. 우리의 현재의 경험에 의미를 부여하는 것은 바로 이 연속성이다. 인류의 경험적 유한성을 알리는 생태 위기는 역사적 전망을 다음과 같은 화용론적 역설에 가둔다: "와이즈먼의 실험을 따라가려면 우리는 '우리가 없는' 미래를 시각화하기 위해 그 미래에 우리를 끼워 넣어야 한다"(Chakrabarty, 2009:197-8). 미래는 이제 과거와 동일한 성분이 아니다. 그것은 철저한 타자, 우리 것이 아닌 것(not-ours), 자신의 등장을 위해서 우리의 퇴장을 요구하는 시간이 된다. [대문자로 시작되는] 역사는 형이상학적으로 강등되어, 임의의 역사적인 현상만큼이나 덧없어진다. 머지않아 역사 자체가 "역사가 될" 것이다. 십여 년 전 안더스(Anders, 2007:11-18)는 근대적 사유는 지구 중심적 우주론의 몰락을 역사의 인간 중심적 절대화로, 다시 말해 "역사적 상대주의"로 재빨리 보충했다고 지적했다. 하지만, 하고 그는 말을 잇는다, 원자력 시대가 열어젖힌 세상 종말의 가능성은 이 절대화의 절대적 상대화다: "역사의 종언"은 기상학적 현상, 발생 날짜와 시간이 적어도 이론적으로는(*de jure*) 정해진 사건이 되었다.

개별적인 역사적 사건들은 한 번 일어나면 더는 존재하지 않는다. 더-이상-존재하지-않는-역사는 이런 개별적 역사적 사건들과 근본적으로 다른, 일종의 비존재가 될 것이다. 그것은 더 이상 "지나간 것"이 될 수 없다. 그것은 한번도-일어나지-않음의 형식으로 존재하게 될(혹은 존재하지 않게 될) 무엇이다(Anders, 2007:22).

요약: 우리는 존재하지 않게 될 것이다, 마침표.
와이즈먼이 《인간 없는 세상》에서 펼쳐 놓은 명백한 낙관주의는 그러므로 심오하게 아이러니한 것으로 밝혀진다. 새로운 전 지구적 수준의 역사적 행위자—자신의 존재 조건들을 불안정하게 만들 수 있는 지구물리학적 힘으로서의 "인간" 또는 "인류"—를 제거하는 동시에 역설적이게도 다시 도입한다는 점에서 그렇다.

1   이 책에 영감을 준 글 중 하나에서
다노프스키(Danowski, 2011a)는
흄(David Hume)의 작품 안에서
어떤 허구의 상황들이 (특히 애덤
스미스를 참조하면서) 반복적으로
사용되는 것을 세상 "이전"과 "이후"에
인간 본성이 무엇을 의미할 수
있는지에 대한 일종의 사고 실험으로
이해하자고 제안한다(여기서 세상은
총체라기보다는 "경험"으로 이해되며,
이 허구들에서는 아직 존재하지
않았거나 이미 존재하지 않는다).

2   오늘날의 환경운동에서 어떤
지역의 생태계를 보호한다는 명목으로
그곳에 대대로 거주해온 이들의 추방을
요구하는 경우는 거의 찾아보기
어렵다. 하지만 REDD(Reducing
Emissions from Deforestation and
Forest Degradation, 산림 전용 및
황폐화로 발생하는 온실가스 감축)와
REDD+(여기에서 "플러스+"는 산림
전용 방지와 기존 산림의 회복 외에도
대화, 지속 가능한 관리와 산림의
탄소 자원 보존 강화 같은 측면을
강조하고 있다) 같은 국제적인 운동은,
곧잘 세계은행(World Bank)이나
다른 개발 은행들의 재정 지원을
받으면서, 결국에는 정확히 그런 결과를
가져옴으로써 극심한 비난을 받아왔다
(No REDD in Africa Network, 2014).

3   "제 생각에는, 20세기에 우리
인구가 네 배가 되면서, 우리가 원죄를
어느 정도 재정의할 시점에 이르렀다고
봅니다. 그냥 태어난 것만으로도,
우리는 이 문제의 일부가 되는 겁니다."
(Weisman, 2013).

4   예컨대 *Aftermath: Population
Zero*(2008)를 참조할 것. *The World
Without Us*(인간 없는 세상)를 *The
World Without US*(미국 없는 세상)과
혼동하면 안 된다. 전자는 책이고 후자는
미치 앤더슨(Mitch Anderson)과 제이슨
토마릭(Jason Tomaric)이 만든 다큐픽션
영화다(둘 다 2008년에 나왔다).

5   이 책에서 주인공은 마지막에 몇 명
안 되는 다른 생존자들과 우연히 만나서
문명을 재건하려는 노력을 기울이지만,
결국에는 실패한다. 노년에 그는 자신의
처지를 깨달으면서 이 꿈을 포기하기에
이른다. 마침내 그는 자신의 후손들과
다른 인간들이 미개한 문명 상태로
퇴행한 것을 희망적인 새로운 시작으로
인정하고 받아들인다.

6   나중에 한 인터뷰에서, 그는 [대기
중 이산화탄소 농도의 증가가] "과거에도
많이 벌어졌던" 일이며, 일단 인간이
사라지고 나면 지구의 생물권에
빠르게 흡수될 수 있다고 하면서, 기후
위기의 영향을 다소 축소하는 듯이
보인다(Weisman, 2009). 여기에서 이
저자의 관점은, 거듭 말하지만, 인간의
생존이 아니라, 생명의 복원력이라는
데에 있음에 주의해야만 한다.

7   자발적인 인류 멸종 운동에
대해서는 〈http://www.vhemt.org/
aboutvhemt.htm〉에 나와 있는
자기소개를 참조할 것. 앞서 각주에서
인용한 인터뷰에서 와이즈먼도, 인간의
출산을 중단하는 것이 "비폭력적으로"
이전의 상태(*status quo ante*)를
회복하는 방법일 수 있음을 상상해
보라고 권한 바 있다.

… 는 태 어 나 려 고   향 해

베 들 레 헴 을   **75**   웅 크 리 고 있 는 가 ?

4
사유가 배제된 외부,
혹은 타자의 죽음

내부냐, 외부냐,
그건 정말 중요하지 않다.

돈 후앙 마투스
(Don Juan Matus)

내부냐, 외부냐,
그건 정말 중요하지 않다.

돈 후앙 마투스
(Don Juan Matus)

세계상실(worldlessness)의 감각은 근대성의 문화적 통각(ap-perception)을 이루는 기본요소 중 하나이며(또는 하나였으며) (서구의) 인류(humankind)의 정신적 위기는 여기서 생겨났다고 오랫동안 이야기되어왔다. 그리고 그 결과는 바로 그 인류가 자율적 주체—"인간다움(humanity)"—라는 새로운 조건을 획득한 것이었다. 우리를 위계적인 "닫힌 세상"으로부터 해방하여 민주적인 "무한한 우주"로 데려다주었다고 여겨지는 17세기의 과학 혁명(Koyré, 2003)은 비판철학이라는 친위 쿠데타에 의해 합리화되는 동시에 전복되었다. 칸트가 잘못된 이름을 붙인 "코페르니쿠스적 전환"은, 우리가 알다시피, 공식적인 근대적 인간 개념의 원천이다. 구성하는 힘으로서의 인간, 자연의 자치적이고 주권적인 법 제정자인 인간, (인간의 오성이 그 존재 조건인) 현상적 질서 또는 인과성을 넘어설 수 있는 유일한 존재인 인간. "인간 예외주의"는 자연과 역사의 자기 정초적 분리에 근거하는, 진정한 존재론적 예외 상태다. 이 같은 신화적 장치의 주된 기능은 인간을 프로메테우스처럼 자연의 정복자로 이미지화하는 것이다. 원래의 동물적 비천함에서 벗어나면서 자기가 속했던 세상을 잃어버리지만, 결국 주인으로서 그것을 되찾는 인간. 그런데 이것은 낭만주의 이래 우리가 알고 있듯이, 극히 양가적인 특권이다. 세상의 이성적인 전유와 경제적인 도구화는 그것의 "탈주술화"(베버)로 귀결되었고, 현존재(*Dasein*), 저 "세상 형성자"(하이데거)는 자신이 이룬 성공의 희생자라는 사실이 밝혀졌다. 현존재는 자신의 "빈터"—그에게 존재, 진실, 죽음의 독점을 가져다주는 숲 한가운데의 열린 공간(*Lichtung*)—에 절대적으로 고독하게 남겨진 자신을 발견한다. 그 빈터는 열려 있지만, 그것의 외부적인 쌍둥이, 즉 에덴동산을 둘러싼 거칠고 광대한 황야의 전복된 이미지를 투사하지 않을 수 없다.

근대적 인간중심주의 또는 인간주의는 그러므로 "세상 이전의 우리" 도식(圖式), 즉 인간의 선험적 선재성에 조응한다. 경험적 존재로서의 인간이 세상에 의해 구성되어 있음을 입증할수록, 세상은 인간에 의해 구성된다.[1] 이 선재성은 ("세상을 바꾸는" 모든 프로젝트에서 나타나는 창조적인 부정 속에서 선언되는) 특권처럼 보일 수 있지만, 퇴행성 질환—아름다운 비기독교적 내재성의 종말, 현실의 망상적 이중화, 지구의 배신, 존재의 망각, 무상감, 상대주의, 허무주의—이라는 비난 혹은 개탄의 대상이 될 수도 있다. 특히 후기 낭만주의 시기에 주체와 세상 사이의 틈은 처음에는 실존주의의 다양한 갈래에 의해, 나중에는 포스트-모던 구성주의에 의해 점점 벌어져서, 라투르가 그의 핵심적인 저술들에서 지적한 것처럼, 하나의 절대적인 존재론적 통약불가능성이 되어버렸다. 두 개의 신비로운 상호보완적인 형상, 즉 주체에 의해 흡수되어 그의 대상(사회적 구성물, 언어의 투사, 욕망의 환영)이 되면서 사라지는 세상의 형상과, 역으로 세상에 의해 흡수되어 사물들 가운데 하나로, 눈먼 시계공이 조립한 유기적 기계로 바뀌면서 소멸하는 주체의 형상은 이 통약불가능성을 잘 표현한다. "상관주의(correlationism)"로 알려지게 될 이 같은 위기는 사실상 이 이름이 붙여지기 한참 전부터 시작되었다.[2]

우리는 인류세가 우리를 지극히 경험적인 의미에서 "세상의 종말"—인류의 생존에 필요한 물질적 조건들의 파국적인 변화—의 전망 속에 놓으면서 진정한 형이상학적 고뇌를 유발했다고 말하는 것이 과장이라고 생각하지 않는다. 이 고뇌는 인간

중심주의의 모든 형태—인류가 사회·기술적으로 새로운 천년을 향해 진보한다는 프로메테우스적 이상이든, 주체의 구성적 권력을 찬미하는 동시에 역설적으로 그것을 무한한 환상의 원천이라고 비난하는 포스트모더니즘의 비관주의이든—에 대한 깊은 불신으로 나타났다.

"실재의 사회적 구성"이라는 거창한 프로젝트가 "자본주의적 지구 파괴"를 통해 실현되었다는 깨달음은 근대인들의 세상이었던, 세상 없는 사람들의 세상(*world of the worldless people*)를 지나간 것으로—즉 지나가게 만들어야 하는 것으로—선언할 필요성에 대해 (대략적인) 공감대를 이루게 한다. 하지만 현재 이 같은 신화적 도식의 변형은 여러 방향으로 움직인다. 그중 일부는 이런 파괴를 나타내는 부정적 신호들을 뒤집으면서 이 세상의 급격한 폐기가 인간의 최종적인 해방적 변신을 위한 유일한 탈출구라고 주장한다. 미친 듯한 활기와 우울한 침체가 집단의식의 조종간을 차지하려고 다투는 듯한 시대에, 세상의 종말에 대한 모든 논의는 인류의 영속성을, 즉 극복하고 승화하는 인간의 무한한 능력을 설파하면서, 쇠락이나 종말에 대한 어떤 언급도 비현실적이고 억지스럽고 반동적이며 미신적이라고 여기고 싶어 하는, 정반대의 담론을 끌어낸다.

사 망 학 적   논 거

이 세상 없는 사람들의 세상에 반대해서 "형이상학을 쇄신"하려는 움직임이 현대 사상 안에서 뚜렷하게 나타나고 있다. "존재론적 전환"이라고도 알려진 이 운동 혹은 경향은 "사변적 실재론"의 문제설정과 종종 연관지어지는 철학자들을 포괄한다. 레이 브라시에, 이언 해밀턴 그랜트(Ian Hamilton Grant), 그레이엄 허먼(Graham Harman), 레비 브라이언트(Levi Bryant), 그리고 이 운동의 지도자들에 의해 (적절하든 아니든) 같은 편이라고 주장되는 퀑탱 메이야수, 브뤼노 라투르, 트리스탄 가르시아(Tristan Garcia) 같은 철학자들.[3] 서로 간의 무시할 수 없는 차이에도 불구하고, 이들은 모두 고전적인 형이상학적 질문들과 정면으로 대결하려는 성향, 정도의 차이는 있지만 뚜렷한 반(反)칸트주의와 반인간주의적 경향, 언어철학에 대한 공공연한 무관심, 그리고 공통된 "실재에 대한 열광"을 보여준다. 이들 중 일부는 비인간 존재들, 객체들, 그리고 유사 객체들에 대해, 고유하게 존재론적 차원으로서의 물질성에 대해, 테크놀로지와 자연과학에 대해 특별한 관심을 쏟는다. 정치철학과 사회문화인류학은 일반적으로 이들의 강점이 아니다.[4]

여기서 우리의 관심을 끄는 것은 사변적 실재론[5]의 특정한 측면인데, 우리는 이를 "인간 없는 세상"이라는 신화적 도식의 변종으로 보려고 한다. 하지만 이 변종은 와이즈먼의 사고 실험에서처럼 인류가 사라진 우주를 단순히 상상하는 것보다 훨씬 더 극단적인 형태이다.[6] 이 경우에 우리가 다루고자 하는 인간 없는 세상은 모든 경험으로부터 독립적이며, 어떤 실제적, 혹은 가상적 묘사에도 선행한다. 그것은 관찰자 없는 세상이며, 관점의 부재로 정의되는—우연히 그렇게 정의되는 게 아니라 본질적으로 그렇게 정의되는—세상, 사실상 완전히 죽은 세상이다.

세상을 순수하고 비주체적(심지어 반주체적)이며 무감각한 물질성으로 간주하는 이런 시각은 퀑탱 메이야수와 레이 브라시에의 저작들에 잘 나타나 있다. 2006년 프랑스에서 출간된 그의 영향력 있는 저서 《유한성 이후》에서 메이야수는 성서의 창조론에 대해, 그리고 더 일반적으로는 과학적 현실 해석의 헤게모니를 끈질기게 공격하는 모든 종교적 세계관에 대해, 유일한 사변적 해결책(이라고 그가 생각하는 것)을 제시한다. 이 책이 조준하는 철학 내부의 적—이성의 요새를 신앙 절대론자들의 공격에 더욱 취약해지도록 만들어 온—은 메이야수가 상관주의(*correlativism*)라고 명명한 것, 즉 사유와 존재의 상호결정에 대한 확언이다. 상관주의자들에 따르면 "우리는 사유와 존재의 상관관계에만 접근할 수 있고, 별개의 분리된 항으로서 사유 자체나 존재 자체에는 결코 접근하지 못한다"(Meillassoux, 2009:5). 물론 문제를 이렇게 만든 범인은 칸트다. 칸트는 철학을 "대자연"으로부터 무한히 멀어지는 길로 끌고 가서 주체라는 황금 새장 안에 가두었다는 혐의가 있다.[7] 칸트 때문에 우리는 세계를 잃어버리고 내면으로 향했으며, 이는 형이상학의 역사에서 진정한 정신이상 삽화로 묘사될 수 있다. 근대적인 구성적 주체는 나르시시즘적인 환각이며, 입법적 오성(legislative Understanding)은 어느 시골 정신병원에서 나폴레옹으로 소문난 환자다.

비판자들에 의하면, 상관주의가 안고 있는 문제는 관계(relation)가 그것을 구성하는 항들(terms)에 우선한다는 점이다. 우리가 실재의 단단한 바닥에, 주관성 외부의(extra-subjective) 제1 성질들의 세계에 도달하고자 한다면, 존재를 사유와 분리하는 것이 필수적이다. 메이야수와 대다수의 사변적 실재론자들이 고립적으로 파악된 항들 둘 다에 관심을 보이는 것 같지 않다는 점을 지적해야겠다. 그들이 관심 있는 것은 사유의 외부에 있는 세계 또는 존재이지, 사유 자체(언어, 사회, 문화, 등등)가 아니다. 사유에 대해서 메이야수는 거의 언급하지 않으며, 수학적 방법을 통해 경험 외부의 실재를 파악할 수 있다고 말할 뿐이다.[8]

메이야수는 상관주의에 칸트의 선험적 관념론, 현상학, 포스트모던한 회의주의, 그 밖의 다양한 반(反)절대주의들을 포함시킨다. 하지만 그는 또한 상관주의가 더 해로운 유행 속에도 존재한다고 본다. (전통적 상관주의와 그 계승자들에게는 인식론이나 비판의 영역에 머물렀던) 상관관계를 절대화 혹은 존재화하려는 모든 주관성주의(subjectalist) 철학, 즉 헤겔의 객관적 관념론(objective idealism), 니체의 의지의 철학(philosophy of the will), 그리고 그가 초자연주의적이라고 단죄한, 심령주의적(spiritualist), 생기론적(vitalist), 범심론적(panpsychist) 성향의 다양한 담론들이 그것이다.[9] 메이야수가 이해하는 바로는, 상관주의적 입장은 상대주의(형이상학을 배반한 유다)를 수반하며, 상대주의는 우리에게서 세계를 빼앗아서 "신앙주의(fideism)"와 비합리주의에게 넘겨준다. 이 세계를 갖지 않은 사람들—상관주의자들과 그들의 헤겔적 또는 비트겐슈타인적 계승자들, 하이데거적 또는 베르그송적 계승자들—에 맞서서, 메이야수는 인간 없는 세상의 절대적 우위야말로 모든 진정한 유물론을 궁극적으로 보증하는 것이라고 주장한다.

그가 자신의 형이상학 실재론을 뒷받침하기 위해 채택한 사고 실험은, 시공간적으로 멀리 떨어진 실재들을 수사학적으로 끌어들인다는 점을 제외하면, 와이즈먼의 사고 실험과 기이할 만큼 유사하다. "선조성이라는 논거(argument of ancestrality)"가 그것인데, 이는 우리가 인류의 도래 이전에 그리고 인류의 상징적인 도구들(언어, 문화 등)의 출현 이전에 일어났다고 추정하는(또는 알고 있는) 사태들을 서술하는 문장들에 부여할 수 있는

(그리고 아마도 부여해야 하는) 진리 지위(truth status)와 관련된다.[10] 그런 사태들의 예로는 우주의 탄생, 태양계의 형성, 생명의 출현, 호모(*Homo*) 속(屬)에 속하는 최초의 종(種)의 등장 등이 있다. 이런 사태들은 그가 "원화석(arche-fossils)"이라고 부르는, 인간의 등장에 선행하지만 여전히 앎에 다가갈 수 있는 실재들과 사건들의 흔적을 생성한다. 이 앎은 상관주의적 가정의 부조리함을 드러내며, 그리하여 주체에 독립적인 실재에 실질적으로 접근하는 것이 가능함을 입증해 온 근대 과학과, 존재의 사유를 사유의 존재에(또는 주로 비존재에) 종속시켜야 한다고 주장하는 근대 철학 간의 수치스러운 분리에 종지부를 찍는다.

세계의 실재와 존재의 지속(subsistence)을 확증하는 것은, 그러므로 메이야수가 보기에, 사유의 비실재화(derealization)에 달려 있는 듯하다. 인간 사유 또는 사유의 주격 형태뿐 아니라, 인간 혹은 비인간의 모든 종류의 감각 또는 경험의 비실재화. 실재의 궁극적인 구조로부터 제외되어야 하는 것은 감각체(sentience)로서의 생명이다. 실존이 경험에 의존하는 것은 모두 부정되어야 마땅하다. 메이야수에게, 생명 일반, 그리고 특히 인간의 활동으로 변화된 생물권은 사실상 무(無)로부터(*ex nihilo*) 급격하게 생겨난 결과이며, 신이 개입하지 않은 기적이다(당분간은…).[11] 이것들은 세상으로부터 생명의 원리를 박탈할 뿐 아니라 모든 원리의 의미를, 다시 말해 충족 이유율을 박탈하는 "시간의 우월한 부조리함"을 보여준다. 오직, 우연성(contingency)의 필연성을 확인하는 데 필요한, 무모순율만 유지된다. 바로 이런 이유로 우리는, 메이야수가 시간(대문자 T로 시작하는 Time)을 부조리의 신(Lord of the Absurd)으로 지명한 것은 우연이 아니라고 — 언어유희가 허락된다면 — 생각하는 것이다. 여기서 세상의 종말은 임박했지만(1초 뒤에 세상이 끝나지 않을 이유가 전혀 없기에) 사소한 일이 된다.

레이 브라시에가 발전시킨 인간 없는 세상은 (그의 난해하고 복잡한 《풀려난 허무》에 대해서는 여기서 간단하게만 언급하겠다) 와이즈먼의 인간 없는 세상과 마찬가지로 미래에 위치하며, 그 미래는 메이야수의 선조적 세상만큼이나 멀리 떨어진, "우주적으로 심원한 시간"[12] 으로서, 상관주의자들의 "인간학적 시간"과 결정적인 대조를 이룬다.

브라시에의 초허무주의 논증에 활기를 불어넣는 실증적 사실은 우리 종, 생명체, 행성, 우주의 돌이킬 수 없는 소멸이다. 흔히 말하듯이, 장기적으로 보면 우리는 모두 죽는다(In the long run, we are all dead). 하지만 이는 브라시에에게 있어 우리 모두는 이미 죽은 상태라는, 혹은 "모든 것이 이미 죽은 상태"라는 의미이다. 존재를 긍정하려면, 사유를 비실재화하기보다는, 브라시에에 따르면, 사유를 미래에서 제거할 뿐 아니라 영원히 없애야 한다. 존재는 전체로서(*in toto*) 사유를 근본적으로 초과하는데, 존재에서 배제됨에 따라 사유는 "현재 근본적으로 가치를 잃었다."(Shaviro, 2011) 그와 동시에 사유의 주체는, 즉 어떤 "우리"의 물리적 혹은 형이상학적 지위는 부수적인 것으로, 물질처럼 비활성화된 것으로 간주된다. 브라시에가 보기에 "멸종의 깨달음에 길을 터주려면" 감각을 소멸시키는 것, 계몽주의가 시작한 세계의 탈주술화를 급진화하는 것이 필요하다. "무감각과 무의미는 단순한 박탈이 아니다. 그것은 깨달음을 얻는다는 뜻이다."(Brassier, 2007:238) 메이야수에게는 이유의 원리(principle of reason)가 없는 반면에, 브라시에에게는 이성에 아무런 원리가 없다(reason has no principles). 그러나 깨달음은 여전히, 그가 판단하기에, 무지함보다는 나은 행복(하지 않음)이다.

메이야수와 브라시에의 저작에서 "죽음"이라는 단어가 얼마나 중요하고 자주 쓰이는지에 대해 언급해야겠다. 메이야수(Meillassoux, 2012)는, 생명 현상과 사유가 형이상학적으로 무(無)로부터 발생한다는 점에서, "죽은 존재"와 "죽은 물질"이야말로 우주의 궁극적인 본질이며, 무기물로 이루어진 우주의 기본 물질과는 아무 관계가 없는 실재라고 말한다. 한편 브라시에는 프로이트의 죽음 충동을 우주적 원리로 풍부하게 활용해서, 생명체와 사유에 깃든, 죽음을 향한 굴성(thanatological tropism), 또는 "죽음 친화성(thanatropism)"을 규명한다. 이 같은 치명적 유혹이 갖는 해방적인 잠재력—인간에게 해방적이라는 말로 이해되며 다른 생명을 가진 존재들은 고려되지 않는다—은 정치적으로 활성화되어야 하는 어떤 것이다. 브라시에의 허무주의는 정적(靜的)이지 않고 전투적이다.

와이즈먼의 사고 실험에서, 그리고 에덴동산으로서의 인간 없는 세상이라는 테마에서 핵심적인 차이는 생명과 인간의 차이인데 반해, 이런 유형의 사변적 실재론의 반(反)인간중심주의는 (인간 또는 비인간) 생명과 (실질적인 실재, 또는 존재의 질료로 이해되는) 세상을 대립시킨다. 존재의 자율적인 진리를 "그 자체임(in-itselfness)"으로서 확언하려면, 감각과 의미를 지닌 활동으로서의 삶을 부정해야 한다. 대자연은 얼음이 덮인 황무지이며, 근본적인 외부성은 절대적으로, 기이하게도 죽어 있다. 이들 사상가에게, "세상의 종말"을 이야기하는 것은 화용모순(차크라바르티는 와이즈먼이 여기에 해당한다고 생각한다)이기는커녕, 순수한 형이상학적 동어반복이자, 평범한 존재론적 플레오나즘이라고 할 수 있을 것이다. 종말은 이 세상이 "실존"하는 방식이다.

물질이 그 자체로 (상관관계 바깥에) 존재하려면 수동적이고 관성적―무감각하고 무관심하고 무의미하다는 의미에서―이어야 한다는 메이야수와 브라시에의 가정이 어떻게 그것이 제거하려고 하는 인간 예외주의를 다시 도입하는지 샤비로가 지적할 때(Shaviro, 2011), 우리는 대체로 그의 말에 동의한다. "인간 없는 세상"이라는 테마의 이 두 가지 버전의 근간을 이루는 반(反)인간중심주의적 명제들은 결국 그 자체가 인간적 관점에 사로잡혀 있는 것으로 드러난다. 마치 이런 관점의 부정이 세계가 존재하기 위한 필요조건인 것 같다―특이한 부정적 관념론, 기이한 시체 같은 주관주의. 이 저자들이 옹호하는 넓은 의미의 반(反)생기론은 이 반인간중심주의를 좌초시키며, 무엇보다 이들을 정말로 성가시게 하는 것, 즉 "우리가 경험하는 바의" 내면으로부터의 삶―이를 무효화하려는 노력에 의해 결과적으로 과대평가된, 인간의 경험―을 무력화하기 위한 선제적, 예방적인 대책이라는 인상을 준다. 하지만 부정적인 인간중심주의도 인간중심주의다. 어쩌면 유일하게 정말 근본적인 인간중심주의일지도 모른다. [원주민의] 우상을 불태운 사람들이 식민주의의 오류가 낳은 그로테스크한 희극에서 유일한 페티시스트들인 것과 마찬가지다. 왜냐하면 이들은 "야만인들"이 숭배대상(fetishes)의 실재성을 정말로 믿는다고 (비현실적으로) 믿으면서, 똑같은 방식으로 숭배대상의 비실재성을 믿었기 때문이다(Latour, 2010a).

마지막으로, 우리가 보기에 달 아래의, 혹은 지상의 관점과 달 위의, 혹은 우주의 관점 사이에 최대한의 단절을 확립하는 것이 이 두 가지 버전의 인간 없는 세상을 위해서 중요할 듯하다. 이 두 버전은 화이트헤드적인 의미에서[13] "자연의 이분화(bifur-cation of nature)"를 상정하기 때문이다. 에니스(Ennis, 2013)

는 브라시에의 "음울한" 우주 중심주의와 이른바 대륙철학의 "상
대주의적인" 지구 중심주의의 대립을 강조한다. 후설의 근원적
방주, 하이데거의 사방(四方), 들뢰즈와 가타리의 지구(훌륭하게
탈영토화된 것)는 후자를 잘 요약한다. 물론 우리는 여기에 라투
르와 스탕게르스의 가이아(또는 가이아들)을 추가할 수 있다.

하지만 이 우주론적 질서와 인류학적 질서 사이의 균열, 우주
의 심원한 시간과 인간의 역사적 시간 사이의 균열은(이 균열은
"거기 있어서는 안 되는" 무언가, 즉 경험에 대한, 모든 것을 아
우르는 죽은 자연의 우월성을 확인하는 동시에, 바로 그러한 확
인을 통해 자연과 문화의 진부한 대립을 반복하고 있는데) 행성
적 현실의 규모와 층서의 붕괴로 인해, 즉 인류가 주요한 지구물
리학적 힘으로 변신함에 따라, 경험적으로 의문시되고 있는 바로
그것이다. 우리가 반상관주의의 문제들을 달 아래의 "생태학적"
평면으로 가져가서 사유와 존재의 문제를 인간과 세계의 관점에
서 정식화한다면, 또 그리하여 우주로서의 실재와 가이아로서의
실재 사이의 거리를 좁힌다면, 우리는 우리가 지금 처해 있는 곤
경의 역설을 상관관계의 파국적인 지구적 객체화의 역설로 볼
수 있다. 즉 인간의 사유가, 행성 차원의 영향력을 갖는 위대한
과학 기술 기계로 물질화되어, 먼 과거의 원화석을, 머지않은 미
래에 인류세 화석이 될 것들로 넘쳐나는 인류세 토양—콘크리
트, 플라스틱, 아스팔트—의 두터운 층 아래 파묻으면서(Söllin
and Warde, 2011; Pálsson et al., 2013:5), 실질적으로 그리고
파괴적으로 세계와 상관관계를 갖는다는 사실이다. 메이야수의,
그리고 그와 같은 세대의 다른 형이상학적 유물론자들의 반(反)
상관주의는 그러므로, 그들의 명시적인 의도와는 반대로, 무기력
한 저항의 외침으로 들린다. 적어도 우리의 소박한 지상의 거주

사 유 가 배 제 된   91   또 는
외 부 ,   타 자 의 죽 음

지에서는 불길하게 실현되는 사유의 힘에 맞서기 위해 읊조리는 부정의 문구 혹은 주술적 퇴치의 문구가 아니라면 말이다.

"아 무 도 안 타 까 워 하 지 않 을 거 라 고 "

여기서 브라시에의 전투적인 허무주의 및 세상의 종말에 대한 이와 유사한 철학적 주장들을 라스 폰 트리에의 〈멜랑콜리아〉(2011)나 아벨 페라라의 〈4:44 지구 최후의 날〉(2011) 같은 영화의 시나리오에 담긴 생각과 비교해 보도록 하자(이런 비교가 엄청나게 부적절하다는 인상을 주지는 않을 것 같다). 이 영화들은 지구상의 모든 생명체(폰 트리에의 영화에서는 우주의 모든 생명체)가 종말을 맞는 순간을 그린다.

〈멜랑콜리아〉는 우리 세계가 멜랑콜리아 행성으로 구현된 절대적인 외부와 충돌하는 이야기다. 지구처럼 "푸른 행성"인 이 거대한 행성은 우주 깊숙한 곳에서 난데없이 나타나서 지구 궤도로 뛰어든다. 영화는 인간 세상(끝없는 멜로드라마들과 모순들, 가족, 직업, 결혼식, 상류층의 아름다운 시골별장, 말 없는 계급투쟁)과 인간이 없는 우주(롱샷으로 잡은 태양계와 그 너머에서 장엄하게 펼쳐지는 구체들의 엄격한 움직임)의 대조를 무대에 올린다. 두 차원의 중재 가능성을 암시하는 몇 가지 요소를 제외하면,[14] 치명적인 조우의 순간까지 그 둘은 소통 불가능해 보인다. 외부 세계에 객관적으로 접근할 수 있는 유일한 수단을 소유한 과학자 형부 존은 과학이 틀릴 수 있고 무력하다는 것을 깨닫자 자살을 선택한다. 그가 자신의 아름다운 영지 내부에서 죽은 것처럼, 다른 주인공들도 모두—말(馬)들까지 포함해서—

영지의 경계를 이루는 개울을 건널 수 없는 것처럼 보인다. 바깥으로 나가는 길이 없는 것이다.[15]

지금까지 나온 어떤 재난영화보다도 〈멜랑콜리아〉는 파괴의 묘사를 통해서 단순한 위기 이상의 것을 표현한다. 이 영화가 보여주는 것은 (대서양을 횡단하는 배의 침몰이나 고층빌딩의 화재처럼) 어쩌다 모여 있게 된 개인들의 인생 행로를 (죽음으로) 중단시키는 사건이나, (미국의 멸망처럼) 서구 문명사의 일대 사건, 혹은 아주 단순하게 호모 사피엔스의 멸종 등이 아니다. 이 영화에서 파괴는 종말의 종말을 나타낸다. 멜랑콜리아 행성의 충돌은 안더스가 핵전쟁에 의한 파멸에 대해 언급했을 때와 같은 의미에서, 모든 사건을 끝내는 사건, 시간 자체를 끝내는 사건이다. 아무도 살아남지 못하며, 세상의 종말을 이야기하는 화면 바깥의 목소리도 없다. 실시간은 사라져서, 나레이션에 어떤 시제를 써야 할지—소리 없는 "현재"(아무도 남지 않고, 어떤 목소리도 들리지 않는다)를 제외하면 나레이터가 전달할 내용이 아무것도 없다—상상하는 것조차 불가능하다. 충돌에 뒤따르는 어둠, 또는 검은 화면, 이미지의 완벽한 부재, 침묵, 무. 세상의 종말은 이 영화의 끝이며, 영화의 끝은 세상의 종말이다(Szendy, 2015).

영화 속 인물들 중에서 우울증에 걸린 저스틴만이 유일하게 "상황을 파악한다"(하지만 과학자인 형부 존과는 다른 식으로 파악한다). 처음부터 저스틴은 별이 총총한 하늘을 가만히 바라보며 뭔가 잘못되고 있다는 것을 깨닫는다. 그녀는 재난의 전망을 아주 순순히 받아들이는 인물이기도 하다. 저스틴의 대사들은 이 영화에서 가장 냉혹하다. 지구상의 생명의 종말은 이 우주의 모든 생명의 종말이다. 하지만 슬퍼할 이유가 없다.

저스틴: 이 지구는 사악해. 우린 그걸 슬퍼할 이유가 없어.

클레어: 뭐라고?

저스틴: 아무도 안타까워하지 않을 거라고.

클레어: 그럼 레오는 어디에서 자라게 되는데?

저스틴: 지구 위의 생명은 사악해. 내가 아는 건 그게 다야.

클레어: 어쩌면 다른 곳에 생명체가 있을 수도 있잖아.

저스틴: 하지만 없지.

저스틴의 우울감은 존재론적이며 절대적이라서, 상황 의존적인 외부적 동기의 영향을 받지 않으며, 따라서 그 점에서도 클레어를 사로잡게 될 좌절감과는 사뭇 다르다. 그럼에도 불구하고, 충돌을 앞두고 그녀가 조카와 함께 원주민의 티피*를 흉내 내어 만든 "마법의 동굴"에 미리 들어갔을 때, 저스틴의 우울한 얼굴은 마지막 순간, 공포로 주름지는 것처럼 보인다.[16] 어쩌면 그저 반사적인 수축이겠지만, 바로 그 때문에 불분명한(또는 분명한) 생명의 징후.

　〈멜랑콜리아〉를 브라시에가 선언한 종말과 구별시켜주는 것은 바로 이 공포와 충격의 순간이다. 세상에 종말을 가져오기 이전에, 재난은 정확히 충돌 혹은 충격이며, 다시 말해 만남이자 이벤트이다. 그리고 재난의 임박과 종말 자체 사이에는 감정이 최고조에 이르는 짧은 순간이 있다. 저스틴이 레오를 도와서 마른 나뭇가지로 티피의 연약한 뼈대를 만든 것은, 클레어의 절망과 레오의 불안을 누그러뜨리기 위해서만이 아니다. 물리적인 벽이 없는 그 "마법의 동굴"이 은신처가 될 수는 없을 것이다. 피할 곳

---

*　원뿔형 천막

은 어디에도 없으므로. 단지 그것은 이벤트와 마주하기 위해, 마지막 순간에 생각을 초집중함으로써 이벤트의 효력에 초월적으로 맞서기 위해, 주인공들이 발견한 출구 혹은 탈주로이다.[17]

브라시에가 말한 "소멸의 진리"는 (전통적인 신비로운 예언이라기보다는) 지금부터 수조 년 후에 지구뿐 아니라 우주 전체에 종말을 가져올 대우주적 사건이라는, 오늘날에는 과학적 예측으로 받아들여지는 것으로부터 추론되었다. 이 진리가, 미래로 여행하는 수조 년보다 한없이 적은 시간이 걸릴, 사유의 "타나토스적 역행"[18]을 통해 과거로 거슬러 올라갈 때, 비로소 이 철학자의 담론은 우리 현생의 무의미함에 도달한다. 브라시에와 마찬가지로, 샤비로는 〈멜랑콜리아〉를 분석하면서—기후 위기가 우리에게 인간 없는 세상의 자율성을, 코스모스의 바탕에 있는 카오스를 생각하게 하는 사건이라고, 지나가듯이 언급하기는 하지만[19]—인간세상 (너무나 인간적인 자본주의의 역사)으로부터 이 코스모스 혹은 카오스로 너무나 빨리 넘어간다. 이것이 그가 〈멜랑콜리아〉를 분석하면서, 라스 폰 트리에의 영화가 대부분의 다른 재난 영화들과는 달리 "수축적(deflationary)"이라고 그토록 여러 차례 반복해서 말하는 이유일까? 또 우리가 그 모든 멀고 아름다운 이미지들을 지켜보면서 느끼는 심미적 즐거움을 제외하면, 우주의 모습이나 충돌 그 자체에 무심해지는 이유일까? 반면에, 페테르 센디(Szendy, 2015)에게도 그랬던 것 같지만, 지금 이 책을 쓰는 우리에게도 영화의 마지막 장면은 정말 무서웠다. 아마 이것은 또한 〈자기 조직화에 반대하여(Against Self-Organization)〉에서 샤비로(Shaviro, 2009)가 생물학자 피터 워드(Peter Ward)의 "메디아 가설(Medea hypothesis)"에 동조하는 모습을 보였던 이유일 수 있다. 워드는 이 가설을 제임스 러브록(James

Lovelock)의 가이아 이론의 대안으로 제시했다. 워드(Ward, 2009)의 가설에 따르면, 지구 위의 생명과 대멸종의 역사는 생명 활동의 영향으로 환경이 항상성을 유지하기보다는 불안정해진다는 것을 보여준다. "태양의 팽창으로 지구가 생명이 살 수 없을 만큼 뜨거워지기도 전에 지구의 생명체들은 멸종할 운명"이라고 샤비로는 요약한다. 하지만 우리는 러브록을 가이아로 이끈 것은 바로 살아 있는 지구라는 이 반(反)엔트로피의 틈새(niche of negentrophy)가 갖는 부조화와 취약성이었다는 점을 기억해야 한다. 지구는 언제라도 지금처럼 존재하지 않을 수 있다. 라투르가 그의 멋진 세 번째 기퍼드 강연에서 심술궂게 이야기한 것처럼, 러브록은 자신을 지구 바깥에 위치시키며, 지구를 굽어보면서, 거기(여기) 있을 리가 없다고 여겨지는 어떤 것을, 우주적인 하팍스(*hapax*)[*] 같은 무언가를 발견한다: 생명체가 살아가는 데 필수적인 기체들이 믿을 수 없게도 모여 있는 지구 대기의 안정성.

"있을 수 없는" 일이었다고 해도, 바로 생명이 여기 있기에, 기후 변화는 우리에게 일어난 사건이다. 우리가 차크라바르티를 따르면서 논의해왔던 대로, 한때 〈멜랑콜리아〉의 두 세계만큼이나 다르고 별개라고 여겨졌던 세 개의 역사가 한꺼번에 붕괴했다: 지구의 역사, 지구의 생명의 역사, 그리고 "우리의 역사". 파국이 이미 일어났음을 알면서도 저스틴이 두려움을 느끼는 이유가 여기에 있다고 우리는 생각한다.

[*] 하팍스 레고메논의 준말로, 어떤 텍스트에 단 한 번만 나오는 단어나 표현을 뜻한다. 여기서는 아주 드문 것을 가리킨다.

1 여기서 우리는 근대의 에피스테메가 인간을 "경험적-선험적 이중체(empirical-transcendental doublet)"로 정의한다는 미셸 푸코의 지적(Foucault, 1973)을 떠올려야 한다.

2 "세계 없는 철학자들(worldless philosophers)", 즉 자연 철학을 포기한 인식론적 휴머니즘과 역사철학에 대한 에마누엘레 코치아의 글(Coccia, 2013)을 참조할 것.

3 "사변적 실재론(speculative realism)"이라는 용어가 꼬리표로 사용되는 것은 주로 영미 쪽에서다. 이 이름이 붙은 "운동"의 기원이 된 학회에 참가했던 퀑탱 메이야수 외에도, 프랑스 철학자들은, 특별히 이의를 제기하지 않는 한, 여기에 "편입"되는 경향이 있다. 위 명단에서 마지막 세 명은 브라시에, 허먼, 기타 영어권 사변적 실재론자들의 번역과 해설로 잘 알려져 있다.

4 샤비로(Shaviro, 2011)는 우리에게 사변적 실재론의 주요 인물들의 공통된 배경과 그들의 결별 지점에 대해 아주 명확한 이미지를 제시한다. 브라이언트, 서르닉, 허먼이 구성한 선집(Bryant, Srnicek, and Harman, 2011)도 참조할 것.

5 또는 사변적 유물론. "사변적"이라는 형용사를 그대로 둔 채 "-론" 부분은 다양하게 바뀔 수 있다.

6 인류의 멸종에 대한, 과학에 토대를 둔 와이즈먼의 상상은 상대적으로 "단순"하지만, 그렇다고 해서 현대의 형이상학적 불안을 유발하는 결정적인 특성이 조금이라도 덜하지는 않은 것 같다.

7 "Le grand dehors"["the great outdoors(거대한 바깥)"]는 프랑스어와 영어에서 "자연", "황야", "야생", 인간들의 군집과 광란의 무리에서 멀리 떨어진 세상을 나타내는 데 널리 사용되는 상투어이다. 메이야수는 이 단어를 사유로부터 독립된 실재, 혹은 "비상관적인" 존재("uncorrelated" Being)를 가리킬 때 거의 농담조로 사용한다. 이런 단어 선택은 블랑쇼, 푸코, 기타 프랑스 탈구조주의 주요 사상가들의 "바깥(dehors)"에 대한 암시(아마도 매우 반어적인 암시)를 포함하는 것 같다.

8 "어떤 유물론에도 포함되는 다음 두 원칙을 따르는 한, 우리는 유물론자이다: 존재는 사유가 아니다, 그리고 사유는 존재를 사유할 수 있다"(Meillassoux, 2012). 메이야수의 이 말은 사유가 정말로 무엇인지에 대한 (유물론자의) 의문을 다루지 않는다: 존재가 ("단지") 사유가 아니라 해도, 사유는 존재이거나 ("약간의") 존재를 가진다는 사실. 세계의 내부에 있는, 따라서 존재론적으로 그 자신의 외부에 있는 하나의 현상이라는 존재적(ontic) 차원—이는 무엇보다 경험적 학문분과로서의 인류학의 적실성의 조건인데—에서의 사유는 메이야수의 관심사가 아닌 것 같다. 이 점과 관련해서는 마르쿠스 가브리엘의 비판을 참조할 것(Gabriel, 2009:81-8).

9 "우리가 사는 세계, 가능한 여러 세계 중 하나일 뿐이라고 여겨지는 이 우연한 세계가 궁극적으로 무엇으로 구성되어 있느냐에 대한 경험적인 설명의 자격으로, 과학이 탐구한 것이 아닌 실재를 상정하는 모든 이론을 나는 '초자연주의'라고 부른다."(Meillassoux, 2012). 이런 분류 기준 아래 메이야수는 모든 생기론자 그리고/또는 범경험주의(pan-experientialist) 형이상학을 뭉뚱그린다: 제임스, 베르그송, 화이트헤드, 들뢰즈 등등.

10 Nunes(2014)와 Gabriel(2009:81-8)을 참조할 것.

11 이는 우주의 질서에 필연적인 절대적 우연성에 대한 복잡한 논쟁과 결부되어 있다. 여기서는 논의하기 어려운 "하이퍼카오스(hyperchaos)"와 "신성한 비실존(divine inexistence)" 같은 주제들이다. 이 주제들은 미래의 어느 시점에 신이 존재하게 될 가능성도 포함한다.

12 여기서 우리는 앞에서 언급한 샤비로의 글(Shaviro, 2011)과 함께 폴 에니스의 명석한 설명(Ennis, 2013)을 따른다.

13 자연을 제1 성질과 제2 성질로 이분화하는 것에 대한 화이트헤드의 비난은 라투르와 샤비로를 비롯한 "초자연주의자들"(메이야수가 생각하는)에 의해 반복해서 환기된다.

14 예를 들면 다음과 같은 것들이 있다. 주인공 저스틴의 극심한 우울증. 저스틴이 멜랑콜리아의 차가운 빛 아래서 황홀감에 젖어서 혹은 체념에 젖어서 하는 목욕. 망원경과 그녀의 형부(존)가 고안한 원시적인 측정기. 이것들을 통해 그녀의 조카(레오)와 그녀의 언니(클레어)는 차례로 이 행성의 접근을 확인한다. 레오만이 아니라 클레어와 저스틴 자신을 보호하기 위해 세운 연약한 티피. 그리고 마지막으로는 물론 "임박한" 멜랑콜리아 행성과의 충돌.

15　이 영화의 첫 부분에서
분명해지듯이, 자본주의 내부에서
벗어날 길은 없다(Shaviro, 2012).
여기에는 루이스 부뉴엘(Luís Buñuel)의
〈절멸의 천사〉(1962)를 떠올리게 하는
무언가가 있다. 〈절멸의 천사〉에서도,
라스 폰 트리에의 영화에서처럼
알 수 없는 이유로, 부유한 부르주아
무리가 호화로운 장소에 고립되어
떠날 수 없게 된다.

16　이 티피는 북아메리카 대평원의
원주민들이 짓는 것과 똑같다. 하지만
뼈대만 있고 덮개가 없다.

17　이 영화의 중심에 있는 마법의 티피
"내부"에 대해 완전히 새로운 해석
가능성을 제시하는 마리 질과 패트리스
마니글리에(Gil and Maniglier, 2015)의
흥미로운 분석도 참조할 것.

18　이것이 브라시에의 표현이다. 그는
이것을 다른 맥락에서, 주로 프로이트의
죽음 충동 가설과 관련하여 사용한다.

19　샤비로(Shaviro, 2011)가 유진
새커(Eugene Thacker)의 작품들에
대해 언급한 부분을 참조할 것. 새커는
"우리를-위한-세상", "세상-그-자체",
그리고 "우리-없는-세상"을 구분한다.

5
마침내 홀로

이것이 세상이 끝나는 방식
이것이 세상이 끝나는 방식
이것이 세상이 끝나는 방식
폭발음이 아니라 흐느낌 속에서

T. S. 엘리엇
(T. S. Eliot)

이 것 은 세 상 이 아 니 다

CECI N'EST PAS UN MONDE

라스 폰 트리에의 미학적이고 철학적 실험은 "리얼리즘"의 결핍에 시달리는 게 분명하다. 우주적 또는 생태적 아마겟돈이 그토록 급격하고 촉박하게 우리의 삶의 형식에 종지부를 찍을 것 같지는 않다. 이 영화의 알레고리적 진실은 오히려 우리가 가이아의 침입을 (인류의 역사를 척도로 삼았을 때) 갑작스럽게 알아차린다는 점, 그리고 이 침입의 비가역성에 대한 확신이 빠르게 커진다는 점에 있다. 가이아는 눌러앉을 것이고, 우리의 삶을 영원히 바꿔놓을 것이다(Stengers, 2015:47).[1] 이런 이유로 가이아는 지구보다는 멜랑콜리아 행성과 훨씬 더 비슷하다. 멜랑콜리아는 가이아의 거대하고 불가사의한 초월성을 표현하는 이미지다. 갑자기 엄청난 파괴력으로 하나의 세상, 우리 세상에 떨어지는 물체. 갑자기 너무나 인간적으로 되어버리는 세상.

아벨 페라라의 〈4:44 지구 최후의 날〉은 기후 변화의 위험에 대한 인식이 커지면서 생겨나는 대혼란을 묘사할 때는 종말을 다룬 최근 영화 가운데 가장 "핍진하지만", 기후 변화와 환경 악화의 그 모든 복잡성과 "초객관성"을 단일한 하나의 사건으로 압축시킨다는 점에서는 〈멜랑콜리아〉와 비슷하다. 정해진 시간(4시 44분 정각)이 되면 오존층이 갑자기 사라지면서 지구 전체가 화염에 휩싸일 것이다.[2] 하지만 여기에는 우주적인 관점이 없다. 종말을 맞는 세상 전체는 "우리" 세상의 내부에서, 즉 보헤미안적인 분위기의 뉴욕시 로어 이스트 사이드의, 한심하게, 진부하게, 시시하게 인간적인 삶의 관점에서 조망된다(아니면 기껏해야 마지막 순간을 준비하는 인류의 모습이 스카이프나 텔레비

마 침 내 **105** 홀 로

전을 통해 전해질 뿐이다). 모든 것이 한꺼번에 사라지기 직전인 이 세상에서 비인간적인 요소를 발견하려면 노력이 필요하다. 쓰러지는 나무, 주인이 준비하는 먹이(아마도 마지막 식사)를 참을성 있게 기다리는 개 등등.

하지만 세상은 서서히 스러질 수도 있다. 전 지구적 환경 위기의 전망은 갑작스러운 죽음의 위험보다는 부지불식간에 시작되어 서서히 악화하는 퇴행성 질환의 위험을 보여주는 것 같다. 사태가 바뀌지 않는다면, 우리 (또는 우리 중 남은 사람들) 모두가 갈수록 나빠지는 조건 속에서, 필립 K. 딕의 디스토피아적인 직관과 점점 더 비슷해지는 세상에서 살게 될 거라고, 지극히 핍진한 서사가 우리에게 알려주고 있다.[3] 시간과 공간이 부식하고 와해하기 시작하는 이 세상들(딕이 말하는 "가짜 세상들")에서 행위는 중단되어 이해할 수 없는 경로를 따르며, 결과가 엉뚱하게 원인을 앞지르고, 환영들은 모순적인 존재론 속에서 물질화된다. 삶과 죽음이 기술적으로 구별 불가능해지고, 기분을 좋게 해주는 장치들 덕택에 온순해진 불쌍한 대중을 대상으로 정체불명의 초자본주의 메시아가 미디어에 기반한 종교를 운영한다. 서사 자체를 좀먹고 영화 내적인 논리를 엉망으로 만드는 엔트로피 속에서 등장인물들이 할 수 있는(궁극적으로는 할 수 없는) 유일한 활동은 제정신을 유지하려고 애쓰는 것이다. 필립 K. 딕의 책들은 산산조각으로 부서지는 현실을, 묘사한다기보다는 새겨넣는다. 라이프니츠가 《신정론(Theodicy)》의 마지막 부분에서 가능 세상의 피라미드 모형을 제시하며 주장했듯이, 우리가 살 수 있는 어떤 세상보다도 더 나쁜 세상들이 무한한 숫자만큼 있다. 최악의 가능 세상은 존재하지 않지만, 최선의 가능 세상은 하나뿐이다. 애석하게도, 그것이 우리의 세상이다. 라이프니츠

의 시대만 해도, 이것은 낙관론으로 받아들여질 수 있었다.[4]

"세상 없는 우리"에 해당하는 미래, 즉 존재의 기본조건을 상실한 인류를 비관적으로(축하 분위기일 수도 있지만) 묘사한 사례들은 최근의 문학과 영화에서 전혀 부족하지 않다. 〈매드 맥스〉(1979)가 우선 떠오르지만, 〈매트릭스〉(1999)를 언급할 수도 있다. 첫 번째 영화의 생태학적 사막과 두 번째 영화의 신기루—"실재의 사막"에서 솟아난 시뮬라크라의 앙상블—로 이루어진 세상 사이에 어떤 등가성을 인정한다면 말이다.[5] 두 경우 모두에서 우리는 고유하게 인간적인 세상의 종말이라는 의미에서 "세상의 종말"에 직면한다. 이 종말은 살아남은 인류를 "비인간화하는" 효과가 있는, 환경의 존재론적 생명력 박탈 과정(전 지구적인 황폐화 또는 인공화)에서 비롯된다.

하지만 세상 없는 인간을 다룬 시나리오의 가장 좋은 예는 저자의 간결한 문체가 음울한 주제와 완벽한 조화를 이루는, 코맥 매카시의 소설 《로드》일 것이다. 이 소설에서 펼쳐지는 종말 신화는 단순한 공식으로 요약될 수 있다. 종국에는 아무것도 없이, 그저 인간들만 남을 것이고, 그마저도 그리 오래가지 못할 것이다. 이 책은 원인이 불분명한 전 세계적 환경 재앙의 여파 속에서 어둡고 황량하고 썩어가는 땅을 여행하는 아버지와 아들의 이야기를 들려준다. 동물도, 식물도, 마실 물도 없는, 파괴된 생태계에서, 소수의 인간만이 남아 문명의 잔해(백화점에서 모아온 통조림, 의류, 도구들)에 의지해 비루한 생존을 영위하거나 식인에 가담한다.

《로드》가 묘사하는 거침없이 가속화되는 쇠퇴 과정은 필립 K. 딕의 《유빅(Ubik)》을 연상시킨다. 《유빅》에서 물건들은 점점 더 빠르게 낡아가며, 마침내 우리는 죽음이 우리가 생각했던 것처럼 엄청나게 비대칭적 전쟁 상대인 외부의 적이 아니라, 내부의 적이라는 걸 깨닫는다. 우리는 이미 죽어 있고, 삶은 외부로 빠져나간 무언가이다.[6] 아메리카 원주민들이 말하는 관점의 교환 같은 것이 여기에 있다고 할 수 있다. 우리는 우리가 산 자들의 세상을 지키고 있다고 생각했지만, 오래전부터 죽은 자들의 관점에 사로잡혀 있었다("우리는 이미 죽었다고!"는 〈4:44 지구 최후의 날〉에서 윌렘 대포가 분한 인물이 목이 터지도록 외치는 문장이기도 하다. 다가오는 죽음 앞에서 자신의 자유의지를 행사하려 헛되이 시도하며 아파트 창문 밖으로 몸을 던지는 사람들을 향한 이 절규는 우렁찬 목소리에도 불구하고 본질에 있어서 엘리엇의 시에 등장하는 애처로운 흐느낌에 가깝다).[7] 매카시의 소설에서 실제로 죽음은 세계를 빼앗긴 채 남은, 몇 안 되는 사람들을 차지하려 든다. 물질적인 박탈에 이어, 인간적인 기억을 삭제하고, 점차 언어 자체를 침식한다. 질병과 굶주림으로 육체를 유린하고, 식인 포식자들(영혼을, 다시 말해 인간성을 상실한 엑스-휴먼들)의 먹잇감으로 만들어버린다. 실어증은 식인의 전조(前兆)다.[8] 이미 우리가 죽은 자들의 세상에 살고 있다는 괴로운 느낌 없이 이 책을 읽기는 어렵다. 어떤 캐릭터들이 여전히 운반하고 있는 은유적인 "불"은 다름 아닌 반-생명(half-life)이다.《유빅》에서 사망한 지 얼마 안 되어 보존되고 있는, 하지만 곧 소멸하게 될 사람들. 온 세상이 죽어 있고, 우리는 그 안에 있다. 소년의 아버지는 죽는다. 소년은 길에서 만난, 믿을 수 있을 것 같은 사람들과 여행을 계속한다. 하지만 그들은 갈 곳이 없다. 길을 따라 여행하는 이들은 어디에도 도착하지 못할 것이다. 어디에서도 출발할 수 없다는 단순한 이유에서다. 출구는 없다.

인간을 완전한 무방비 상태에 빠뜨리면서 조금씩 텅 비어 가는 세상의 다른 예로, 벨라 타르와 아그네스 흐라니츠키의 걸작 영화 〈토리노의 말〉(2011)이 있다(〈멜랑콜리아〉와 같은 해에 나왔다). 《로드》와 〈4:44 지구 최후의 날〉에서는 주인공이 두 명이고 짝을 이룬다. 반면 이 영화의 주인공은 셋이다: 거동이 불편한 노인과 그의 장성한 딸, 그리고 짐 끄는 말(토리노에서 니체의 발병을 가져온 말*과 "같은" 말). 그들은 바람이 거세게 부는 초원 한가운데의 작고 초라한 농장에서 산다. 타르의 영화에 나오는 가난한 농민들에게 세상의 종말은 썩어 간다기보다는 시들어 가는 것이다. 흉작을 가져오는 건조한 바람이 쉴 새 없이 윙윙거리며 낙엽과 먼지를 날린다. 우물이 말라버리고, 기름이 떨어진 등불이 꺼진다. 말은 이유 없이 먹지 않는다(〈멜랑콜리아〉에서처럼 말은 종말을 계시하는 짐승이다). 아버지와 딸 사이의 대화는 차츰 줄어든다. 이들은 점점 더 서로 말을 걸지 않고, 쳐다보지도 않으며, 그보다는 자신들을 둘러싼 메마른 세상을 조용히 응시하려 한다. 주인공들을 서서히 마모시키는 것은 무엇보다도 일상적인 행위의 노골적인, 무익한, 맹목적인, 기계적인 반복이다. 먼저 말, 다음으로 노인과 그의 딸. 그들 중 둘은 어두운 집 안에서, 평소와 똑같은 식사를 앞에 두고, 탁자 주변에 푹 쓰러진 채 미동도 없이 마지막을 맞는다. 이제는 불과 물이 부족해서 요리할 수도 없게 된 감자 두 개가 한 사람 앞에 하나씩, 화면이 서서히 꺼져가는 동안 손대지 않은 채 남아 있다.

〈멜랑콜리아〉에서 (그리고 부뉴엘의 〈절멸의 천사〉에서) 보듯이, 실패한 탈출 시도라는 주제는 우울증의 주술적 고리에서 벗어나기 위한 (비)행위의 임계점을 알린다. 우물이 말라버리자,

---

* 니체의 광기는 1889년 그가 토리노의 광장에서 채찍질 당하는 말을 보았을 때 처음 나타났다고 전해진다.

마침내 **109** 홀로

주인공들은 기진맥진한 말과 수레를 인근 마을로 끌고 간다. 그 마을은 "인간과 신의 협업으로 파괴되었다." 위스키를 사러 들른 이웃이 그들에게 말한 것처럼: "우리가 세상을 파괴했지. 그리고 그건 신의 잘못이기도 하지." 하지만 그들은 알 수 없는 이유로 몇 분(몇 시간? 며칠?) 만에 되돌아온다. 영화가 시작될 때부터 한쪽 팔이 마비되어 있었던 노인은 온몸이 영구히 마비되고, 그 자체로 마비된 세상에 의해 진압된다.

〈토리노의 말〉은 악의 평범함이라는 주제의 우주론적 등가물을 전개하는 것처럼 보일 수 있다. 타르에게 세상의 종말[9]은 단테를 연상시키는 장엄한 광경이기보다는, 감지할 수 없을 정도로 서서히 사라져 가는, 그러다가 시력을 잃어가는 우리 눈앞에서 완전히 사라져 버리는, 프랙털식으로 증가하는 쇠락일 것이다.

종말은 엄청난 사건이다. 하지만 현실은 그렇지 않다. 내 영화에서 세상의 종말은 아주 고요하고, 아주 희미하다. 실제 삶에서 세상의 종말은 그런 식으로 올 거라고 나는 생각한다. 느리고 조용하게. 죽음은 항상 가장 끔찍한 장면이다. 동물이든 사람이든 누가 죽어가는 모습을 지켜보는 것은 항상 끔찍하다. 하지만 더 끔찍한 건 아무 일도 일어나지 않은 것처럼 보인다는 점이다(Tarr, 2011).

아무 일도 일어나지 않았다 — 우리가 방금 죽었을 뿐이다.

그런데도 세상을 잃게 되리라는 전망을 두고 열광하는 사람들이 있다. 세상을 종말은, 임시로 사용하다가 더는 필요 없어진 공사장 비계를 치우는 것에 지나지 않으며, 비인간(non-human) 또는 반인간(anti-human)적인 "자연"의 종말일 뿐이므로, 사실상 인간의 운명을 실현하는 일이라고. 인류는 기술적 천재성 덕분에, 인류를 위해, 인류에 의해 주문 제작된 움벨트에서 살아갈 수 있게 될 거라고. 이것은 문자 그대로 구성주의적 버전의 세상 없는 인간이다. 이를 통해 우리는 다가올 도약을, 인간 존재를 그 "생물학적 토대"로부터 해방할 가속화된—이제 1% 정도 진행되었을—진보를 전망할 수 있다. 인류는 먼저 수명이 길어질 것이고, 최종적으로는 유기체의 물질성을—루디 러커(Rudy Rucker)의 표현을 빌자면, 우리의 "웻웨어(wetware)"[*]를— 완전히 초월할 것이다.

우생학과 새로운 자연(a new Nature)의 기술적 합성을 통해 미래의 인간과 그를 둘러싼 환경을 자가 직조(self-fabrication)하는 프로젝트가 특이점 이론 옹호자들에 의해 홍보되고 있다. 그중에서도 버너 빈지(Vernor Vinge)나 레이 커즈와일(Ray Kurzweil)처럼 테크놀로지(전문적 지식과 사상을 둘 다 포괄하는 의미에서)와 SF소설의 경계에 자리 잡은 대중의 활약이 눈에 띈다.[10] "특이점(singularity)"은 근본적인 인류학적 단절, 갑작스러운 사이버네틱 휴거(cybernetic Rapture)를 가리키는 말로, 글로벌 컴퓨터 네트워크의 처리 능력이 기하급수적으로 증

---

[*] 컴퓨터의 하드웨어와 소프트웨어에 인간의 뇌를 빗댄 것.

대함에 따라 지금도 준비되는 중이다. 앞으로 20년쯤 뒤에는 이런 증대가 파국적인 변곡점(테야르 드 샤르댕의 "오메가 포인트"*를 생각해 보자)에 도달하여, 컴퓨터의 연산 능력이 지구상의 모든 인간 두뇌의 능력을 합친 것보다 더 커질 것이다. 인간 생물학과 테크놀로지가 서로 결합하여 더 우월한 형태의, 하지만 여전히 인간의 의지에 봉사하는 기계 의식(machine consciousness)을 생성할 것이다. 이는 특히 영혼의 전이, 즉 소프트웨어로 의식을 코드화하여 무한한 숫자의 물리적 플랫폼에서 운영하고, 컴퓨터 네트워크에 업로드하는 것을 가능하게 해주며, 차후에 순수하게 합성되었거나 유전공학적으로 치밀하게 설계된 신체를 빌려 환생하는 것 역시 가능하게 해준다. 최종적으로 죽음—필연이라는 관념의 뿌리에는 바로 죽음이 있는데—은 선택사항이 될 것이다.

종의 유기적, 현세적 조건의 극복으로 이해되는, "세상 없는 인간" 도식의 이런 변종은, 과감하게 앞당겨지거나 소심하게 늦추어질 수는 있겠지만, 어김없이 우리를 인간의 근본적인 향상으로, 초인적(*übermenschlich*) 상태, 또는 뉴에이지로 이끌 기술 발전에 대한 믿음, 혹은 욕망을 표현한다. 여기서 뉴에이지는 "우리"를 결정적으로, 명실상부하게, 하이데거가 소중히 여긴 세계 창조자(world-maker)로 만들어 줄 새로운 시대를 말한다. 그것이 기술적인 수단을 통해 가능해진다는 게 아이러니이기는 하지만 말이다. 인류세의 정점은 인간적인 것의 노후화와 폐기를 수반한다. 하지만 이러한 폐기는 "상향 이동"의 감각 속에서 이루어지며, 장엄한 변신으로 여겨진다. 인간의 왕국(Kingdom of

---

* 우주진화의 최종 도달점으로, 우주와 인간이 점차 복잡성과 의식수준이 높아지는 방향으로 진화하여 궁극적으로 합일한다는 독특한 신학사상에 바탕을 둔다.

Man)이 도래하면, 세계상실은 세계로부터 해방된, 기술적으로 강화된 인류에 의해 흡수될 것이다. 우리는 세상에 대해 더 이상 책임이 없다. 우리는 더 이상 어떤 한계와도 싸우지 않을 것이다. 왜냐하면 우리는 세상 자체를— 우주 전체를—"장엄하게 숭고한 형태의 지능"(Kurzweil, 2005:21)으로 변형함으로써 우리 스스로 세상이 될 것이기 때문이다.[11] 우주적 인간(*Homo universus*). 미래에는, 간단히 말해, 모든 것이 인간이 된다. 아니면, 누군가의 심술궂은 표현대로, 모든 것이 실리콘밸리형 인간이 된다.[12]

이른바 특이점 신봉자들(Singularitarians)은 지구 시스템의 파라미터가 도약에 필요한 시간을 우리에게 허락할 만큼 너그러울 것인지에 대해 별로 걱정하는 것 같지 않다. 이미 진행 중인 환경 위기는 그들의 계산에 포함되어 있지 않거나, 임박한 기술적 휴거와 인간의 자가 돌연변이에 의해 이미 해결된 것처럼 생각된다. 하지만 이 특이점 신봉자들의 가까운 친척 중 일부는 환경 위기에 어느 정도 관심을 기울이면서, 에너지 소비는 증가하는데 화석연료 의존은 계속되는 상황에서 자본주의의 생존을 위한, 그리고 자본주의의 주요 성과인 자유와 안전을 유지하기 위해 당면한 기술적 조건들이 무엇인지 탐색해왔다.

북미(사실상 캘리포니아)의 싱크 탱크인 브레이크스루 연구소는 정치 스펙트럼에서 어디쯤 위치하는지 꼭 찍어 말하기 어렵지만,[13] 녹색 자본주의 지지 세력 중에서 가장 눈에 띄는 이름일 것이다. 녹색 자본주의는 거대 자본을 대신하여 야심 찬 기술 공학 프로젝트들을 시행하는 중앙집권적인 해결책을 신뢰한다. 이런 프로젝트들은 빅 사이언스[**]와 깊게 연결되어 있으며, 고성능 소재에

[**] 대규모 인력, 예산, 시설을 동원하는 과학연구

대한 투자를 수반한다. 화석연료를 얻기 위한 암반의 유압 파쇄, 원자력 발전소의 증설과 개선, 거대한 수력 발전 프로젝트(아마존 분지에 댐 건설 등), 유전자 조작 채소의 단일 재배, 환경 지구 공학, 등등.

이 연구소의 설립자인 테드 노드하우스(Ted Nordhuas)와 마이클 셸런버거(Michael Shellenberger)는 패트릭 커리(Curry, 2011)가 명명한 "풍요의 뿔을 믿는 기술 찬양론자들(cornucopian technophiles)"의 좋은 본보기이다.[14] 그린 북 어워드를 수상한 공저 《돌파하라: 환경주의의 종말에서 가능성의 정치로 (Break Through: From the Death of Environmentalism to the Politics of Possibility)》에서 이들은 "활기찬 후기산업 자본주의"(Nordhaus and Shellenberger, 2009:249)가 크게 힘들이지 않고서도 금세기 중반까지 지구에 거주하게 될 100억 명을 살아가게 할 수 있다고 홍보한다. "큰 것이 아름답다(Big is beautiful)"는 이들이 예일대 환경대학원에서 행한 강연에서 처음 내놓은 표어이다(Nordhaus and Shellenberger, 2011). 노드하우스와 셸런버거는 《돌파하라》의 한 챕터—"위대함"이라는 적절한 소제목이 붙은—에서 이 표어를 정당화한다. 여기서 그들은 니체를, 특히 우리 시대에 적합한 가치의 정립에 대한 니체의 요청을 창의적으로 해석하면서, 르상티망, 비관주의, 한계의 철학을 "감사와 극복과 가능성의 철학"으로 대체하려 한다(2009:248). 이처럼 도저히 어울리지 않는 니체와 폴리애나*의 결혼은 우생학적으로 괴물인 딸을 낳는다. 이 환경 정치학적 바비 인형에게 우리는 "감사할 줄 아는 부유층"이라는 이름을 붙여줄 수 있을 것이다.

* 미국 작가 앨리너 포터(Eleanor Porter)가 쓴 동명의 소설의 주인공으로 어떤 불행에도 긍정적인 의미를 부여한다.

우리는 기본적인 물질적, 탈물질적 욕구를 충족할 정도로 운이 좋다고 해서 우리의 부, 자유, 특권에 대해 부끄러움이나 죄책감을 느껴서는 안 되며, 그보다는 감사하는 마음을 지녀야 한다. 죄책감은 우리의 부를 부정하도록 이끌지만, 감사함은 우리에게 그것을 나누도록 만든다. 우리만큼 부유하고 자유롭고 번영하고 싶어하는 타인들의 욕망을 포용하도록 미국인들에게 동기를 부여하는 것은 죄책감이 아니라 감사하는 마음이다(Ibid.:249-50).

이것이 니체의 원래 주장보다는 오히려 경건한 목소리로 신도들에게 그들을 기다리는 번영에 대해서 알리는 TV 전도사의 설교처럼 들린다면, 이는 실제로 그렇기 때문일 것이다. 이 저자들에 따르면, 탈성장 이론가들, 감히 소비를 줄여야 한다고 떠드는 환경주의자들과 행성의 지구물리학적 한계라는 개념을 역설하는 과학자들, 그리고 그 밖의 다른 모든 카산드라[**]들은 맬서스학파의 소심함과 형이상학적 허무주의, 역사적 죄책감을 섞어서 만든 독약을 팔아먹고 있다. 한마디로 그들은 이 행성의 거주자들—여기서는 물론 사람만 해당한다—이 그들을 위해 마련된 풍요로운 삶을 누리는 것을 막는 "반동적인 세력"이다.[15] 환경주의자들의 문제점은 상상력의 부족이라고 노드하우스와 셸런버거는 말한다(Ibid.:127). 그들은 지구온난화의 해결책이 경제활동과 기술 발전의 제한이 아니라 자유화에 있다는 것을 "상상했어야만" 한다는 것이다. 우리는 규모를 축소하는 게 아니라 오히려 확대하여 더 많이 생산하고, 혁신하고, 성장하고 번영해야

[**] 불길한 일을 예언하는 사람

마 침 내 115 홀 로

한다. 그래서 지금 결핍 속에서 사는 사람들에게까지 풍요를 가져다주어야 한다. 다시 말해, 파이를 나누기 전에 파이를 키워야하며, 나아가 파이의 증대를 가속해야 한다.

예지자들의 선봉에 있는 캘리포니아의 미래학자들은 파국을 초래할 특이점을 예견하지만, 브레이크스루 연구소는 어떤 극적인 돌파구(breakthrough)도 상상하지 않는다. 오히려 이 연구소의 설립자들은 지속적인 진보를, "근대화의 근대화"(라고 울리히 벡이라면 말했을 법한 것)를 신봉한다. 자본주의 문명화가 그 궤적에 남기고 간 파괴적인 결과를 흡수할 수 있도록—또는 더 나아가 생산적으로 바꿀 수 있도록—문명화의 기술적 도구들을 완벽하게 만드는 것. 다시 말해서, 이런 기술적 지양(*Aufbehung*)을 통해 자본주의 문명은 풍요로운 결실을 수확할 수 있다.

브레이크스루 연구소의 이데올로기가 투영하는 도식은 이렇듯 "세상 없는 인간"이라는 신화적 주제의 변주처럼 보인다. 다가올 "좋은 인류세"에는 인류에게 외부(라고 쓰고, "적대적인"이라고 읽는다) 환경이 더는 없을 것이라는 점에서 그렇다. 특이점 신봉자들이 꿈꾸는 대로, 인간이 기술에 의해 변모될 것이라서가 아니라, 오래된 자연이 자본주의 기계에 의해 단순한 자원관리의 대상으로, 환경 거버넌스—이른바 "모범 사례(best practice)"에 따라 모든 것을 관리하는—의 대상으로 재편성될 (또는 재공리화될) 것이라서다. 이로써 근대인들이 꿈꾸는 인류 발전이 마침내 구현된다. 엄청난 양의 상품에 둘러싸인 채로, 새로 지어 번쩍번쩍하는 (가능하면 상온 핵융합로를 갖춘) 아주 안전한 원자력 발전소로부터 전력을 공급받고, 신중하게 선택되고 유전적으로 강화된 식물들을 심은, 거대하고 쾌적한 휴양지에서 휴식을 취하면서, 인간이 오직 인간에 의해서만 지탱되고 맥락

을 부여받는 탈환경주의의 실현.[16]

초근대적 생산력이 새로운 물질적 풍요에 대한 인류의 보편적인 접근성에 기초한(최소한 그렇게 약속되는) 생태 정치적 질서를 생성할 때, 현재의 경제 시스템은 내부로부터 변화할 거라고 단언한다는 점에서, 특이점 신봉자들의 세계관과 브레이크스루 연구소의 세계관은 자본주의적 재주술화(re-enchantment)의 복음서들과 어깨를 나란히 한다. 하지만 이 특이점 신봉자들 혹은 풍요의 뿔 신봉자들의 종말론에는 흥미로운 좌파적 변이가 존재한다. "가속주의(accelerationism)"—처음에는 냉소적으로 사용되었지만, 나중에는 지지자들이 스스로 이렇게 부른다—라는 이름으로 통용되는 이 흐름은 최근 들어 상당한 주목을 받고 있다. 가속주의 이론가들은 대부분 구유럽(Old Europe) 출신이거나 그곳에 거주하고 있으며, 대개는 정교한 형이상학적인 환멸을 과시하는데, 이 환멸은 때로 들뢰즈와 가타리가 "폐지를 향한 열망(passion for abolition)"이라고 부른 것과 비슷해지며, 시체 애호적 오르가즘(*necrophiliac jouissance*)의 찬양으로 나아가기까지 한다. 이런 태도는 새로운 자본주의 정신의 발작적 강화라는 전망 속에 자신을 새겨넣는다. 새로운 자본주의 정신은 생산 관계의 구조적 변화를 가져오는, 기술정치학의 급격한 파열로 이어질 것이(라고 기대된)다. 특이점 신봉자들이 괴짜 같은 기술 낙관주의에 사로잡혀 있다면, 가속주의자들은 사이버크의 미학과 정치학에 동조하면서, 부정의 힘(power of the negative)을 오만하게 단언하고, 때로는 소련식 근대화 전선에 대한 강한 향수를 드러낸다.

마 침 내 **117** 홀 로

"가속주의"라는 용어를 주조한 벤저민 노이스(Noys, 2008; 2014)는 이 운동의 문화적 레퍼런스들(1980년대의 SF소설, 블랙 메탈, 도나 해러웨이(Donna Haraway)의 "사이보그 선언", 그리고 특히 이탈리아의 탈노동자주의)의 지도를 그렸고, 그 철학적 계보를 추적했다. 그 계보는 닉 랜드(Nick Land)라는 카리스마 넘치는(하지만 반쯤 미친 것 같고 솔직히 당혹스러운) 인물이 재해석한 들뢰즈와 가타리, 리오타르, 보드리야르의 몇몇 텍스트로 거슬러 올라간다. 1990년대에 영국 워릭대학교에서 강사로 재직했던 닉 랜드는 사변적 실재론을 이끄는 인물 중 두 명인 레이 브라시에와 이언 그랜트의 멘토였으며, 영향력 있는 테크노-마르크스주의자 블로거(블로그 k-punk)인 마크 피셔(Mark Fischer)의 멘토이기도 했다. 그의 작업에는 실리콘밸리의 특이점 신봉자들과 많은 접점이 있지만, 그의 미래학은 철학적 레퍼런스가 훨씬 풍부할 뿐 아니라, 심오하게 "고딕풍(gothic)"이거나 "악마주의적(Luciferian)"이다(Williams, 2011). 비교적 잘 알려진 글인 〈멜트다운〉(Land, 2011)에서, 랜드는 다가오는 "지구의 멜트다운 특이점"으로 수렴하는 시간적인 위기 주기에 가해지는 압력이 커지고 있다고 언급했다(Mackay, 2012). 더 최근 저작에서 노이스(Noys, 2014)는 가속주의의 선행 형태들을 탁월하게 분석하는 한편, 비판 대상으로 삼은 저자들과 기본 전제 일부를 공유하는 내부자의 관점에서, 이 운동을 예리하게 비판한다.

가속주의자들의 기본적인 직관은 하나의 어떤, 이미 끝나버린 세상이 종말을 완결해야 한다는 것, 다시 말해서 자신의 비존재를 전면적으로 현실화해야 한다는 것이다. 다른 사람들(평범하고 순진한 사람들, 나무를 껴안는 환경운동가, 꿈꾸는 사람들, 히피들)이 자본주의 도래 이전까지 목가적 빛 속에서 존재했다고 믿는 세상, 그리고 자본주의가 도래함에 따라 어두운 악마의 공장에서 나오는 연기에 질식하면서 줄어들고 짓눌린 형태로 존재하게 되었다고 주장하는 세상은 낭만적인 환상이며, 실제로 존재하는 세상에 대한 지각을 왜곡하는, 복고적인 매트릭스이다. 왜냐하면 진짜 세상은 여기 우리가 사는 후기 자본주의(late capitalism)의 황량한 세상이며, 그 안에서는 정치경제학의 "제2의 자연"이 "제1의 자연", 즉 언제나 지나치게 생태학적이고 유기체적, 생기론적인 낡은 퓌시스를 압도하면서, (물리적인 주권은 아닐지라도) 형이상학적인 주권을 거리낌 없이 행사하기 때문이다.[17] [노동의] 실질적인 포섭이 보편화되면서, 자본주의 시스템은 절대적인 헤게모니를 장악했다. 어떤 저항도 흡수하는 자본주의의 능력은 무한해 보이고, 현실은 그 자신의 복제(simulacrum)의 보잘것없는 부산물이 되었다. 자본주의의 "외부"—자본주의에 선행하는 바깥, 자본주의의 역사 너머에 있는 황무지, 무지막지한 고온 속에서도 아직 증발하지 않은 원시적인 응괴, 견고한 모든 것(all that is solid) 등등—는 이제 존재하지 않으며, 따라서 존재하지 않았을 것이다. 그러므로 어떤 "외부"를 불러내는 유일한 방법은 자본주의 기계를 과열 상태로 몰아넣어서 내부로부터 외부를 생성하는 것, 자본주의를 규정하는 가속을 가속하는 것, 자본주의가 스스로를 파괴하고 우리를 위해 완전히 새로운 세상을 만들어낼 때까지, 그것을 추동하는 창조적 파괴를 극대화하는 것이다. 대재앙이 지나가면, 왕국이 도래한다.

후기 자본주의의 이 창문 없는 우주세상에 거주하는 인간들로 말하자면, 그들은 아주 오랫동안 인간이 아니었다. 가속주의자들은 우주의 "뜨거운"(트랜스) 인간화를 상상하기는커녕, "차가운" 포스트-휴머니즘(post-humanism)을 선언한다. 이 차가운 포스트-휴머니즘은 탈영토화된 기술자본주의에 의해 인간을 비-주체화하는 탈인류화(a-subjectifying *de-hominization* of Man)를 인정하며, 또한 "인간의 행위 능력(human agency)에 대한 기술의 침투"가 인류의 뇌 구조에 해부학적 변화를 유발하고, 궁극적으로는 인류 문화(anthropic Culture)의 낡은 지방주의(provincialism)를 새로운 자연 속에 녹이리라는 전망을 환영한다. 새로운 자연은 우주적이고 엄숙하면서 척박하고 무질서하면서 심원하고 비인간적이면서 기본적일 것이다.[18] 화학적이고 기호학적인 약물을 계속 투여함으로써 좀비화된, 인터넷에 접속된 인지 기계(cognitive machine)로서의 노동자. 자기 자신을 열렬히 착취하면서 실체 없는 것들에 영속적으로 빚을 지고 있는 "프로슈머". 이들은 광적으로 활력을 빼앗긴 탈세계(post-world)라는, 환희에 찬 디스토피아의 새로운 영웅적 반주체(anti-subject)이다.

§

미래의 세상 없는 사람들에 대한 몇 가지 표상 중에는 다수성과 비인격성, 날고기 상태의 인육 섭취와 부패하는 시체가 결합한, 좀비의 섬뜩한 형상이 있다. 앞에서 보았듯 이 《로드》에는 이중의 고투가 있었다. 주인공들은 한편으로는 잿빛의 유독한 진흙으로 분해되어 가는 세상과 싸워

세 상 의 **120** 종 말

야 했고, 다른 한편으로는 인간의 좀비화—가장 약한 생존자들(아직 완전히 비인간화되지 않은 사람들)을 잡아먹는 얼굴 없는 식인 집단이 형성되는 과정—와 싸워야 했다. 《유빅》에서는, 이야기가 전개됨에 따라, "반은 살고 반은 죽은" 중간지대에 놓인 사람들의 부패가 가속화되는 이유가 조리(어릴 때 죽었고 현재 반생 상태인)라는 인물이 그들에게 행사하는 힘 때문이라는 것이 밝혀진다. 조리는 다른 이들의 반생(半生)을 말 그대로 게걸스럽게 먹어치우는 인물로, 사소한 부분까지 면밀하게 조리가 정신적으로 구성해 놓은 가상 현실에서 이런 일이 벌어진다. 마지막으로 〈토리노의 말〉의 주인공들은 아무 영양도 없는 물질을 먹으면서 점차 생명력을 잃어가다가 더 이상 "기능하지" 않게 된다. 마치 안쪽에서부터 먹혀 들어가서 육체의 빈 껍데기만 남은 채, 텅 비어버린 이 세상에서 존재를 이어가는 것 같다. 현대의 상상 속 좀비, 뱀파이어, 인육 섭취에 대한 분석을 보려면, 노다리와 세라(Nodari and Cera, 2013)를 참조할 것.

가속주의는 (광의의) 마르크스주의 역사철학의 현대적인 구현 중 하나다. 가속주의는 1968년, 1989년, 2001년, 2008년의 위기들과 그 뒤를 잇는, "과거의 종말"을 상징하는 다른 날짜들을 거치면서 동력을 얻었다. 불길한, 혹은 희망을 주는 종말의 조짐들은 "미래의 시작"에 대한 좌파의 담론에 방향을 제시하는 이정표 역할을 했다.[19] 이러한 계보는 가속주의가 원칙적으로 반자본주의적인 입장이라는 것을 알려준다. 하지만 인간의 역사를 바라보는 확고하게 목적론적이고 단선적인 관점(Noys, 2012)

과, 그리고 아마 이것을 덧붙여야 할 텐데, (1968년의 유토피아적 격동과 관련된) 과거의 종말의 특정한 버전에 대한 맹렬한 적의를 고려한다면, "포스트-"야말로 궁극적으로 이 계보에 가장 적합한 접두어일 것 같다.

가속주의는 대개 좌파 정신의 계승자임을 자처하며, 다른 반자본주의적 입장들과 싸우는 데 논쟁적인 에너지를 집중한다. 내분을 좋아한다는 점에서만큼은 과연 좌파 정신의 진정한 계승자라고 하겠다. 이데올로기의 면에서 가속주의의 주적은 환경주의와 그 밖의 "재영토화하는" 담론들인 듯하다(Lindblom, 2012). 이 담론들은 덜 인공적인 생활양식으로의 회귀를 꿈꾼다. 이는 종, 생명, 세상의 존재론적 식별 불가능성(지속성, 수평적 관계, 물질적 상관관계)에 더 충실하다고 여겨진다. 하지만 가속주의자들에 따르면 자본주의적 성장이라는 질주하는 기관차를 멈춰 세우기 위해서 비상 브레이크를 거는 어떤 방어 조치도, 자본주의 이전의 과거로부터 가치들과 관계들을 구출하려는 어설프게 변장한 시도에 불과하다. 과거는 회복 불능일 뿐 아니라, 완전한 허구이며 무엇보다 초라하다. 오늘날 어떤 노동자가 자기의 조상들이 경작하던 "유기농 진흙땅(organic mud)"으로 돌아가고 싶겠는가? 이것이 마크 피셔(Fischer,2014:339)가 신랄하게 제기하는 질문이다.

§

유기농 진흙땅으로 돌아간다는 테마는 프랑스 정부가 브르타뉴의 노트르-담-데-랑드를 서부권 신공항부지로 지정했을 때 토지 수용을 거부하는 농부들과 연대하기 위해 프랑스와 유럽 여기저기에서 모여든 무단점거자들(squatters)의 구호를 떠올리게 한다. ZAD(Zone à Défendre, 즉 "보호구역")의 도로들을 가로막은 알록달록한 바리케이드에서 볼 수 있었던 그 구호는 "우리는 진흙땅의 사람들이다"("*nous sommes le peuple de boue*")였다. 여기에는 말장난이 숨어 있는데, 이 문장은 "우리는 일어선 사람들이다"("*nous sommes le peuple débout*")와 발음이 정확히 같기 때문이다. 진흙땅의 사람들은 떨쳐 일어난 사람들, 반기를 든 사람들, 땅(그 지역은 겨울비가 내리면 정말로 진흙탕이 된다) 위에 두 다리를 단단히 딛고 서서, 등을 꼿꼿이 세우고 머리를 높이 쳐든 사람들이다. 이 점거는 2008년에 시작되어 지금까지도 저항을 이어 오면서, "합법적인 폭력"(전투 경찰, 최루가스, 섬광 수류탄, 고무탄, 사법 테러 등등)이라는 현대의 도구 대부분을 기꺼이 총동원한 프랑스 공화국의 가혹한 탄압에도 거의 2천 헥타르*에 달하는 지역을 국가의 통제로부터 지켜냈다. 노트르-담-데-랑드의 ZAD 점거는, 세계 곳곳에서 등장하여 서로 연대하고 있는 "땅을 되찾자"는 여러 운동의 한 예에 불과하다. 이는 이런 운동의 핵심이 "조상에게 물려받은" 진흙땅으로의 회귀보다는 오히려 지구 표면을 "발견"(아스팔트를 제거한다는 의미에서 "노출"이기도 한)하고 땅이 가진 잠재력을 "드러내어" 진흙땅에서 노동한다는 것이 더 이상 신 앞에 엎드리거나 군주 앞에서 절하는 것을 의미하지 않게 될 "미래"를 만드는 데 있음을 시사한다.[20]

---

* 약 600만 평

마 침 내 123 홀 로

두 젊은 저자 알렉스 윌리엄스(Alex Williams)와 닉 서르닉(Nick Srnicek)이 2013년에 발표한 〈가속주의자 선언(Accelerationist Manifesto)〉은, 닉 랜드의 세기말적이고 허무주의적인 대안보다 덜 음습하지만, 못지않게 신랄하다. 이 선언은 철학 블로그들을 통해 퍼져나갔으니, 인터넷은 사변적 실재론자들이 서식하기에 최적의 장소였다. 가속주의자 선언은 "사회와 환경에 대해 최대의 지배력을 갖는 프로메테우스적 정치학"이야말로 자본을 굴복시킬 유일한 수단이라고 주장한다.[21] 이 지배력은 "신자유주의의 물질적 기반"의 파괴를 피하면서, "후기 자본주의의 성과들을 보존"하는 것을 목표로 삼는다(Williams and Srnicek, 2013). 요컨대 문제는 생산력의 해방이다. 자본주의가 (마르크스와 엥겔스의 유명한 진단에 따르면) 동원하면서도 저지하고 끌어내면서도 제한하는 생산력을 "해방하는" 게 관건이다. 하지만 그러기 위해서 우리는 다시 한 번 계획(이라고 쓰고, 국가라고 읽는다)에 대한 신뢰를 회복해서, 인터넷(이라고 쓰고, 시장이라고 읽는다)의 내적 미덕에 대한 우리의 단순한 믿음으로 인해 경멸하게 되었던 초월성에 대한 어떤 긍정적인 감각을 재발견해야 한다.

이리하여 중앙집권적 계획경제와 수직적 정치 권력은 모더니즘의 메시아적 분위기에 힘입어, 편안하게, 컴플렉스 없이 좌파의 상상 속에서 그들의 시민 주권을 되찾는다. 누군가는 이렇게 말할 수도 있을 것이다, 스톡홀름 증후군에 사로잡힌 좌파의 혼란스러운 상상 속에서, 라고.

가속주의자들은 현존하는 좌파를 향해—더 정확하게는 좌파의 잔재 속에 남은 68 정신의 잔재를 향해—"충격적일 정도로 상상력이 부족하다"고 비난한다. 이 점은 브레이크스루 연구소도 비슷한데, 이들은 자본주의의 재생력을 똑같이 신뢰하지는 않는다고 해도, 진보에 대한 동일한 희망을 공유한다(그들이 그 밖에 어떤 다른 신뢰와 희망을 품고 있는지는 모르지만, 자비심이 부족한 것만은 확실하다). 그러나 가속주의자들이 우리에게 안내하는 상상력 넘치는 전망은 "다른" 좌파들이 갖고 있다고 하는 목가적 몽상만큼이나 과거로 향하고 있다. 그것은 결국 "19세기 중반부터 신자유주의 시대의 여명에 이르기까지 많은 이들을 관통한 이상을 회복"하는 문제다(Ibid.). 다시 말해, 세상에 대한 절대적인 기술적 통제라는 19세기 프로젝트의 도움을 받아서, 인간의 형이상학적 자기 정초라는 18세기 프로젝트를 완성하는 문제다. 즉, 진보의 세기의 약속을 이행함으로써, 이성의 세기의 약속을 지켜낸다는 뜻이다. 역사는 되풀이된다—우리가 확인할 수 있듯이, 등 짚고 뛰어넘기를 통해서.[22]

§

"가속주의자 선언"은 심각한 어조로 다음과 같이 끝맺는다. "우리가 직면한 선택은 가혹하다. 세계화된 탈자본주의냐, 아니면 원시주의, 만성적인 위기, 행성 차원의 생태계 붕괴를 향한 느린 해체냐." "생태계 붕괴"라는 전망의 도입, 또는 최소한 그것에 대한 언급은 가속주의자들의 사변적 지평에서 틀림없이 참신한 것이자 환영할 만한 무엇이었다(Wark, 2013). 하지만 그것이 가속주의자들의 위기 이론이 위기에 봉착했다는 신호라는 점 또한 명백해 보인다. 그것은 "프로메테우스적 지배력"이라는 말을 공허하게 만든다. 그 말은 마치 근대인이라는 포위된 부대를 독려하는 외침, 전투부대의 사기를 북돋우기 위해 흔드는 깃발처럼 같다. 이제는 "제1의 자연"이 자체 추진력을 갖춘 "제2의 자연"의 눈부신 전진에 협조를 거부하듯 등을 돌렸고, 생태 위기의 시간성이 경제 위기의 시간성과 공명하며 파국으로 치닫기 시작했기 때문이다. 그리하여 가속화라는 주제는 전혀 예상치 못한 의미를 갖게 된다. 이제 그것은 더 이상 생산력의 해방적인 가속화의 문제가 아니거나, 그런 문제만은 아니다. 그보다는 자본주의 시스템과 지구 시스템의 물리적 상호 작용으로 풀려난 파괴력이 빠른 속도로 커져 가는 것이 문제다. 이런 이유로, "행성 차원의 생태계 붕괴"에는 ("원시주의를 향한 느린 해체" 등등에서처럼) "느린"이라는 수식어가 붙을 수 없다. 앞에서 보았듯이, 이런 붕괴는 온전히 우리의 "선택"의 영역 안에 있지 않다. 그것은 "선언문"의 저자들이 믿고 있듯이 우리를 앞지르고 있을 뿐만 아니라, 어느 정도는 우리보다 뒤처져 있다. 이미 시작된 일이고 되돌릴 수는 없지만, 그 가속화를 늦출 수는 있다. 자본주의 경제보다 아래에 있는 층—"현재의 물질적 조건"의 물질적 조건—은 지배 문명의 기술적 정치적 상부구조보다 더 빠르게 변화하고 있다. 이런 교착 상태를 타개할 변증법은 없다. 현재 우리의 인류학적 빈곤에 대한 해결책으로 제기된, 자본주의 기계의 "의도적인" 가속화는, 또 하나의, 전혀 의도하지 않은 가속화와 객관적인 모순에 빠진다. 인류의 **움벨트**[*]에 파멸적인 결과를 초래하는 환경변화의 거침 없는 긍정적 피드백 과정이 그것이다. 요컨대 전 세계적으로 조직된 포스

---

[*] 주관적 환경 세계

트 자본주의가 "느린" 행성 차원의 생태계 붕괴를 막을 수 있을 만큼 빨리 도래하지는 못할 거라는 두려워할 만한 강력한 이유가 있다. 폴 비릴리오(Paul Virilio)의 오래된 질주론은 완전한 타자인 어떤 속도에 의해 추월당했다.

노이스(Noys, 2014)는 "가속주의자 선언"에서 제기된 의제가 그렇게까지 독창적이지 않다고 평가한다. 마르크스와 엥겔스의 빛바랜 《공산당 선언》의 몇 가지 요점을 되새김질하는 것 외에도, 그람시의 주장에서 많은 부분을 가져와서 반복하고 있으며, 그러면서도 그것이 비난하는 동시에 칭송하는 추상을 변증법적으로 제어하려는 어떤 구체적인 전략도 제시하지 못한다는 결점이 있다는 것이다. 하지만 우리가 보기에, 가속주의자들의 강령은 표준적인 마르크스주의를 단순히 기술적으로 업그레이드한 것 이상이다. 그것은 "메시아 철학"의 강한 버전(레비스트로스가 구조주의 신화학에서 사용한 것과 같은 의미에서)이다. "메시아 철학"이라는 명칭을 우리는 오스왈드 지 안드리지(Oswald de Andrade, 1990)가 1950년에 쓴 (심사를 통과하지 못한) 학술 논문에서 가져왔다. 메시아 철학은 성 바울에서 마르크스, 후설, 하이데거에 이르기까지, 그리고 그 후에도 계속, 서구 역사를 붉은 실처럼 관통하는 이천년 간의 가부장적, 억압적, 초월적, 인종차별적, 남근 지배적 서사다. 그리고 여기, 젊은 윌리엄스와 서르닉 이상으로, 가속주의자들을 움직이는 진짜 동력과 "원시주의"에 대한 그들의 적대감을 완벽하게 설명해주는 이는 바로 나이 든 만국의 교황이다.

나는 다음과 같이 확언하는 것이[*de l'affirmer*] 두렵지 않다.

마 침 내 127 홀 로

생태주의는 대중의 새로운 아편이다. 그리고 언제나 그렇듯이 이 아편에는 공인된 철학자가 있으며, 그 철학자는 페터 슬로터다이크(Peter Sloterdijk)다. 확언론자가 된다는 것은 "자연"의 이름으로 만들어진 협박성 책략을 무시하겠다는 뜻이기도 하다. 인류는 자신의 동물성을 능가하려 애쓰는 동물 종의 하나이며, 자신의 자연성을 벗어나려 애쓰는 자연적 조합(ensemble)이라고 분명히 확언해야[*affirmer*] 한다 (Badiou, 2009).

이보다 더 명확하고 더 "확고하며"—거의 한 줄에 한 번씩, 세 번이나 "확언한다"—그러면서도 더 틀리기는 어렵다. 바디우는 "생태주의"라는 말로 사실상 인류의 운명에 대한, 또한 공산주의적 승화의 세속적인 즐거움에 대한 믿음의 상실을 가리키면서, 그것을 반동적이고 미신적인 운동으로 악마화한다. 정치의 내용과 정치적인 것의 형태를 정의하려는 극도의 뻔뻔함으로 공포라는 종교—알랭 바디우, 뤽 페리, 파스칼 브뤼크네르, 똑같은 전투?—를 퍼뜨리는 운동.[23] 나무를 껴안는 사람들이 진정으로 원하는 바는—비록 성공하지 못한다고 해도—전능하고 예측 불가능한 자연 앞에서 무력한 동물이었던 인류의 원시적 공포 속으로 우리를 다시 끌어들이는 것이다. 이처럼 가속주의자들(과 그들의 스승들)의 담론이 특이점 신봉자들과 브레이크스루 연구소 같은 싱크 탱크의 활기찬 자본주의 옹호론과 비슷한 지점으로 수렴하는 것은, 솔직히 말해서 대단히 충격적이다.

가속주의자들은 "우리"가 과거의 동물 상태와 앞으로의 기계 상태 사이에서 선택을 내려야만 한다고 믿는다. 그들이 가진 유물론 신앙 내에서, 그들이 제안하는 바는, 요컨대 우리 없는 세상—하지만 우리가 만든 세상이다. 마찬가지로 그들은 초자본주의의 "물질적 플랫폼"에 의해—하지만 자본가들 없이—재창조된 포스트휴먼 종족을 상상한다. 비인간에 의해 자연다움을 상실한 자연. 마침내(!) 정신화된 유물론.[24]

거 대 한　안 :
타 르 드 의　사 변 적　동 굴 학

현대의 인류학적 미래학에 대한 이 꼭지를, 우리가 보기에는 현재와 꽤 관련이 있는 과거의 어떤 텍스트를 언급하면서 마무리 짓고자 한다. 광적으로 개념을 발명하고 거기에 서정성과 풍자를 미묘하게 배합한 덕택에 가브리엘 타르드(Gabriel Tarde)의 철학소설 《미래 역사의 파편(Fragment D'Histoire Future)》—영어로는 《지하 인간(Underground Man)》으로 번역되었다— 은 세계상실이라는 주제의 가장 흥미로운 버전 중 하나가 되었다. 우리의 연구와 관련해서 이 소설의 장점은, 특이점 신봉자와 변종 가속주의자들의 특징인 기술애호적 진보주의를 부조리할 정도로 끝까지 밀고 나가면서, 우리가 지구와 맺고 있는 관계를 곧바로 반성하도록 만든다는 점이다.

《미래 역사의 파편》은 타르드의 초기 작품에 속하며, 이후의 저술에서 중요한 역할을 하는 몇 가지 개념을 개략적인 형태로 제시한다. 이것은 사회의 전형을 제시하려고 의도하는, 더 정확히는 의도하는 척하는—왜냐하면 여러 층의 아이러니를 겹쳐 놓은 텍스트이기 때문에—상상적인 연습이다. 타르드는 여기서 "사람을 제외하고 동물이든 식물이든 살아 있는 자연을 완전

마 침 내　**129**　홀 로

히 제거하는" 예상치 못한 우주적 사건의 결과, "완전히 인간적인 인류"[*une humanité toute humaine*]가 등장하는 상황을 그린다(Tarde, 1974:111). 《파편》의 화자는 우리의 미래에 일어날 대전환의 과거와 현재를 서술하는 역사학자이다. 이 대전환은 인류의 기념비적인 퇴각(*katabasis*), 즉 기후 재난에 대응하여 인류의 후손(백인이면서 유럽인이라는 느낌을 준다)이 지구의 중심으로 내려간 것이다.[25] 브레이크스루 연구소가 예언한 것과 기본적으로 비슷한, 길고 지루한 번영의 시대—전쟁의 종식, "완벽하게 단조롭고 규칙적이고 중립적이며, 심지어 거세된"[*si parfaitement bourgeois, correct, neutre et chatre*](Ibid.:48) 세계정부, 고갈되지 않는 에너지원(태양열, 수력, 풍력, 조력)에 기초한 경제, 단일언어—에 이어 "다행스러운 재난"(Ibid.:21)이 발생한다. 태양이 "빈혈"(Ibid.:50)에 시달리며, 빛을 잃고, 사그라든다. 지구 표면은 얼어붙고, 수백만 명이 목숨을 잃는다. 문명은 "인류의 이익을 위해"(Ibid.:21) 스스로를 머리끝에서 발끝까지 재편해야만 한다.

　재난이 선포되지만, 대응은 너무 늦게 이루어진다. "갑작스럽게 일어나지 않고 서서히 진행되는 일들의 경우에 늘 그렇듯이, 대중은 이 문제를 별로 걱정하지 않는다."(Ibid.:50) 어느 봄날 검붉은 태양이 마지막 일몰을 알린다. "초원은 이제 푸르지 않고, 하늘은 이제 파랗지 않으며, 중국인은 더 이상 노랗지 않다"(Ibid.:53). 하지만 서사는 거대한 바깥(Great Outdoors)을 식민지화하는 행성 간 모험으로 발전하는 게 아니라, 오히려 외부에서 내부로(*ab exterioribus ad interiora*) 나아가면서(Ibid.:76), 혼미한 동굴학의 사변론으로 빠져든다.[26] 인류를 구원할 천재 밀티아데스는 사람들에게 죽어가는 태양을 뒤로 하고 땅속 깊이 굴을 파서 지구의 뜨거운 중심이 공급해주는 풍부한 에너지를 이용하자고 설득한다. "저기까지 내려가 봅시다. 저 심연을 우리의 안전한 도피처로 삼읍시다"(Ibid.). 동굴 환경으로 내려가는 일이 "추방된 영혼을 탄생지로 되돌려 놓는" 것으로 그려지면서(Ibid.:77) 밀티아데스는 반플라톤주의 현인 또는 대척점에 있는 플라톤주의자가 되고, 《미래 역사의 파편》은 뒤집힌 동굴의 우화가 된다.[27] 강력하고 예언적인 라투르식 수사법 덕분에, 이 초월적 메시아는 청중의 상상력을 사로잡고 지지를 끌어낸다. "앞으로 구원의 희망을 표시하는 건, (연사는 손가락을 들어 하늘을 가리킨다) 더 이상 이런 몸짓이 아닙니다. 이런 것이어야 하지요. (그는 오른손을 아래로 내려 땅을 가리킨다.) … 우리는 더 이상 "저 높은 곳으로!"라고 외치면 안 됩니다. 차라리 "아래로!"라고 외쳐야 합니다(Ibid.:75-6. 강조는 원문).[28]

에덴동산 같은 황야라는 도식과는 반대로, 《미래 역사의 파편》이 동원하는 인류와 다른 생명체들 간의 대립은 인류와 무기물의 세계를 긍정적인 쪽에 두고, 비인간 생명체들은 부정적이고 "반사회적"인 쪽에 둔다. 인간의 진실은 그의 사회적이고 자기생성적(autopoietic) 차원이지, 그의 유기체적이고 타자생성적(allopoietic) 차원이 아니다. 그리고 사실상 사회성은 위대한 자연의 배경으로, 보편적인 존재 조건으로 지목된다. 심리학과 화학, 이 결합의 학문들은 단일한 사회단자론(sociomonadology)으로 융합된다. 화학자들이 "우리를 위해 원자의 심리학을 구성하고, 심리학자들이 우리에게 자아의 원자 이론을 설명하는 동안, 나는 자아의 사회학을 이야기하고자 했다"(Ibid.:169). 인간은 오래전에 멸종한 동물군과 식물군 대신에 바위, 금속, 원자에 자신을 비춰볼 것이다. 그리하여 마침내 죽음의 개념으로부터, 이 생명 중심적인 환상으로부터 인간을 자유롭게 해줄, 무기

물의 생명력을 나누어가질 것이다.

앙리 미쇼의 책 제목처럼 "내부의 공간(*espace du dedans*)"을 찾아서 떠나는, 이 안을 향한 대대적인 이동은 성서에 나오는 노아의 이야기와는 정반대로 전개될 것이다. 어떤 다른 살아 있는 존재도 우리와 여정을 같이하지 않는다. 자연이라는, 이 "잡다한 살아 있는 모순들"(Ibid.:86)은 뒤에 남겨져서, 냉동 단백질 덩어리로 바뀔 것이다. 지구 표면의 얼음층에 갇힌 수백만 마리의 동물 사체는, 화학이 암석에서 영양분을 추출하는 데 성공할 때까지, 수백 년 동안 인류에게 식량이 되어줄 것이다. 오직 문화와 기술의 보물들만이 거대한 도서관과 광대한 박물관의 형태로 우리와 함께 내부로 들어가서, 새로운 문명, 더 세련되고 정제된 문명을 꽃피우는 데 이바지할 것이다.[29] 재난 이후의 은둔은 그러므로 타고난 원시성으로의 회귀가 아니라, 오히려 지고하게 해방적인 인공화, 세상 속으로의 물리적인 내부화(interioirzation)이자, 세상의 기술적인 내재화(internalization)이다. 더 이상 인간의 자유에 대한 제약으로 경험되지 않는 자연은 완전히 심미화되고, "오래된 전설의 심오하고 친밀한 매력을 지닌" 하나의 신화가 된다. "하지만 이것은 여전히 사람들이 믿고 있는 전설이다"(Ibid.:180).

《미래 역사의 파편》은 사회학적인 도발로 가득하며, 사회주의적 노동 숭배를 신랄하게 비꼰다(Ibid.:122ff). 또한 생명의 완전한 미학화와 사랑의 충만한 실현을 결합할 때 사회-우주적 연대의 토대가 생겨난다는, 여러 가지가 생각나게 하는 주장을 펼친다(샤를 푸리에의 영향일지도?). 타르드가 그리는 무기물의 세계는 〈매드 맥스〉나 《로드》의 디스토피아처럼 결핍과 욕구의 제국이 아니다. 고독하고 가난하고 심술궂고 잔인한, 홉스적인 삶의 이미지는 나타나지 않는다. 타르드의 지하세계에서 욕구는 대개 충족되며, 따라서 눈에 띄지 않는다. 그곳에서 인류가 "해야 하고", 어떻게든 해내는 일은 "자체적인 자원으로부터, 식량 조달까지는 아니더라도," 모든 것을 추출하는 것이다 (Ibid.:112).[30] 예술적 과잉이 경제적 공리주의보다 우위를 점하게 되며, "용역의 교환"이라는 도구주의적 환상 없이도 사랑스러운 "성찰의 교환"이 마침내 번성할 수 있게 된다(Ibid.:116).

하지만《미래 역사의 파편》의 핵심은 결말에 있다. 결국 모든 것을 고려했을 때 한 편의 우울한 환상이라고 할 수 있는 이 책에서, 마지막 몇 페이지는 일종의 반(反)주술적인 동굴 기능을 한다(라스 폰 트리에의 〈멜랑콜리아〉를 참조하라). 재난 이후의 문명을 바라보는 역사가의 약간은 섬뜩한 열광은 누를 수 없는 인류의 반사회적 충동이라는, 반란의 진원지 앞에서 커져 가는 불안에 자리를 내준다. 기술화된 반(反)에덴동산은 모든 원시성으로부터 우리를 해방하는 데 실패한다. 완벽하지만 "과도하고 강압적인"[*à outrance et forcée*] 이 미래사회에는 "불평분자들" 이 없지 않다(Ibid.:186-7). 이들에게는 인공 환경의 단조로운 동질성이 권태를 불러일으킬 뿐이다(가속주의가 모두의 취향에 맞는 건 아니다…).[31] 설상가상으로 이 사회는 모든 본능 중에서도 가장 자연스러운 본능에 의해 위협받는다. 봄의 발정기는 행성의 얼어붙은 표면으로 나가려는 "초월"이라는 자살적 충동을 일으킬 뿐 아니라, 새로운 인류의 물질적 풍요와 결합하여, 풍속의 점진적이고 전반적인 해이를 가져오며, 그리하여 맬서스적인 재난, 즉 인구폭발을 야기한다.[32] 요컨대 역사의 종말 역시 언젠가는 종말을 맞는다.[33]

마 침 내 **133** 홀 로

1　보뇌유와 프레소즈(Bonneuil and Fressoz, 2016)가 올바르게 관찰했듯이, 인간이 지구를 망치고 있다는 깨달음은 하루아침에 생겨난 게 아니며, 이를 통해 무지와 어리석음의 시대에서 생태학적 문제들에 대한 "성찰적 근대성(reflexive modernity)"으로 나아가게 되는 것도 아니다. 하지만 인류에 의한 지구의 열역학적 평형의 변화가 1990년대에 이르러서야 뚜렷한 현상으로―또는 재앙으로―감지되기 시작했다는 것은 부정할 수 없는 사실이다.

2　이 모든 일은 단 하루 사이에 일어나는 것처럼 보이지만, 그 날짜가 언제인지는 어둠에 싸여 있다.

3　예를 들면 《유빅》, 《안드로이드는 전기양을 꿈꾸는가?(Do Androids Dreams of Electric Sheep?)》, 《흘러라 내 눈물, 경관은 말했다》, 《시간이 역행하는 세상(Counter-Clock World)》을 보라.

4　라이프니츠, 《신정론》(Leibniz, 1990:416). 현재의 위기에 비추어 라이프니츠의 낙관론을 재해석한 것으로는 다노프스키(Danowski, 2011b)를 참조하라. 끝없이 나빠지는 상황을 살아가는 인간의 능력에 대해서는, 이스터 섬에 관한 헌트와 리포(Hunt and Lipo, 2011)의 흥미로운 (그리고 우울한) 가설을 참조할 것. 매키넌(MacKinnon, 2013)이 끌어낸 교훈도 마찬가지로 참조. 그리고 크룰위치(Krulwich, 2013)도 참조할 것.

5　(워쇼스키 형제 자신의 설명에 따르면) "지적인 액션 영화"인 〈매트릭스〉에 대해서는 바디우(Badiou et al., 2003)를 참조하라.

6　어쩌면 1992년 6월 리우데자네이루에서 열린 유엔환경개발회의(지구 정상회의) 이후 "우리는 이미 죽어 있는 상태이다". 아무튼 1969년에 나온 필립 K. 딕의 《유빅》은 그렇게 시작된다. "1992년 6월 5일 새벽 3시 30분, 뉴욕의 런사이터 어소시에이츠 사무실에서 태양계 최고의 텔레파시 능력자가 지도를 떼어낸다." 6월 5일은 1972년 유엔 총회에서 세계 환경의 날로 지정되었다.

7　아메리카 원주민들의 관점주의에 대해서는 비베이루스 지 카스트루(Viveiros de Castro, 2004)를 참조할 것. 죽은 자의 관점이라는 가능성에 대해서는 J. M. 쿳시의 《동물들의 삶(The Lives of Animals》에서 주인공 엘리자베스 코스텔로의 말을 참조. "예를 들면 때때로… 나는 시체가 된다는 게 어떤 건지 느껴요. 우리는 모두 그런 순간을 맞이하죠, 특히 나이가 들어가면서. 우리가 가진 지식은 추상적인 게 아니라… 몸에 새겨져 있죠. 잠시 우리는 그런 지식**이 됩니다.** 우리는 불가능한 것을 경험합니다. 우리는 우리의 죽음 너머에 살아 있으면서 죽음을 되돌아봅니다. 하지만 죽은 자신만이 할 수 있는 방식으로 되돌아보지요."

8 여기에서 떠올리게 되는 또 다른 SF 고전은 옥타비아 버틀러의 〈말과 소리(Speech sounds)〉이다. 이 단편은 어떤 세상(어떤 도시)에서 벌어지는 이야기로, 불가사의한 질병 때문에 인간들은 언어 능력을 상실하고, 무너져가는 물질세계를 배회하면서 살인을 자행하는 야수가 되어간다(Burtler, 2005).

9 〈토리노의 말〉에서 "행위"는 정확히 7일에 걸쳐 이루어진다. 진정한 세계의 반(反)창조(파괴)가 행해지는 것이다. 역방향으로 진술되는 창세기이자, 태초의 장엄한 광경의 반전이다.

10 책 한 권 분량에 달하는 커즈와일의 선언문(Kurzweil, 2005)을 참조할 것. 유튜브 동영상(Kurzweil, 2009)에 나오는 커즈와일의 간단명료한 설명과 파먼의 "다시 마법에 걸린 우주론들(re-enchantment cosmologies)"(Farman, 2012)도 참조. 이런 주제들이 어떻게 해서 대중적 인기를 얻게 되었는지 알고 싶다면, 줄리언 소니(Sonny, 2013) 참조. 커즈와일과 그의 동조자들—버넌 빈지, 한스 모라벡(Hans Moravec), 윌리엄 베인브리지(William Bainbridge), 프랭크 티플러(Frank Tipler), 존 배로(John Barrow), 그 밖의 "트랜스휴머니스트" 과학자들—이 주장하는 테크노-신학적인 신화는 우주 식민주의라는 낡은 프로젝트의 최신 형태, 어떤 관점에서는 가장 정신 나간 형태에 지나지 않는다. 우주 식민주의는 절대로 완전히 폐기되지 않았다(Szendy, 2011; Valentine, 2012; Williams and Srnicek, 2013). 인류가 태양계 바깥으로 뻗어나가면 인류는 어떤 특정한 세계에도 매이지 않게 될 것이다.

11 "지능이 있는 우주(intelligent cosmos)"와 인간의 쇠퇴에 대해서는 파먼(Farman, 2012)을 참조할 것.

12 특이점 이론—파먼(Farman, 2012)에 따르면, "미국 서부 해안의 미래주의(West Coast futurism)"—은 실리콘밸리의 하이테크 문화와 연관되어 있으며, 커즈와일은 현재 구글에서 엔지니어링 이사직을 맡고 있다.

13 어쩌면 그리 어렵지 않을 수도 있다. "자유와 안보"가 자본주의의 가장 위대한 업적이라는 말을 우리는 브레이크스루 연구소의 보고서에서 가져왔다. 이 연구소의 선임 연구원 중에 파스칼 브뤼크네르(Pascal Bruckner)가 있다. 그는 늙은 우익 신철학자(**Nouveau Philosophe**)이자 자칭 "제3 세계주의(third-worldism)"와 "다문화주의(multiculturalism)"의 적(敵)이고, 최근에는 "공포를 조장하는 선동"을 통렬하게 비판하는 글을 썼다(Bruckner, 2014). 그의 존재가 이 연구소의 성향에 대한 정황 증거 이상이라는 생각이 든다.

14 이 연구소의 설립자들은
자기들을 "모더니스트" 또는 "환경
실용주의자" 또는 맹렬하게 반환경적인
"생태론자"라고 정의하고 싶을 것이다.
한편《타임》지는 이들을 "환경
영웅들"로 정의했다(Walsh, 2008).
2009년에 낸 개정판에서 이 책의
제목은《돌파하라: 지구를 구하는
일을 환경주의자들에게 맡겨둘 수
없는 이유(**Break Through: Why We
Can't Leave Saving the Planet to
Environmentalists**)》로 바뀌었다.
우리가 여기저기서 인용하는 것은 이
개정판이다.

15 하지만 스탕게르스가 적절하게
우리에게 일깨워 주었듯이, 트로이의
카산드라는 옳았다.

16 브뤼노 라투르는 브레이크스루
연구소가 제안한 가설에 대해
부분적으로 동감을 표한 적이 몇
번 있다. 라투르(Latour, 2011a)와
클라이브 해밀턴(Hamilton, 2012)의
라투르 비판을 참조할 것. 하지만 더
최근에는, 가이아의 중력(다시 말해,
환경 위기가 전개되는 타임 프레임에
대한 좀 더 현실적인 판단) 때문에,
그는 이런 입장을, 이렇게 말해도
좋다면, 극적으로 수정했다. 해밀턴의
경우, "좋은 인류세"의 예언자들에
대한 그의 반감은 더 강해지기만
했다(Hamilton, 2014).

17 "두 번째 자연"과 "첫 번째 자연"에
대해서는, 브뤼노 라투르(Latour,
2013d)를 참조할 것.

18 닉 랜드의 "비전"과 세계
종말-특이점이라는 거푸집에서의
"멜트다운(meltdown)"이라는 이론에
대해서는 린드블롬(Lindblom, 2012)을
참조할 것.

19 가령 1977년은 이탈리아의
"**아우토노미아**(Autonomia,
자율주의)"에게 극적인 한 해였으며,
뒷날 "납의 시대(years of lead)"로
기억되는 가장 어두운 시간이었다.
프랑코 "비포(Bifo)" 베라르디는 그해를
"한 세기[20세기]의 종말"을 알리는
신호이자 "모더니티의 전환점"으로
지목했다(Berardi, 2009). 이 **잔혹한
해**(annus horribilis)는 베라르디가
열거한 여러 성취 중에서도, 애플
컴퓨터의 설립, 찰리 채플린의 사망,
그리고 조니 로튼(Johnny Rotten)과
시드 비셔스(Sid Vicious)의 노래
〈미래는 없다(no future)〉의 발표를
지켜보았다.

20 ZAD에 더 많이 알고 싶으면,
이 운동의 웹사이트 〈http:// zad.
nadir.org〉를 참조할 것.

21 "최대한의 장악", "열어
젖혀질" 미래, "냉철한 반인간주의",
등등, "가속주의자 선언"의
수사학은 유별나게 치기 어리고,
남근중심주의적이다(Ordnung,
2013). 스탕게르스는 "정치적, 미학적,
혹은 존재론적 가속주의의 윤리적
수사학에 대해 우려"하느냐는 질문을
받았을 때, 다음과 같이 응수했다.
"나는 코스모폴리틱스가 아무리
결점이 있더라도 그걸 그런 쓰레기와
비교하지는 않겠습니다. 그들은 돼지
같은 남성 국수주의자들이지요. 그게
다입니다. 펠릭스 가타리에게 미안할
뿐입니다. 그들이 그에 대한 기억을
훼손하니까요."(Stengers, 2013a:179)
우리는 스탕게르스가 핵심을 짚었음을
인정하지 않을 수 없다. 그녀는 이
답변으로써 가속주의의 "허무주의적
영웅주의와 자기들이 가진 특권의
망각"과 대비되는, 그녀 자신의 정치적
입장을 정의했다.

22 "우리 환경주의자들"은 상상력이
부족해도 비난받고 넘쳐도 비난받는다.
2012년 리우+20 정상 회의 직전에
브라질 대통령 지우마 호세프(Dilma
Rousseff)는 아마존강에 거대한 수력
발전 댐을 건설하려는 계획에 반대하는
활동가들을 비난하면서 다음과
같이 선언했다. "이런 회의에서는,
유감이지만, 그 누구도 판타지를
논의하는 데 동의할 수 없습니다.
여기에는 판타지를 위한 자리가
없어요. 저는 유토피아에 대해 말하는
게 아닙니다. 유토피아라면 생각할
여지가 있습니다. 저는 판타지에 대해
말하고 있는 겁니다"(Domingos
and Moura, 2012). 일 년이 지난

2013년 5월, 당시 지우마 호셰프
대통령의 수석 비서관이었던 글레이시
호프만(Gleisi Hoffman)은 원주민이
자기들의 땅에 대해 갖는 헌법적
권리를 옹호하는 사람들의 주장을
"비현실적이고 관념적인 프로젝트"라고
일축했다(CEPAT, 2012).

23 바디우는 아마 슬로터다이크의
다음 문장을 염두에 두었을 것이다(사실
이것은 라투르가 기퍼드 강연에서
제사로 사용한 문장 중 하나다): "우리의
운명은 더 이상 순수하고 단순한 정치가
아니라 기후 정치이다"(Sloterdijk,
2014: 537). 바디우가 슬로터다이크처럼
특이한 사상가를 대표적인
"생태 철학자"로 지목했다는
사실이 우리에게는 프로이트적인
전위(displacement)의 사례처럼
느껴진다(우리는 "슬로터다이크"를
읽으면서, "세르"를, "가타리"를,
"라투르"를, 또는 "스탕게르스"를
읽어야 할 것이다…). 그가 자신의
연구영역 바깥에서 벌어지는 일에
완전히 무지한 게 아니라면 말이다.

24　필립 K. 딕이 《안드로이드는 전기 양을 꿈꾸는가?》에서 묘사한 현실의 사막에는, 토마스 아퀴나스의 천국이 그런 것처럼, 동물이 전혀 없다. 후기 자본주의 세계는 말할 것도 없고, 아마존 서부의 원주민인 와리(Wari)족이 상상하는 죽은 자들의 세계에도 동물이 없다(Conklin, 2001). 와리족의 경우, 이는 죽은 자들 자체가 동물이자 먹이—가장 선호되는 형태의 고기/음식인 페커리—이기 때문이다. 다른 민족에 속하는 죽은 자들은, 이를테면 재규어일 것이다. 재규어는 포식자 또는 육식 동물로, 반대 극(極), 즉 동물성의 극을 차지한다. 휴머니즘의 오래된 클리셰를 재탕하는 안더스의 다음 구절도 참조하라. "우리가 유래한 전(前)인간 영역이 완전한 동물성의 영역이라면, 우리가 곧 도달할 탈(脫)인간(포스트휴먼) 영역은 완전한 도구성의 영역이다. 인간은 인간성의 이 두 단계(최소한 부정적인 측면에서 서로 닮은) 사이에 놓인 간주곡처럼 보인다"(Anders, 2007:75).

25　나오미 오레스케스와 에릭 콘웨이(Oreskes and Conway, 2014)는 기후 위기라는 우리의 현재 미래를 출발점으로 삼은 최근 에세이에서, 타르드와 같은 형이상학적 울림이 없기는 해도, 유사한 사고 실험을 시도했다.

26　타르드는 《미래 역사의 파편》을 1879년에 쓰기 시작했는데, 쥘 베른의 《지구 속 여행(**Journey to the Center of the Earth**)》은 1864년에 출간되었다는 점을 독자들은 기억해야 한다.

27　동굴의 알레고리에 대한 빈정거리는 듯한 암시는 다음 구절에서 사실상 투명하게 드러난다. "이미 말했지만, 그곳에 도시는 없다. 하지만 그곳에는 철학자들의 동굴이 있다. 철학자들이 와서 따로따로, 혹은 학파에 따라 무리 지어, 석화 우물 옆의 화강암 의자에 앉아 있는 자연 동굴이다. 이 널따란 동굴 속에는 놀라운 종유석들이 있다. 지나치게 비판적이지 않은 시선으로 보면 온갖 종류의 아름다운 물건들을 닮은, 지속적인 낙하의 느린 산물들…. 이 널찍한 동굴이야말로 그것이 은신처를 제공하는 철학과 정확하게 일치한다"(Tarde, 1974:173-4).

28　이 구절은 라투르의 저술에서 비롯된 몇 가지 도식을 떠올리게 한다. 예를 들면 "지구생활자" 개념의 바탕에 있는 달 위/달 아래의 대립. "지구생활자"는 땅에 매여 있는 가이아의 사람들을 가리킨다. 그들은 하늘을 지향하는 인간들/근대인들과 전쟁을 벌이는 중이다(Latour, 2013a). 아니면 "먼 곳"에 관한 과학적 담론과 "가까운 곳"에 다가가는 종교의 대비. "과학을 이야기할 때 우리는 눈을 들어 하늘을 향해야 하며, 종교를 이야기할 때 눈을 내리깔고 지상을 향해야 한다… 언제 우리[지구생활자들]는 지구로 귀환할 것인가?"[Latour, 2013d:322-4, "지구 거주자(Earthling)"를 "지구생활자(Terran)"로 수정함.]

29　"[재난]은, 말하자면, 사회의 정화라는 결과를 가져온다"(Tarde, 1974:111).

세 상 의 　**138**　종 말

30 인류가 세상의 상실 또는 결여에
직면하는 이야기가 모두 그렇듯이,
식인에 대한 의존이 여기저기서
암시된다. 타르드(Tarde, 1980:55,
82,157)를 참조할 것.

31 타르드의 자연 없이 순수한
인간만으로 이루어진 완벽한 사회의
단조로움을 라이프니츠(Leibniz, 1990:
§200)의 《신정론》에 나오는 육체
없이 순수하게 영혼만으로 이루어진
완벽한 세상의 단조로움과 비교해
보면 흥미로울 것이다. 후자는 피에르
베일(Pierre Bayle)의 제안에 따라
고찰되는데, 베일이 상상했던 것과는
반대로, 라이프니츠는 천사들과
신들로만 이루어진 세상(사실
형이상학적으로 불가능하다)은
우리가 사는 세상보다 완벽함이
덜할 거라고—그리고 훨씬 더 지루할
거라고—말한다. 그런 세상은 말할 것도
행동할 것도 전혀 없는 세상, 요컨대
추상적이고 비현실적인 세상이다.
다노프스키(Danowski, 2001: 67-9)를
참조할 것.

32 동굴 생활인들의 사랑은 강력하게
승화되고, 재생산 면에서는 능력에
기초한 엄격한 산아 제한이 시행된다.

33 이 "미래 역사의 파편"을 귄터
안더스의 《**말세와 종말(Endzeit und
Zeitenende)**》—"역사의 비미래(non-
future)에 관한 단상"이라고 명명해도
좋을—과 비교하는 것도 의미가 있겠다.
예를 들어 안더스(Anders, 2007: 22-
3)의 빈정대는 문장들을 볼 것.

6
사람들로 이루어진 세계

하늘이 아직 땅과 너무 가까웠을 때,
이 세상에는 사람과 거북 말고는 아무것도 없었다.

아이케와라(Aikewara) 신화

타르드의 《미래 역사의 파편》에서는 화자가 속한 문명 외에 다른 형태의 삶이 모두 사라진다. 하지만 여기에는 중요한 예외가 있다. 새로운 지구인들이 여러 차례 내부 탐험을 하던 중 "굴을 파고 사는 소규모의 중국인 무리"(Tarde, 1974:157)를 발견한다.[1] 지구 반대쪽에서 아무도 모르게 땅속으로 들어온 이 중국인들은 용케도 이 깊은 곳까지 일종의 축소된 자연을 가져왔다. 그들은 "지하에서 아주 작은 밭고랑에 아주 작은 채소들을 길렀다. 그들이 데려온 아주 작은 돼지들과 개들과 함께…"(Ibid.:158) 이 "저급한 존재들"—대대로 내려온 식인 풍습에 뻔뻔하게 자신들을 내맡긴—의 무리를 제거할 수도, 굴복시켜서 다스릴 수도 없었던 밀티아데스의 추종자들은 결국 새로운 땅속 지구인(subterranean)의 문명과 "우리의 새로운 크리스토퍼 콜럼버스에게 그토록 혐오감을 유발하는" 이 "진정한 지하의 아메리카"를 나누는 벽을 다시 세우기로 한다(Ibid.:157-8). 그러므로 식인 풍습이 있는 중국인은 타르드에 의해 아메리카의 원주민들과 직접 연결된다. 안토넬로 제르비(Gerbi, 2010)가 고전적인 연구에서 보여주었듯이, 아메리카의 성장이 저해된 자연과 그곳에 사는 발육부전의 종족들(실제로 식인 풍습으로 악명 높았던)은 오랫동안 역사철학적 논쟁의 대상이었다. 그렇다면 진짜 아메리카의 거주자들은 인간과 세상, 그리고 역사의 관계를 어떻게 표상하는지 살펴보기로 하자. 지금 우리는 얼마나 오랫동안 이어져 왔는지 알 수 없는, 우리 세상에 퍼져 있는 세상의 종말에 대한 다양한 상상들을, 확실히 지나치게 도식적인 방법으로 조사하는 중이다. 이러한 우리의 시도에 종지부를 찍는 것은 바로 이 아메리카 원주민들의 신화우주론이다.

우리는 문자 그대로 역사 이전의 세상에 대한 신화적 이미지들의 예를 보았다. 이 이미지들 속의 세상은 생생하게 살아 있으되 아직 인간이 없는 세상, 인간과 세상의 분리—에덴동산과 추방 서사—에 선행하는 세상이다. 우리는 또 이것과 대칭적인 이미지를 와이즈먼의 생태주의적 만물회복설(*apokatastasis*) —인간이 사라지고 나면 세상은 스스로 복원된다—에서 발견했다. 이어서 우리는 모든 것이 "인간적"이 되는 미래의 전망을 훑어보았다. 이는 세상이 환경의 붕괴로 축소 혹은 완파되거나(그 결과 인간은《로드》에서처럼 자기들끼리 잡아먹는 괴물이 되거나, 〈매트릭스〉에서처럼 새로운 기계우주적 질서에 생체에너지를 공급하는, 최면에 걸린 희생자가 된다), 아니면 승리한 인류, 인간공학의 독창적 위업에 힘입어 "추상적이고 복잡하고 세계적이고 기술적인" 미래(Wlliams and Srnicek, 2013)의 도전에 맞설 수 있도록 숭고한 포스트휴먼 개체로 거듭난 인류가 세계를 흡수하고 질적으로 바꾸어놓음으로써 실현된다(앞에서 보았듯이 여기에도 또 두 가지 버전이 있다. 자본주의적 통치 또는 소비에트+사이보그). 우리는 인간/세상 대립에서 "주체" 항을 제거함으로써 만들어진, 몇 개의 역전된 이미지 역시 살펴보았다. 인간을 제외하면 기본적으로 아무것도 살아 있지 않은 세상에 대한 상상. 이런 상상은 머나먼, "화석이 된", 무생물의, 경험을 넘어선 과거라는 가설에서 볼 수 있고, 또한 존재의 진실이자 운명인 우주적 소멸(존재론적 논거로서의 죽음)의 미래를 부각하기 위해 현재를 과격하게 평가절하하는 논리에서도 볼 수 있다. 여기에 더하여 우리는 현대의 형이상학적 상황의 특징이 그 중심에 놓여 있는 모호함이라는 점을 발견했다. 다시 말해 우리는 경험적으로 선재하는 세상 대(對) 선험적, 구성적으로 선행하는 인간이라는 "상관주의적" 표상과 그러한 표상이 문명의 관점에서 초래하는 중요한 결과에 주목했다. 경험 세계를 재정의할 명백한 필요성, 그리고 무엇보다 경험적인 인간을 재정의할 필요성이 그것이다. 그러한 재정의는 선험적 부정성(negativity)으로서의 인간에 의해, 노동의 마법 같은 잠재력과 혁명의 해방적 폭력을 통해(따라서 "가속주의자 선언"의 프로메테우스적 지배와 바디우적 인간의, 스스로를 탈자연화하는, 자연혐오적인 사명을 통해) 이루어진다.

하지만 또 하나의 가능한 신화우주론적 변종이 남아 있다. 세상이 인간과의 상관관계에서 마지막이 아니라 처음에 제거되는 것이다. 한마디로 이 변종에서는 인간이 세상과의 관계에서 경험적으로 선행한다.

이런 가설은 여러 아메리카 원주민의 우주생성론에서 발견되며, 야와나와(Yawanawa)족—아마존 서부에 살며 파노어(語)를 사용하는 사람들—의 신화를 소개하는 다음과 같은 문장에 잘 요약되어 있다. "이 신화의 줄거리는 '아직 아무것도 없지만, 사람들은 이미 존재했던' 시절에 펼쳐진다"(Carid, 1999:166; Calavia, 2001에서 재인용). 아이케와라족—아마존강 유역 반대쪽 끝에 살면서 투피어를 사용하는 사람들—의 버전은 여기에 흥미로운 예외를 덧붙인다. 태초에는 아무것도 없었고 사람들과 거북이들만 있었다(Calheiros, 2014:41).

그러니까 처음에는—원래—모든 것이 인간이었다. 아니, 인간이 아닌 것이 아무것도 없었다고 하는 편이 낫겠다[2](아이케와라 신화를 믿는다면, 물론 거북이는 예외다). 적지 않은 수의 아

메리카 원주민 신화들은—그리고 덜 일반적이기는 해도 민족학
자들이 연구한 다른 지역들의 신화도—원초적인 인류의 존재를
상상한다. 조물주가 빚어내었든, 아니면 거기서부터 세상이 형성
되는, 유일한 물질 혹은 재료로 간주되든 간에 말이다. 이것은 시
간이 시작되기 이전의 시간, 우리가 "우주 이전"이라고 부르는 영
원한 시간대에 대한 내러티브다(Viveiros de Castro, 2007). 이
"태초의 인간들"은 인간의 형태를 띠었고 우리와 같은 지적 능력
을 지녔음에도 불구하고, 우리가 생각하는 의미에서의 완전한 인
간이 아니었다. 그들은 엄청난 해부학적 가소성을 지녔고, 비도
덕적인 행위(근친상간, 식인)를 애호하는 경향이 있었다. 일련의
위업들을 이룬 후에, 이 태초의 인류 중 일부는 점차, 저절로이든
아니면 다시 한 번 조물주의 개입에 의해서이든, 다양한 생물 종
으로, 지형이나 날씨의 요소들로, 그리고 현재의 우주를 구성하
는 천체들로 바뀌었다. 바뀌지 않고 원래와 같은 상태로 남았던
나머지는 역사적으로 존재했고 지금도 존재하는 인류가 되었다.[3]
　야노마미족 샤먼이자 정치 지도자인 다비 코페나와의 자
서전에는 이런 유형의 우주론에 대한 아주 상세하고 경탄스러
울 만큼 우아한 설명이 있다(Kopenawa and Albert, 2013;
Albert, 1985도 함께 참조할 것). 더 간결한 것으로는 아샤닌카
(Ashaninka)족—야노마미족과 지리적으로나 문화적으로나 멀
리 떨어진 아라와크(Arawak)족의 한 갈래로, 캄파(Campa)라
고도 불린다—의 신화를 예로 들 수 있다.

　캄파의 신화는 주로 어떻게 해서 원시의 캄파가 다양한 동식
물종을 대표하는 첫 개체들로, 천체들로, 지형의 요소들로…
하나씩 하나씩 비가역적으로 변신했는지에 대한 이야기이다.

세 상 의 148 종 말

그러므로 우주의 발전은 기본적으로 다양화의 과정이었으며, 원시 물질이었던 인류로부터, 우주의 온갖 다양한 존재들과 사물들이, 전부는 아니라 해도 많은 범주가 생겨났다. 오늘날의 캄파족은 변신을 모면한 캄파 조상들의 후손들이다(Weiss, 1972:169-70).[4]

《질투하는 도공(The Jealous Potter)》에서 레비스트로스(Lévi-Strauss, 1988:141-55)가 소환했던, 캘리포니아의 루이세뇨(Luiseño) 부족의 우주생성론을 언급해도 좋을 것 같다. 여기서 문화적인 영웅 와이어트(Wyiot)는 태초의 인간 공동체를 현재 존재하는 다양한 종들로 분화시킨다. 이 테마는 아메리카 원주민 문화 바깥에서도 발견된다. 예를 들어 파푸아뉴기니의 카룰리(Kaluli) 부족은 이렇게 말한다. "널리 알려진 이야기에 의하면, [우주가 만들어지기 전의] 아득한 옛날에는 나무도 동물도 개울도 사고야자도 음식도 없었다. 지구는 사람들로만 뒤덮여 있었다"(Schieffelin, 1976:94). 권위와 위신을 갖춘 한 사람—멜라네시아 어법으로는 빅맨(*big man*)—이 그때 다양한 집단의 사람들을 다양한 종과 여러 자연 현상으로 변형하기로 정했다. "바뀌지 않고 남겨진 자들이 인간의 조상이 되었다."

이리하여 우리는 어떻게 아메리카 원주민들의 사유에서 인간성 또는 사람다움이 세상의 씨앗이자 토양, 또는 배경으로 여겨지는지 알게 된다.[5] 호모 사피엔스는 "죽은" 물질의 바탕에서 생겨난, 이미 존재하는 유기체의 층 위에 새로운(정신적인 혹은 근대적 어법으로 "인지적인") 층을 더함으로써 존재의 대사슬(the Great Chain of Being)을 완성하려고 등장한 주인공이 아니다. 서구의 신화철학 전통에서는 동물성과 "자연"이 본질적으로 과거를 가리킨다고 여겨지는 경향이 있다. 동물들은 살아 있는 "원화석(archefossils)"이다. 짐승들이 우리보다 훨씬 오래전부터 지구를 어슬렁거렸기 때문만이 아니라(그리고 이들 고대의 짐승들이 오늘날에 있는 동물들의 확대판처럼 보이기 때문만이 아니라), "해부학적 현대인"의 기원인 원시 인류들이 과거로 거슬러 올라갈수록 점점 더 순수한 동물성에 가까워지기 때문이다.[6] 절묘한 혁신—직립보행, 유태성숙, 협동, 문장을 만들 수 있는 언어, 등등—의 도움을 받아 위대한 시계공은— 눈먼 시계공이든 모든 것을 보는 시계공이든— 우리에게 유기체 이상의 것이 될 수 있는 능력을 부여했다. "인간에게 고유한" 정신이라는, 인류의 소중한 사유재산을 부여함으로로써 (앨프리드 크로버가 사용한 의미에서의) "초유기체"가 될 수 있게 한 것이다. 한마디로 인간 예외주의(Human exceptionalism)이다. 언어, 노동, 법률, 욕망. 시간, 세계, 죽음. 문화. 역사. 미래. 동물이 과거에 속하듯이, 인간은 미래에 속한다. 동물은 우리의 과거에 속한다. 왜냐하면 동물들은, 어쩌면 우리가 그렇게 생각하고 싶어 하는 건지도 모르지만, 움직이지 않는 현재 속에서 협소한 세계 안에 갇혀 있기 때문이다.

§

여기에서 예외는 다시 한 번 허구의 작품에서 발견된다. 아서 제이콥스(Arthur Jacobs)가 제작한 〈혹성탈출〉 시리즈에서는 인간의 문명을 유인원 문명이 대체하지만, 지구의 새 지배자들은 옛 지배자들이 저질렀던 것과 똑같은 악행들과 "죄악들"을 되풀이한다. 타자들을 노예로 삼고, 욕보이고, 고문하는, 군사화된 전체주의 사회. 이제 인간은 목소리와 언어를 빼앗기고(또는 그저 침묵하고), 과학 연구에서 실험실 쥐 대신 사용되기까지 한다. 이 시리즈의 처음 두 편 〈혹성탈출: 유인원의 행성(The Planet of the Apes)〉(1968)과 〈혹성탈출: 지하 도시의 음모(Beneath the Planet fo the Apes)〉(1970)는 미래의 디스토피아(인간 입장에서 디스토피아)를 서사의 배경으로 삼는다. 〈혹성탈출: 제3의 인류(Escape from the Planet of the Apes)〉(1971), 〈혹성탈출: 노예들의 반란(Conquest of the Planet of the Apes)〉(1972), 그리고 최근의 리부트 영화 〈혹성탈출: 진화의 시작(The rise of the Planet of the Apes)〉(2011)은 결국 유인원과 인간의 역할을 역전시키게 될, 유인원들의 반란과 탈출이 어떻게 해서 일어났는지를 들려준다. 〈혹성탈출: 진화의 시작〉에서 이런 역전과 유인원들의 탈출 성공을 동시에 설명하는 돌발적인 사건은 알츠하이머 질병 연구 과정에서 유인원 주인공 시저(Caesar)에게 주입된 실험용 약물이 예상치 못하게 부작용을 일으킨 것이다. 시저는 지능이 발달하고, 결국 언어를 습득한다. 그리하여 인간의 미래가 끝날 무렵 이 동물은 유전자가 변형된 혼종 유기체가 되어 자신의 창조자에게 보복한다. 이 대목에서 필립 K. 딕의《안드로이드는 전기 양의 꿈을 꾸는가?》를 원작으로 하는 리들리 스콧의 〈블레이드 러너〉(1982)를 떠올리지 않을 수 없다. 여기서 비인간 주인공들은 동물이 아니라(이 영화 속의 디스토피아적 미래에는 인공 복제 동물을 제외하면 동물이 없다) 휴머노이드 머신이다.

하지만 이런 이야기가 다른 인간들, 즉 아메리카 원주민과 그 밖

사 람 들 로 **151** 이 루 어 진 세 상

의 비근대인 집단들에게도 해당한다는 의미는 아니다. 그들을 "타자"로 만드는 것 중 하나는 바로 그들의 "인간"에 대한 (그리고 "세상"에 대한) 개념이 우리와는 다르다는 사실이다. 우리가 아는 세상, 아니면 차라리 토착민들이 알았던 세상, 태초의 시간과 시간의 종말 사이에—민족국가(nation-state)의 "역사적 현재"와 대립시키면서 "민족지적 현재(ethnographic present)" 또는 민족들(ethnos)의 현재라고 부를 수 있는, 중간에 낀 시기에—존재하는 (또는 존재했던) "눈앞의" 세상이 어떤 아메리카 원주민의 우주론에서는 더욱 위대한 존재론적 단일성을 위해 우주 이전의 존재가 끊임없는 타자 되기(변덕스러운 변신, 해부학적인 가소성, "구조화되지 않은" 육체)를 잠시 유예하고 있는 시대로 인식된다.[7] "변신의 시대(time of transformations)—아마존 문화권에서 공통으로 사용되는 표현—가 끝나는 것은 이들 불안정한 원시의 의인화된 개체들이 그들이 장차 될 동물, 식물, 강, 산, 등등의 형태와 신체적 성향을 떠맡을 때이다. 이는 이들이 절대적인 과거에 지녔던 이름 속에 이미 드러나 있다. 예를 들어 "페커리 야노마미(Peccary Yanomami)"—"페커리"라는 이름을 지녔던 시원의 부족—는 "페커리", 즉 야노마미 부족이 사냥하여 식량으로 삼는 멧돼지가 되었다.* "온 세상"—다시 한 번 거북이나 기타 특이한 것들을 제외해야겠지만—이 사실상 이 시원의 원형적 인류에 포함된다. 그러므로 우주 이전의 상황은 아직 세상이 없는 인간, 또는 인간의 모습을 띤 세상으로 무심하게 그려진다. 이 의인화된 다중우주는 보편적인 "실체(substance)"로서의, 아니 차라리 보편적인 "행위체(actance)"

---

* 야노마미 언어로 **야노마미**는 "사람" 또는 "제대로 된 인간"이라는 뜻으로 타자 또는 적을 의미하는 나페(napë)의 반대말이다.

로서의 인간, 시원적이면서도 영속적인 이 인간에 내재한, 무한한 변신의 잠재적 가능성이 안정화되었을 때, 그러한 (결코 끝나지 않는) 안정화의 결과물인 세상으로 결국 대체되었다.[8]

여기서 우리는 코맥 매카시의 《로드》나 그와 유사한 서사에서 나타나는 식인 아포칼립스 혹은 좀비 아포칼립스의 시나리오가 다중적으로 전복되는 것을 볼 수 있다. 토착민의 신화에서 인간이 먹는 음식은 동물과 식물로 변형된 인간이다. 인간다움은 풍요로운, 다원적인 세상에서 생명 형태의 번성의 기원에 있는 능동적인 원리다. 토착적인 도식은 또한 에덴동산 신화를 전복한다. 아메리카 원주민들의 신화에서는 인간이 가장 먼저 나타나고 나머지 피조물들은 인간으로부터 나온다. 아담의 갈비뼈에서 그를 보완하는 여성만이 아니라 훨씬 더 많은 것이, 무한히 많은 나머지가, 온 세상 전체가 나오는 것과 비슷하다. 그리고 이름들이, 무한한 다양성 속에서, 우리가 보았던 대로 사물들(페커리 야노마미, 재규어의 나라, 사람 형태의 카누 등)에 앞서서-나란히 존재한다. 사물들은 자기들이 존재하는지, 자기들이 무엇인지 알기 위해 원초적인 인간 명명자를 기다리지 않았다. 모든 것이 인간이었지만, 모든 게 하나였던 것은 아니다. 인간은 여러 이름을 가진 다수였다. 그것은 처음부터 내부적인 다수성의 형태로 나타났다. 그 형태상의 발현—즉 종 분화—은 정확히 세계 창조 서사 같은 것이다. 자연(Nature)은 문화(Culture)에서 생겨났거나 그로부터 "분리되었다". 우리의 인간 중심적인 성서에서처럼 그 반대가 아니다.

그러므로 아메리카 원주민의 우주론에서 인간에 의한 세상의 포섭은 기술적 특이점 신화와는 반대 방향으로 이루어진다는 것을 알 수 있다. 그것은 미래가 아니라 과거를 참조하며, 동물이 인간을 거쳐 기계가 되는 과정의 가속화가 아니라, 인간에서 동물이 분화되는 과정의 안정화를 강조한다. 토착적인 실천(prax-is)은 민족지적 현재를 재생산할 수 있는 변형들의 잘 조절된 생산(생애주기에 따른 의례들, 죽음의 형이상학적 관리, 우주적 교섭으로서의 샤머니즘)에 역점을 두며, 그럼으로써 무질서한 변신의 퇴행적인 확산을 막는다. 의인화의 의도를 지닌 행위의 흔적들이 어디에서나 발견되는 데서 알 수 있듯이, 세계의 변형적인 잠재력은 여전히 자성(磁性)을 띠기 때문에, 통제가 요구된다. 이 잔류 자기는 위험하면서도 필수적이다. 위험은 동물, 식물, 별, 인공물 등등이 된 예전의 인간들이 현재의 겉모습 뒤에 인간의 본질을 여전히 간직한다는 데 있다. 마치 우리가 문명인의 겉모습 아래 야수가 되고 싶은 욕망을 숨기고 있는 것처럼, 하지만 정반대의 방식으로 말이다. 비인간 존재들 속에 잠복한 원초적 휴머노이드—동물의 무의식으로서의 인간성—는 일상세계라는 피륙에 뚫린 구멍들(꿈, 질병, 사냥 중에 일어난 사고)을 통해 난입하겠다고 끊임없이 위협하면서, 모든 차이가 무질서하게 소통하는, 천지창조 이전의 기본 물질 속으로 인간을 사납게 다시 빨아들이려 한다.[9] 한편, 이 잔류 자기의 필요성은 민족지적 현재의 활성화가 발생 반복 혹은 우주 이전 상태의 역유발(counter-effectuation)을 전제한다는 데서 나온다. 이 우주 이전의 상태는 모든 차이, 모든 역동성, 모든 감각의 가능성의 저수지이다. 그러므로 의인화된 다중우주는 그 근원적인 잠재성 속에서 인간의 동물화—신무(神舞)를 출 때 쓰는 동물 가면, 전사의 야수화—를 통해 실현되고 또 저지된다. 인간의 동물화는 호혜적으로 동물의 신화적 인간화이다(Viveiros de Castro, 1998). 이 같은 이중의 움직임으로부터 민족들이 끊임없이 등장한다. 민족지적 현재는 결코 정지된 "시간"이 아니다. 느린 사회들은 무한한 속도를, 역사를 넘어서는 가속을, 요컨대 생성을 알고 있다. 이 때문에 원주민이 갖는 **좋은 삶**(*buen vivir*)의 개념은 시골에서의 평온한 은거보다는 과격한 스포츠와 형이상학적으로 훨씬 가깝다.

우리가 "자연 세상" 또는는 줄여서 "세상"이라고 부를 법한 것이 아마존 유역의 민족들에게는 복잡하게 연결된 다수들의 다수성이다. 동물과 그 밖의 종들은 그만큼 다양한 종류의 "민족" 또는 즉 정치적 독립체들로 여겨진다. "인간적"(human)인 것은 [대표 단수로서의] "재규어"(the jaguar)가 아니다. 주관적인 차원을 떠맡는 것은 개별 재규어들이고, 그들의 "배후에" 사회, 즉 집단적이고 정치적인 타자성이 있다고 여겨지는 것이다(이 주관적 차원은 재규어들과의 상호작용이 일어나는 실천적 맥락에 따라 유의미할 수도 그렇지 않을 수도 있다).[10]

물론 우리 역시—여기서 '우리'는 서구인들을 가리키며, 관습에 따라 유럽 혈통의 브라질인들을 포함한다—인간은 정치적 동물이며 사회 속에서만 인간이 될 수 있다고 생각한다. 혹은 우리가 그렇게 생각한다고 생각하고 싶어 한다. 하지만 아메리카 원주민들은 하늘과 땅 사이에 우리의 철학과 인류학이 상상하는 것보다 훨씬 더 많은 사회들이 (그러므로 또한 인간들이) 존재한다고 생각한다. 우리가 "환경"이라고 부르는 것이 그들에게는 사회들의 사회, 국제무대, 코스모폴리테이아(*cosmopoliteia*)이다. 그러므로 사회와 환경 사이에는 전자는 "주체"이고 후자는 "객체"라는 식의, 지위상의 어떤 절대적 차이도 없다. 모든 객체는 또 다른 주체이며, 하나보다 더 많다. 모든 좌익 활동가가 처음에 배우는 "모든 것이 정치적"이라는 표어는 아메리카 원주민

사 람 들 로 155 이 루 어 진 세 상

들의 경우, 코펜하겐, 리우데자네이루, 마드리드의 거리에서 싸우는 가장 열정적인 투사라도 선뜻 받아들이지 못할 만큼 철저하게 있는 그대로의 의미를 띤다(여기에는 "모든 것"의 불확정성이 포함된다. 우리의 유명한 거북이들을 상기하라).

인 간 중 심 주 의 에 맞 서 는 의 인 화

ANTHROPOMORPHISM CONTRA
ANTHROPOCENTRISM

아메리카 원주민들의 "자연" 개념은, 우리가 이 용어를 비인간 존재들의 영역을 가리키기 위해 사용하는 한, 우리의 개념과 완전히 다르다. 아메리카 원주민들은 비인간들이 예전에는 인간이었고, 정상적인 조건에서는 감지되지 않는, 잠재된, 혹은 숨겨진 상태로 인간적인 면을 여전히 간직하고 있다고 믿기 때문이다. 그런데 이들의 "자연" 개념이 우리와 다르다면, 인간다움이나 "문화"의 개념도 불가피하게 그럴 것이다. 아메리카 원주민들은 한 번도 근대인이었던 적이 없었던 엄청나게 많은 소수 민족의 일부이다. 그들은 "자연"을 가져본 적이 없었고, 잃어버린 적도, 거기서 해방될 필요를 느낀 적도 없다. 그들의 인간다움과 우리의 인간다움의 차이는, 그들의 세상과 우리의 세상의 차이와 마찬가지로, 단지 동일한 자연 세상(근대 과학이 어느 정도 철저하게 설명하는 세상)을 바라보는 상이한 문화적 시각의 문제가 아니며, 동일한 자연적 종으로 간주되는 인류가 상상하는 상이한 문화적 세상의 문제도 아니라는 점에 유의해야 한다. 인간-우주론적 방정식의 좌변과 우변이 모두 동시에 수정되어야 하며, 이

세 상 의 156 종 말

는 문제를 옮겨 놓는 결과를 가져온다. 방정식의 두 변수가 서로 "상관관계"에 있기 때문이 아니라, 긍정하기 위해서든 부정하기 위해서든, 우리가 상상하는 대로의 그 상관관계 자체가, 아메리카 원주민의 용어로 번역되는 순간, 무의미해지기 때문이다.

물론 지금 우리는 이른바 "아메리카 원주민의 관점주의(perspectivism)"에 대해 이야기하는 중이다. 이 주제에 대해 충분히 많이 들은 사람들을 달아나게 할 위험을 무릅쓰고, 어쩔 수 없이 몇 마디 덧붙여야 할 것 같다. "아메리카 원주민의 관점주의"는 타냐 리마(Lima, 1996; 2005)와 비베이루스 지 카스트루(Viveiros de Castro, 1998; 2014)가 토착적인 아메리카에서 널리 공유되는 관념을 가리키기 위해 선택한 명칭이다. 이 관념에 따르면 존재하는 종(種)들은 각자 스스로를 (해부학적, 문화적으로) 인간으로 여긴다. 왜냐하면 각각의 종은 자신에게서 "영혼"을 발견하기 때문이다. 영혼이란 내적 이미지로서, 모든 존재에 공통적인, 인간이었던 조상의 그림자, 또는 메아리 같은 것이다. 영혼은 언제나 인간적 형태이며, 현존하는 존재들이 같은 종의 존재들과 상호작용할 때 자신에게서 그리고 상대방에게서 보게 되는 모습이다. 이 모습이 사실상 "같은 종"이라는 관념을 정의한다. 반면 어떤 종의 외적, 신체적 형태는 다른 종에게 보이는 모습이다(이 형태는 "옷"으로 묘사되곤 한다). 예를 들어 어떤 재규어가 다른 재규어를 볼 때 그 재규어의 눈에 비치는 것은 한 명의 인간(한 명의 원주민), 한 명의 동료 인간 시민이다. 비록 의미심장하게 재규어 민족의 독특한 장식(재규어 이빨 목걸이, 점박이 보디 페인팅…)으로 꾸며진 인간이기는 하지만 말이다. 하지만 그 재규어가 한 인간—원주민들이 인간이라고 생각하는 존재—을 볼 때 그 재규어의 눈에 비치는 것은 페커리나 원숭이

(아마존 유역의 원주민들이 선호하는 사냥감)이다. 그러므로 이 우주에 현존하는 모든 존재는 자기 자신을 인간으로 여기지만, 다른 종을 볼 때는 다르게 본다(이는 물론 우리 종에게도 적용된다). "인간다움"은 그러므로, 보편적인 조건이면서 엄격하게 화시적인* 자기참조적 관점이다. 서로 다른 종들은, 화시적인 제한 때문에, "나"라는 관점을 동시에 사용할 수 없다. 지금 여기, 두 종 간의 모든 대치 상황은 불가피하게도 한 종이 자신의 인간다움을 다른 종에게 강요하는 것으로 끝날 것이다. 즉, 한 종이 다른 종에게 그것의 고유한 인간다움을 "망각하게" 함으로써 끝날 것이다.[11]

이는 우리 인간들(아메리카 원주민이 생각하는 인간들)이 동물들을 인간으로 보지 않는다는 의미다. 그들은 우리에게 인간이 아니다. 하지만 그들이 그들 자신에게 인간이라는 점을 우리는 안다.[12] 우리는 우리가 그들에게 인간이 아니라는 점 또한 잘 알고 있다. 그들은 우리를 사냥감으로, 또는 흉포한 포식자로, 또는 강력한 적대 부족(적대 부족은 분류학적으로 "인간"이겠지만 그 인간다움은 여기서 중요하지 않다)으로, 또는 먹이 사슬에서의 우리의 상대적 위치에 따라, 인육을 먹는 영혼으로 여긴다. 어떤 원주민이 "다른 종"에 속하는 존재들—다시 한 번 강조하지만, 여기에는 우리가 "인간"이라고 부르는 다른 집단의 구성원들도 포함된다—과 소통할 때, 그 원주민은 자신이 상대하는 개체가 그것의 고유한 영역에서는 인간이라는 사실을 알고 있다. 그러므로 아메리카 원주민의 세상에서 종을 초월한 교류는 모든 것이 최대한 용의주도하게 수행되어야 하는 국제적 음모, 외교

---

*   deictic. 화자, 청자에 따라 의미가 달라지는

협상, 전쟁 행위, 즉 코스모폴리틱스다.

　다른 인간들처럼, 더 정확히 말해 다른 동물들처럼, 아메리카 원주민들도 살아가려면 다른 생명체를 먹거나 파괴해야 한다. 그들은 인간의 행위가 불가피하게 이 세상에 “생태 발자국”을 남긴다는 것을 안다. 하지만 우리와 달리 그들이 발자국을 남기는 땅은 똑같이 살아 있고, 깨어 있다. 그리고 어떤 초(超)주체—예를 들면 숲의 정령—의 열성적인 보호를 받기도 한다. 그곳에 발을 들여놓으려는 사람은 항상 매우 조심해야 한다. 관점주의의 수호성인인 라이프니츠가 즐겨 말했듯이, “모든 곳에 영혼이 있다.” 한마디로 아메리카 원주민의 코스모폴리틱스는 의인화(anthropomorphism)를 기본 원칙으로 삼는다. 우리는 의인화를 반드시 경멸적인 어조로 사용해야 하는 건 아니라고 생각하지만, “원시” 부족이나 그 밖의 “단순한” 사람들에게 인심 쓰듯 적용될 때, 이 개념은 자주 경멸을 담곤 한다. 그러나 이 실용주의적-존재론적 추측이 인류 전체에 널리 퍼져 있다는 사실—주지하다시피 근대 과학은 자신의 효력을 특정 영역 내에 제한하려고 애써야 했다—은 차치하고라도, 우리는 의인화가 아직 탐구되지 않은 개념적 가능성을 열고 있는 만큼, 온전한 철학적 시민권을 부여받아야 한다고 믿는다.

　그러므로 우리는 아메리카 원주민들이나 그와 유사한 민족들의 “애니미즘적” 세계관을 의인화 원칙을 표방하는 존재론—어쩌면 반존재론(counter-ontologies)일 수도 있는—으로 규정할 것이다. 이는 의인화 원칙을 인간중심주의 원칙과 대비시키기 위해서다. 후자는 서구 형이상학의 가장 견고한 기둥을 이루고 있다고 여겨진다(비판 철학이나 그 밖의 “상관주의적” 사조들은 말할 것도 없고, “독단적”이거나 “사변적”인 변종들에서도 그렇다).[13] 이런 의미에서 의인화는 완벽하고도 아이러니하게 (변증법적으로?) 역전된 인간중심주의다. 모든 것이 인간이라고 말하는 것은 인간이 특별한 종이 아니라고, 즉 이 우주에서 물질의 단조로운 궤도에 비극적이고도 화려하게 끼어들게 된 예외적인 사건이 아니라고 말하는 셈이다. 이와 반대로 인간중심주의는 인간을 [영적인] 변모가 덧붙여진 동물 종으로 만든다. 인간은, 마치 초자연적인 화살에 의해 자연의 한가운데—중앙이자 중심에—그들의 자리를 표시하는 낙인, 구멍, 혹은 특권적 결핍{행복한 타락(*felix culpa*)}이 새겨지기라도 하듯이, 초월성에 의해 관통된 존재다. 그리고 서양철학이 참회하는 자세로 자기비판을 수행하며 인간중심주의를 공격하려 애쓸 때, 그것이 인간 예외주의를 부인하는 방식은 우리가 근본적인 수준에서 나머지 모두와 마찬가지로 동물, 생명체, 혹은 물질 체계임을 확인하는 것으로 이루어진다. "유물론적" 환원, 혹은 제거는 인간을 이미 존재하는 세상과 같은 수준으로 끌어내릴 때 선호되는 방법이다. 대조적으로, 의인화의 원칙은 동물들과 다른 존재들이 우리와 똑같이 ("우리와 얼마간 비슷하게"라고 하는 편이 더 정확하겠지만) 인간이라고 말한다. "범심론적(pan-psychic)" 일반화 또는 확장은, 세계를 선조적인 범인간적 상태로 끌어올리기 위한 기본 방법이다.

동물들이 엄밀히 말해서 우리에게는 대자적 인간(humans-for-themselves)이라는 주장은 반론의 여지가 있다. 그 사실을 알고 그에 따라 행동하는 것은 "우리"(아메리카 원주민)이기 때문이다. 분명히 그렇다. 하지만 우리는 동물들의 존재에 대한 모든 것은 고사하고, 동물들이 알고 있는 모든 것도 알지 못한다.[14] 그렇다고 해서 이 세상의 숨겨진 심층 어딘가에 즉자적 인간(a Human-in-itself) 또는 즉자적 동물이 있다는 뜻은 아니다. 아메리카 원주민의 형이상학에서는(여기서 우리가 제시하는 것은 보편주의적 가설이 아니라 민족지적 명제다) "세상 그 자체"와 관점들의 중심—또는 모나드라는 말이 선호될 수도 있겠다—으로 이해되는 현존하는 존재들의 무한한 연쇄들 사이에 아무런 차이가 없다. 모든 대상은, 혹은 우주의 모든 측면은 각각 혼종적인 독립체다. 자신에 대해서는 인간이면서 동시에 타자에 대해서는 비인간, 더 정확하게는 타자에 의해서는 비인간이다. 이런 의미에서, 모든 현존하는 존재는, 그리고 현존하는 존재들의 개방된 집합체로서의 이 세계는, 자신의 외부에 있는 존재(*be-ing-outside-of-itself*)다. 타자로서의 자신의 존재에 의존하지 않는 그 자체로서의 존재, 존재로서의 존재는 존재하지 않는다. 모든 존재는 의한-존재(being-by), 대한-존재(being-for), 존재-관계(being-relation)이다(Latour, 2013d).[15] 외부성은 어디에나 있다. 거대한 바깥은, 자선(慈善)이 그런 것처럼, 자신이 사는 곳에서부터 시작한다.

그러므로 아메리카 원주민 철학자는, 브라시에의 공식(그리고 강조점)을 뒤집으면서, 이렇게 결론짓는다. "모든 것은 언제나 이미 살아 있다."[16] 이 말은 죽음이 삶, 특히 인생의 근본 주제이자 동력이 되는 것을 막지 않는다(그 반대에 훨씬 가깝다).[17] 그리고 이런 관점에서 원주민들은 흥미롭게도 사변적 허무주의에 동조하고, 상관관계의 자기도취적 순환에서 벗어날 필요성에도 동조한다.

백인들은 우리가 그들과 다르다는 이유로 우리를 무지한 사람 취급한다. 하지만 그들의 생각은 짧고 모호하다. 그것은 멀리 나아가거나 높이 올라가지 못한다. 왜냐하면 백인들은 죽음을 무시하고 싶어 하기 때문이다. (…) 백인들은 우리처럼 멀리 꿈꾸지 못한다. 그들은 잠을 많이 자지만, 자기들에 대해서만 꿈꾼다(Kopenawa and Albert, 2013:411-2. 강조는 저자).

코페나와는 죽음을 무시하려는 이런 헛된 바람을 소유관계와 상품형태에 대한 백인들의 집착과 관련짓는다. 그들은 상품과 "사랑에 빠져" 있고, 그들의 생각은 상품 안에 "갇혀" 있다: "그리하여 그들은 자기 차, 자기 집, 자기 돈, 다른 모든 자기 물건들…에 대해 꿈꾼다"(Kopenawa and Albert, 2013:437-9. 강조는 저자). 야노마미가 낭비와 비상업적인 교환에 가장 높은 가치를 두었을 뿐만 아니라, 죽은 사람의 재산을 모두 파괴했다는 사실을 되새겨 보자.[18]

　"백인들은 잠을 많이 자지만, 자기들에 대해서만 꿈꾼다." 이는 아마 "백인들"—라투르가 "근대인들" 좀 더 삐딱하게 "인간들"이라고 부른 존재들—의 인류학적 특징에 대한 가장 잔인한 판단일 것이다. 꿈에 대한 백인들의 인식론적 평가절하는 그러므로 그들의 자기 자신에 대한 유아론적인(solipsistic) 매혹—비인간 존재들의 숨겨진 인간성을 알아차리지 못하는 무능력—, 그리고 어리석고도 치유 불가능한 "물신 숭배적" 탐욕과 관련되어 있다. 요컨대 백인들은 아무 의미도 없는 것을 꿈꾼다.[19]

　코페나와의 진단 속에 정신분석학적인 관점에서 매우 적절한 무언가가 있다는 것—그가 행한 백인들의 꿈의 해석(*Traumdeutung*)은 많은 프로이트-마르크스주의 사상가들을 부끄럽게 할 것이다—, 그리고 다른 한편으로 이 진단이 우리와 똑같은 방법을 써서 우리에게 반격하고 있다는 것은 흥미롭다. 따지고 보면, 자아를 자기도취적으로 이 세계에 투영한다는 비난은 근대인들이 "애니미즘"에 빠진 민족들의 인류학적 특징을 정의할 때 늘 써먹었던 것이다. 알다시피 프로이트 자신이 이 명제의 가장 유명한 옹호자였다.[20] 하지만 "애니미스트"들의 주장에 따르면, 우리 근대인들이야말로, 외부성과 진실의 공간에 들어섰을 때—즉 꿈을 꿀 때— 우주 전체에 번성하는, 지적으로 이해 가능하면서도 우리와 완전히 다른, 무한히 많은 행위 주체들과 소통하는 불안한 낯설음에 마음을 열지 못하고, 오직 우리 자신의 시뮬라크르와 강박적인 이미지들만을 본다. 야노마미족은 우리에게 국가에 저항하는 꿈의 정치학을 선사한다. 그 꿈은 국가에 저항하는 사회에서 우리가 꾸는 "꿈"이 아니라, 국가에 저항하는 사회가 꾸는 꿈이다.

원 주 민 들 이　생 각 하 는　세 상 의　종 말

야노마미족의 "숲-세상"[21]을 서서히 질식시키는 문명의 현기증 나는 생태적 자살을 고발하면서 샤먼은 이렇게 예언했다. "백인들은 하늘이 무너져서 그 밑에 깔리는 것을 우리만큼 두려워하지 않는다. 하지만 어느 날인가는 그들도 두려워하게 될 것이다. 아마도 우리가 두려워하는 만큼!"(Kopenawa and Albert, 2013:540) 그 "어느 날"이 분명히 밝아오고 있다. 근대인의 인류학에 대한 소고(Latour, 2013d:454-5) 중 유별나게 "원시주의적인" 구절에서, 라투르는 "경제의 모든 부문에서 생태 위기가 억지로 한군데 몰아넣은 비인간들의 다양성"이 다시 한 번, 난감하게도, 수단과 목적의 관계에 대한, "경제적인" 동시에 "윤리적인" 질문을 제기한다고 말한다. 그리고 짜잔, 우리 안에서 "고대의 우주론과 걱정거리들로의 점진적인 회귀가 나타나기 시작한다. 그것들이 아무 근거 없는 게 아니라는 점을 갑작스럽게 의식

사 람 들 로　163　이 루 어 진　세 상

하게 되었기 때문이다"라고 라투르는 결론짓는다.[22]

코페나와의 증언에서 놀랄 만큼 웅변적으로 표현되었던, 하늘이 무너질 거라는 예언은 아메리카 원주민들의 다양한 종말론에서 되풀이되는 주제다. 이 우주적인 붕괴는 층층이 쌓인 여러 개의 "하늘"과 "땅"을 포함하는 우주 구조와 때때로 연관되며, 주기적인 현상으로서, 인류와 이 세상의 파괴와 재창조로 이루어지는 거대한 순환의 한 부분이다. [붕괴를 통한] 이러한 층서의 재배열은 흔히 우주가 나이를 먹고 죽은 자들의 무게가 증가한 탓으로 여겨진다(시신이 땅속에서 더 무거워졌든, 아니면 영혼이 하늘에서 더 무거워졌든). 이는 야노마미 우주론에서처럼, 하늘을 이루는 층들이 폭포처럼 쏟아져 내리는 결과를 가져오고, 그리하여 하늘은 이전에는 땅이 있던 자리를 차지하게 되며, 땅을 이루었던 층들은 땅속 세상이 된다. 그러면 지상의 거주자들(현재를 살아가는 우리)은 아래쪽 세상의 식인 괴물이 되고, 하늘에 있던 죽은 자들의 영혼은 새로운 지상층에서 새로운 인류가 된다. 다른 종말론에서는, 세상의 멸망이 아주 고전적이지만 (현재의 기후 위기로 판단해 보건대) 여전히 유효한 원인에 기인한다: 전 세계적인 대홍수(폭우) 또는 대화재(불). 브라질 남부와 파라나-파라과이 분지에 사는 과라니(Guarani)족의 경우, 연속되는 지상의 세상들과 그 각각에 속한 인간들은 신들에 의해, 불 또는 물에 의해, 또는 지상층을 지탱하는 구조가 철거됨에 따라, 창조되었다가 멸망되었다가 했다(할 것이다).[23] 니무엔다주(Nimuendaju, 1987)의 설명으로 잘 알려진, 과라니-냥데바족의 종말론에 따르면, 임박한 다음번 멸망에서는 거대한 푸른 재규어가 하늘에서 내려와서 인류를 잡아먹을 것이고, 땅을 떠받치는 기둥들이 무너져 내리면서 만물이 영원한 심연으로 가라앉을 것이다.[24]

세상의 종말에 관한 토착적 신화들의 공통점은 사람들이 없는 세상, 어떤 종류의 인류(우리와 얼마나 다르건)도 없는 세상을 상상하지 못한다는 것이다. 사실 각각의 우주 시대에 속한 인류들은 서로 다른 종에 속해 있는 것처럼 서로에게 완전히 낯설다. 세상의 멸망은 인류의 멸망이고 인류의 멸망은 세상의 멸망이다. 세상의 재창조는 어떤 형태의 생명을 재창조하는 것이고, 따라서 경험과 관점을 재창조하는 것이다. 그리고 우리가 보았듯이 모든 생명체의 형태는 "인간"이다. 마찬가지로 세상의 최종적이고 결정적인 멸망이라는 관념은, 이들 우주론에서는, 설령 있다고 하더라도 드물다. 인류는 이 세상과 한 덩어리이거나, 이 세상과 객관적으로 "상관-관계적"이며, 이 세상으로서 관계되어 있다. 사유와 존재, 인식론과 존재론 사이에는 "상관관계"가 없지만, 상관관계가 있는 다중우주의 구성에서 존재와 경험 사이에는 진정한 내재성이 있다.

인간들로부터(즉 원주민들로부터) 존재론적으로 파생된 이 세상이 백인들과 그들의 물질문명을 포함한다는 점을 지적해야겠다. 백인들은 일반적으로, 태초에 공격적이고 탐욕적인 행동 때문에, 조물주에 의해 세상의 중심에서 쫓겨났던 한 무리의 사람들의 후손으로, 수백 년 후에 예기치 않게 되돌아왔다고 여겨진다.[25] 이들이 아메리카에 도착한 것은 원주민들에게 커다란 형이상학적 당혹감의 원천이었고, 지금도 계속 그렇다. 이 당혹감은 (5백 년간의 배신과 학살 이후에) 커다란 분노와 불안에 자리를 내주었고, 실용적-사변적 차원에서 다양한 반역사적(counter-historical) 조합으로 발전하고 있다: 예언, 자치론자들의 내란, 파국을 통한 우주의 갱신{예를 들어 케추아족의 파차쿠티(*pachakuti*)}에 대한 희망, 토착 샤머니즘을 생태 정치학적 용어로 전략적으로 재공식화하기 등등. 이 모든 경우에서 관건은 민족지적 현재를 긍정하고 그것을 보호하거나 회복하는 일이며, "성장", "진보", "진화"시키는 것이 아니다. 안데스 산지 사람들이 천명하는, 이제는 전 세계적으로 알려진 좌우명처럼: "*vivir bien, no mejor*(잘 살자, 더 잘 살지는 말자)."

앞에서도 말했지만, 아메리카 원주민의 신화들에서 주기적 종말은 정해진 규칙이다. 하지만 현재 진행 중인 기후 변화에 관한 엄청난 양의 정보가 사방에서 밀려와 이 신화들과 뒤섞이면서 원주민들은 걱정에 휩싸였다. 그들은 계절의 리듬과 물의 순환이 어긋나는 것을, 그리하여 그들의 전통적인 삶의 터전을 특징짓는 생물기호학적 상호작용이 교란되는 것을 직접 관찰하고 경험했기 때문이다.[26] 게다가 통합된 세계 자본주의(Integrated World Capitalism)의 노예인 민족 국가들이 성장 가속화 프로그램을 밀어붙임에 따라, 환경의 난폭한 파괴가 더욱 증가하며 일반화되고 있다. 이미 오래전부터 침투해 있던, 근본주의적 복음주의 선교 종파가 원주민들에게 퍼뜨린 대재앙 종말론이 최근 들어 더 기승을 부리는 건 말할 것도 없다. 토착적인 아메리카에서 이런 상황들이 어느 때보다 더 분명해지면서, 민족지적 현재를 재생산하는 것이 불가능하다는 괴로움에는 철저하게 비관적인 절박감이 더해졌다.

야노마미족은, [와장피(Wajãpi)족을 비롯한] 인접 민족들과 마찬가지로, 지상층의 약화와 쇠퇴를 그들의 영토에서 벌어진 (금과 주석의) 채굴과 연관 짓는다. 채굴 활동은 또한 병원균을 분출시켜서 전염병을 퍼뜨리고 많은 생물의 멸종을 초래했다고 여겨진다(Albert, 1988; 1993; Kopenawa and Albert, 2013; Gallois, 1987). 백인들(쉴 새 없이 땅을 파헤치고 뒤엎기 때문에, "덩치 큰 아르마딜로" 또는 "괴물 페커리"라는 별명이 붙었다)이 우주의 균형을 유지하는 정령들과 샤먼의 행위 능력에 대해 무지했기 때문에, 지구 곳곳에서 가뭄이나 홍수의 형태로 초자연적인 복수가 시작되었다. 머지않아, 마지막 야노마미 샤먼의 죽음과 함께, 사악한 영이 우주를 장악할 것이며, 하늘이 갈라지고, 우리는 모두 절멸할 것이다. 코페나와는 그래도 오랜 시간이 흐르고 나면 또 다른 인류가 나타날 거라고, 하지만 현재의 "지구를 먹는 백인들"은 원주민들과 함께 사라질 거라고 말한다(Kopenawa and Albert, 2013:540).

한편, 음비아-과라니(Mbya-Guarani)족은 최근에, 대재난 이후 세상과 인류가 다시 만들어질 때 이전과 달리 백인들은 포함되지 않을 거라는 새로운 종말론을 펼쳤다(Pierri, 2013; 2014b). 지금의 지구는 첫 번째 종말을 맞았을 때 그랬던 것처럼 파괴되지 않을 것이다. 단지 봄맞이 대청소를 겪을 뿐이다. 음비아의 최고 신인 난데루는 지반의 토대인 불멸의 암석층에서 그것을 두껍게 덮고 있는 흙을 긁어내어 바다에 던질 것이다. 이는 백인들이 남긴 모든 쓰레기, 독, 악을 씻어낼 것이다. 한 차례의 청소로 인류 전체가 사라질 것이다. 하지만 음비아족은 다시 한 번 깨끗해진 세상에서 살아가도록, 난데루에 의해 재창조될 것이다. 백인들로 말하자면, 그들은 영원히 사라질 것이며, 이번에는 이 저주받은 종에서 한 사람도 남지 않게 되어 다시는 새로 시작하지 못할 것이다.[27] 브라질 남동 해안의 어떤 과라니족이 기록한 예언 중에는 그들의 영토에 지어진 핵발전소에서 발생할 사고에 관한 것이 있다. 한 샤먼이 두 번째 인류의 도래를 예언하기 위해 첫 번째 인류가 어떻게 멸망했는지 상기시켰다. "첫 번째 세상은 물로 멸망했다. 이번에는 불로 죽는다고 적혀 있다.

(...) 백인들은 연구해왔고, 기록할 줄 안다. 그들은 이 세상이 불로 멸망하리라는 것을 이미 알고 있었다. 그래서 그들은 이렇게 말했다. '즉시 우리에게 핵발전소를 짓게 해주시오. 그러면 모든 게 불타버릴 수 있을 것이오.'"[28]

현실은 이러하다: 이 세상이 영원히 계속되는 것을 결코 상상할 수 없는 아메리카 원주민들에게 현 세계의 멸망은 점점 더 임박한 무언가로 보인다. 이들은 그들의 민족지적 현재가 사실상 영원할 수 있다고 믿지 않고, 부단한 자기 변화를 통해 그것을 더 영광스러운 미래로 바꿀 수 있다고는 더더욱 생각하지 않는다. 이들에게 멸망은 실로 이미 시작된 무언가이다. 오이아라 보니야(Oiara Bonilla)는 개인적인 대화에서 우리에게 2013년 11월 마토 그로수 두 술(Mato Grosso do Sul) 지역 출신의 과라니-카이오와(Guarani-Kaiowa)족 치료사와 나눈 이야기를 들려주었다. 브라질 중서부에 있는, 대략 폴란드와 비슷한 크기의 이 지역은 산업적 농업 자본주의로 인해, 구체적으로 콩과 사탕수수의 단일 재배로 인해, 문자 그대로 황폐해졌다. 그 치료사는 보니야에게 여러 가지 징후가 이미 세상의 종말을 알리기 시작했다고 주장했다. 지난 몇 달간 자기 마을을 벌주었던 거센 폭풍은 차치하고라도, 어린 수탉들이 체계적으로 엉뚱한 시간에 울기 시작했고, 게다가—이게 가장 나쁜 징조인데— 병아리들이 "꼭 사람처럼" 대화하는 것을 우연히 들었다는 것이다. 우리는 세상이 끝날 때 동물들이 신화적 시대에 그랬던 것처럼 다시 한 번 인간이 되리라는 것을 알고 있다. 개, 병아리, 야생동물들이 모두 다시 한 번 우리의 언어를 사용할 것이다—새로운 내재성의 평면이 그려지고, 즉 새로운 "혼돈의 부문"이 선택되고 (Deleuze and Guattari, 1994:42), 새로운 세상이 나타날 수 있

을 때까지. 아니, 정확히 말해, 나타날 수 없을 때까지.

다음과 같은 말로 6장을 마무리하고 싶다. [아메리카 원주민들에게] 모든 종류의 인간 또는 생명의 최종적인 소멸을 함축하도록 세상의 종말을 상상하는 일이 불가능한 이유는—즉 세상이라는 관념을 생명의 관념과 분리하고, 생명을 행위 능력, 관점, 또는 경험과 분리하는 것이 불가능한 이유는— 존재하고 있는 모든 것이 원래는 인간의 형태였다는 근본적인 생각을 단순히 미래로 옮겨 놓기 때문이다. 이 세상이 생기기 전에는 어떤 인간다움이 있었을 것이다. 하지만 인간다움이 사라진 세상, 즉 관계와 타자성이 결여된 세상은 있을 수 없다.

하지만 이게 전부는 아니다. 우리는 아메리카 원주민들이 세상의 종말에 관해 우리에게 가르쳐줄 것이 더 많다는 걸 보게 된다.

1 타르드는 정말 중국인에게 집착하는 것 같다. 그리고 그들을 순전히 지각 가능한 대상으로 상상하는 기이한 성향이 있다. 앞에서 우리는 그가 중국인을 노란색의 예로 사용하는 것을 보았다["하늘은 이제 파랗지 않고, 중국인은 더 이상 노랗지 않다"]. 마찬가지로 우리는 《단자론과 사회학(Monadology and Sociology)》에 나오는, 중국인의 평균 키에 대한 당혹스러운 문단을 떠올릴 수 있다.

2 아메리카 원주민 언어에는 거의 모두(최소한 남아메리카 저지대에서는), "인간", "민족", "사람" 중 어느 것으로도 번역될 수 있는 단어가 있다. 그 단어는 구문론적으로나 화용론적으로 명사보다는 오히려 빈번하게 대명사("우리") 역할을 한다.

3 도덕 영역에서의 약간의 개선 덕분에, 예컨대 문자 그대로의 식인은 객관적으로 불필요해졌다(몇몇 경우에, 주관적으로 즉 사회적으로 요청되는 일로 남아 있었다고 해도). 우주 질서의 시대(cosmological era)가 도래함으로써, 인간에게 영양을 공급하기에 적합한 동물들과 식물들이 나타나게 되었기 때문이다.

4 "전부는 아니라 해도 많은 범주가"—이것을 천지창조 이전의 범인간적 상태를 묘사하면서 거북이를 예외로 두는 아이케와라와 비교해 보자. 이런 예외들은 아메리카 원주민들의 신화우주론에서 핵심적인 차원을 부각하기 때문에 중요하다: "전혀", "모두", 혹은 "전부" 같은 표현들은 양을 나타내는 말이라기보다는 성질을 나타내는 수식어구의 기능을 갖는다. 우리가 여기에서 이 부분을 더 깊이 파고들 수는 없지만, 이는 "우주"와 "실재"에 대한 토착적 관념의 적절한 이해와 관련하여 분명한 시사점을 담고 있다. 모든 것은, 유일한 전체를 포함하여, 불완전하게만 전체가 될 수 있다. 예외, 잔여, 공백은 (거의 언제나) 규칙이다.

5 아메리카 원주민의 우주론은 하나가 아니기 때문에(어쩌다 있는 예외들을 거론하지 않더라도), 이런 문장은 미묘한 차이들의 구별을 요구한다. 토착 아메리카에서의 원초적인, 혹은 기초적인 인간에 대한 이 신화철학소(mythophilosopheme)의 이해와 확장은 여전히 논쟁의 대상이다. 그리고, 우리가 여기서 더 파고들지는 않겠지만, 이 논쟁은 "애니미즘"과 "관점주의"의 개념과 관련된, 또 다른 논쟁과 엮여 있다.

6 다시 한 번 안더스(Anders, 2007: 75)를 참조할 것: "우리가 거기서 유래한 전인간(pre-humanity)의 영역은 **완전한 동물성(total animality)**의 영역이다."

7   "민족지적 현재(ethnographic present)"는 연구대상이 영원한 현재 속에 머문다고 가정하는(이 현재는 현지 조사가 수행되는 시점과 대략 일치한다) 인류학의 고전적 서술 스타일을 가리키는 단어다. 크리스틴 하스트럽(Hastrup, 1990)처럼 이 개념을 옹호하는 사람도 있지만, 요즘은 거의 언제나 비판적인 의도로 사용된다. 인류학자는 그의 관찰을 가능하게 만든 바로 그 역사적 변화("식민주의")를 모른척한다, 등등. 하지만 우리는 이 표현을 이중적인 반대를 위해서, 즉 역사성과 관련하여 "국가에 대항하는 사회"의 태도를 가리키기 위해 사용하려고 한다. **민족지적 현재**는 그러므로 레비스트로스의 "차가운 사회들"의 시간이다. 또는 "가속주의에 반대하는 사회들"의 시간, "슬로 소사이어티"("슬로 푸드"나 "슬로 사이언스"라고 할 때의 "슬로")의 시간이다(Stengers, 2013b). 그런 사회들의 관점에서는 인간의 실존에 필요한 모든 세계정치적 변화가 **이미 일어났으며**, 민족들의 과제는 이 "언제나 이미"를 지키고 재생산하는 것이다.

8   아마존의 형이상학자라면 이를 "인간의 선조성" 논쟁 또는 "인류 화석의 증거"라고 부를지도 모른다.

9   우리가 "혼"이라는 변칙적인 카테고리로 분류하는, 원주민의 세계관(우주론) 속의 이 존재들은 일반적으로 이 시원적인 사람의 존재론적 가변성을 보존하는 경향이 있으며, 그런 이유로 인간과 동물, 식물 등등의 형태를 오가는 특징을 갖는다.

10   데스콜라(Descola, 2013)와 살린스(Sahlins, 2014)에게는 미안한 말이지만, 이 점에서 "애니미즘"과 "토테미즘"의 차이는 그리 명확하지 않으며, 별로 유의미하지 않을 수도 있다.

11   어떤 (자기참조적 의미에서의) 인간이 다른 종에 속하는 존재를 인간으로 보기 시작한다면, 이는 전자가 주체의 지위를 포기하고 (주체-포식자가 된) 후자의 잠재적 먹이로 바뀌는 중이라는 뜻이다.

12   **동물들**이 **우리**가 그것[그들이 그들 자신에게는 인간이라는 것]을 안다는 것을 아는지 어떤지를 아는 문제는 인류학자들 사이에서 논쟁의 대상이며, 다양한 원주민 집단들 사이에서 가능한 문화적 변이의 대상이다.

13   하지만 메이야수(Meillassoux, 2012)가 "주관성주의적 (subjectalist)"이라고 부르는 철학 중 어떤 것들은 그렇지 않다는 점을 지적해야겠다.

14   "콰키우틀(Kwakiutl)족은 인간적인 실체(substance)를 모든 생명체의 표준으로 여긴다. 인간 기반의 공통된 실체를 상정하면서도, 그들은 동물의 세계를 가짜 캐릭터들의 디즈니랜드로 만들지 않는다. 그들은 동물도 말을 하고, 교환에 대해 관심이 있으며, [콰키우틀족처럼] 겨울 축제(Winter Ceremonials)를 한다고 믿는다. 하지만 또 동물은 그들과 다르고 비밀스러운 삶을 산다고 생각한다"(Goldman, 1975:208).

사람들로 **171** 이루어진 세상

15 알렉상드르 노다리가 우리에게 일깨워 주듯이, 라투르의 "타자로서의 존재(being-qua-other)"는, 오스왈드 지 안드라지의 식인주의적 아포리즘, "나는 내 것이 아닌 것에만 관심이 있다"의 형이상학적 표현과 비슷한 것이다. "핀도라마의 여가장제(女家長制)"에 대한 안드라지의 성찰, 편재하는 타자성에 대한 아메리카 원주민들의 생각, 그리고 라투르 자신의 프로젝트를 포함한, 현대의 어떤 철학적이고 인류학적인 발전들을 서로 연결할 수 있게 해주는 차이의 존재론에 대해서는 논의할 게 훨씬 많을 것이다.

16 옌센(Jensen, 2013)을 참조할 것.

17 신화가 묘사하는 절대적 "과거"에서 온 존재들—영혼들, 동물의 왕들, 신들, 그리고 그 밖에 이 세계의 표상적인 기판(intentional substrate)을 구성하는, 대개는 눈에 안 보이는 존재들—은 불멸이며(Pierri, 2014a), 따라서 시간적인 의미에서뿐만 아니라 공간적인 의미에서도 어디에나 **존재한다**.

18 죽음은, **이유(reason)**라는 의미에서, 야노마미족의 "상징 교환 경제"(Baudrillard, 1976)의 토대이다. 이 주장은 코페나와의 담론에 담긴 "자연의 정치경제학에 대한 샤먼의 비판"을 다룬 브루스 앨버트의 중요한 논문(Albert, 1993)에 자세히 전개되어 있다. 코페나와는 백인들의 상품에 대한 페티시즘을 조롱할 뿐 아니라, 그것이 카니발리즘과 맺는 본질적인 관계를 지적한다.

19 야노마미뿐 아니라 다른 많은 아메리카 원주민들에게도, 꿈, 특히 환각제로 유도된 샤먼의 꿈은 이 세계의 보이지 않는 토대에 대한 지식으로 나아가는 지름길이다. 비베이루스 지 카스트루(Viveiros de Castro, 2007) 참조.

20 마르크스가 식민주의자들의 상상에서 "페티시즘"이라는 용어를 빌려왔고, 그러면서, 아마도 의도치 않게, 서양의 형이상학 속에서 경제와 신학이 맺고 있는 깊은 관계에 대한 풍부한 분석의 광맥을 (다시) 드러낸 것과 비슷하다.

21 "그들[백인들]이 '자연'이라 부르는 것이 우리의 아주 오래된 언어에서는 **우리히 아(urihi a)**, 즉 삼림지이다." (Kopenawa and Albert, 2013:514) 이를 어슐러 르 귄의 멋진 책《세상을 가리키는 말은 숲 (The Word for World is Forest)》과 비교해 보라. "그는 또한 앨쉬인들이 자기들의 땅과 장소들에 붙인 이름들, 낭랑한 2음절 단어들을 좋아하게 되었다: 솔놀(Sornol), 툰랫(Tunrat), 이쉬렛(Eshreth), 이제는 센트럴빌(Centralville)이 된 이셴(Eshsen), 엔톹(Endtot), 압탄(Abtan), 그리고 무엇보다도 앨쉬(Athshe). 앨쉬는 숲을 뜻하며, 세계를 뜻하기도 한다. 지구(earth), 테라(terra), 텔루스(tellus)가 땅과 행성을 모두 뜻하는 단어이며, 두 의미는 하나인 것처럼. 하지만 앨쉬인들에게 흙, 땅, 지구는 망자들이 돌아오는 곳이나 산 자들이 애착을 갖는 곳이 아니었다. 그들에게 세계의 기본 물질은 땅이 아니라 숲이었다. 테란 사람은

진흙이었고 붉은 먼지였다. 앨쉬 사람은
나뭇가지였고 뿌리였다."

22 여기서 우리는 비근대 민족들의 이런
"예언"의 근거를 고찰하려는 게 아니다.
이 예언은 서서히 교훈적인 알레고리의
영역을 떠나, 생태학적으로 충격적인,
글자 그대로의 의미를 갖게 되었다.
하지만 그 근거 중 하나는 분명히 "야생의
사고"가 수천 년의 사색을 통해 획득한,
경험적으로 커다란 일반성을 지닌
상수(常數)들에 대한 이해이다. 19세기에
우리는 이 상수들을 "열역학적"이라고
부르도록 배웠다. 서구 역사 전체에 걸쳐
연속적인 위기를 통해 일어난 경제적
변동의 뿌리에는 이 상수들에 대한
"망각"이 놓여 있다(여기서 "경제"는
회계에서 신학까지 포함하는 아주 넓은
의미로 이해되어야 한다). 물론 우리는
인간의 신화 생산적 상상력의 어떤
경향, 즉 시간이나 공간을 순환하거나
재조합되는 것처럼 상상하는 경향을
버리지 말아야 한다.

23 첫 번째 지구의 인간 중 일부는,
그들의 반사회적 행동(나중에 동물이
되었을 때의 **하비투스**를 예고하는)
때문에, 현재의 지구에서 동물로
변모되었다(하지만 천상에 거주하는
그들의 불멸의 이미지는 인간 모습을
그대로 간직한다). 반면에 다른 이들은
어느 정도의 "성숙함" 또는 "완성"을
달성함으로써 천상의 신들과 같아졌다.
과라니족의 종말론, 그중에서도 특히
음비아족의 종말론에 대한 상세한
논의로는 피에리(Pierri, 2013;
2014b)를 참조할 것.

24 남아메리카 원주민의 우주 기원론과
종말론에 대한, 오래되었지만 유용한
개관으로는 설리번(Sullivan, 1988)을
참조할 것.

25 이 신화들은 어김없이 이런 복귀를
"늘 예언해 왔다"(Lévi-Strauss, 1996).
신화의 다른 판본들에서는 원주민들
자신의 판단 착오 때문에 백인들이
떠나버렸다. 원주민들은 어리석게도
백인들에게 도구들을 주어서 떠나게
하거나, 그들이 도구들을 갖고 떠나도록
내버려 두었다. 그리고 그 도구들은
미래에 백인들이 가진 기술의 원천이
되었다.

26 Mesquita(2013), Hammer(2014),
Macedo(n.d.).

27 이는 과라니의 창조 신화에 나오는
어떤 에피소드를 연상시킨다. 신화
속의 쌍둥이는 지구를 지배했던 식인
재규어들 전부를 (물에 빠뜨려서)
몰살시킨다. 하지만 임신한 암컷 재규어
한 마리에게 탈출을 허락하는데, 이
재규어가 현재 존재하는 재규어들의
조상이다. 다행히 재규어들은 처음에
창조되었을 때보다는 그 숫자가
줄어든다.

28 피에리(Pierri, 2013)가 인용한
리타이프(Litaiff, 1996:116)의 연구를
참조할 것.

7
인간과 지구생활자는
가이아 전쟁 중

하는 척하기를 그만두고 나면
그대들은 무엇을 할 텐가?

도갈드 하인(Dougald Hine),
〈다크 마운틴 프로젝트(The Dark Mountain Project)〉

이 책의 초반에 이야기한 것처럼, 우리의 신화 인류학에서 두 행위자인 "인류"와 "세상"이 (종과 행성, 사회와 환경, 주체와 객체, 사유와 존재 등등이) "인류세"와 "가이아"라는 논쟁적인 명칭들과 관련된, 사악한 우주적 혹은 시공간적 접속으로 들어갔다는 느낌이—결코 만장일치도 아니고, 일관되지도 않은 확신(Latour, 2013b)이지만— 현대 문화 안에서 점점 더 커지고 있다. "인류세"는 환경이 사회보다 빠르게 변화하면서 인간 역사의 척도와 생물학적, 지구물리학적 척도 간의 규모의 차이가 역전까지는 아니더라도 극적으로 줄어든다는 의미에서, 새로운 "시간" 또는 새로운 시대—시간성의 새로운 개념과 새로운 경험—을 가리킨다. 인류세에는 가까운 미래를 예견하기 어려울 뿐 아니라, 가까운 미래 자체가 점차 불가능해진다. 한편 "가이아"는 "공간"을 경험하는 새로운 방식을 가리킨다. 이 개념은 우리가 사는 세상, 즉 지구가 갑자기 작고 취약하고 민감하면서도 동시에 완강해져서, 아득한 과거의 무정하고 예측 불가능하고 불가해한 신들을 연상시키는, 위협적인 권력의 모습을 띠게 되었다는 사실에 주의를 집중시킨다. 예측 불가능성, 불가해함, 희망이 전혀 없지는 않다고 해도 통제력 상실에 직면하여 느끼는 공포감. 이것은 근대성의 오만한 지적 확신에 대한 틀림없이 새로운 도전이다.

세 명의 저자들이 우리의 분석에 길잡이가 되었다. 이들이 현재 진행되는 변화들의 크기와 심각성을 인식하고 있기 때문이기도 하고, 인류세와 가이아가 갑작스럽게 무대에 등장하면서 유발된, 인간과 세상이라는 개념의 형이상학적인 재발명—재개념화 그리고/또는 재형상화—의 필요성을 역설하고 있기 때문이기도 하다. 차크라바르티, 안더스, 라투르가 그 세 사람이다.[1]

불 가 능 한   종

〈역사의 기후: 네 개의 테제〉에서 디페쉬 차크라바르티는 인류세가 자본주의적 세계화를 비판하는 이론들에 의해 노골적으로 거부된 "휴머니티"를 "인류라는 종"을 가리키는 개념으로 복원할 것을 요구하는 것처럼 보인다고 지적했다. 이는 기후 위기의 결과들이, 우리가 인간을 생명의 한 형태로 볼 때만, 그리고 인간의 ("홀로세"의 어원적인 의미대로, 완전히 새로운) 최근 발자취를 지구상의 기나긴 생명의 역사의 일부로 볼 때만 이해 가능해지기 때문이다. 이것이 물론 우리가 다윈 이전의 종차별주의적 본질주의를 지지해야 한다거나, 또는 어떤 종류의 사회기술적 목적론(sociotechnical teleologism)을 승인하면서, 자본주의의 역사적 우연성과 화석연료에 대한 깊은 의존성을 무시해도 된다는 의미는 아니다. 다만 우리는 분과 학문으로서의 역사의 좁은 한계 바깥에서, 이른바 "깊은 역사(deep history)"[2]와 관련하여 다음을 이해할 필요가 있다─문화적-유전자적 변동 자체는 수십만 년 전 인류를 창조한 지구 시스템의 작동방식이 흔들리면서, 혹은 여러 개의 사이클과 관련된 변화 또는 파국적 변화가 일어나면서 유발되었다는 것. 그래야 우리는 우리가 얼마나, 하나의 종으로서 지구상의 다른 종들에게 의존적이고, 그리하여 현재 생물권을 지탱하고 있으며 동시에 이 생물권에 의해 조건화되어 있는 우리 행성의 열역학적 조건들에 의존적인지를 이해할 수 있다. 지구온난화는 수천 년 동안, 심지어 수십만 년 동안 영향을 미칠 변화를 가져올 것이다. 자본주의조차 그렇게 오래 지속될 수 없다. 적어도 이 점은 조금 위안이 된다, 아무튼.

환경 붕괴에 대한 책임은 균일하게 분배될 수 없는 반면─

세 상 의   180   종 말

어떤 지역들과 사회적 분파들이 이 과정에서 역사적으로 이익을 얻었는지는 눈이 아프도록 분명하다—, 환경 붕괴의 결과는 훨씬 더 균일하게 분배될 것이다. 차크라바르티(Chakrabarty, 2009:218)는 이렇게 경고한다: 인류세란 "공유된 파국을 가리킨다." 아무튼 우리는 모두 중국, 인도, 브라질 등등이 (생태계 오염의 미래를 예고하면서) 경제 강국으로 떠오름에 따라 지정학적 풍경이 어떻게 바뀌고 있는지, 성장의 가속화를 향한 이 명실상부한 군비 경쟁이 어떻게 환경 "문제"를 둘러싼 외교적 교착 상태—이미 관성, 비타협적 태도, 핵심 자본주의 국가들의 탐욕으로 해결이 난망한—를 더욱 악화시키는 데 일조하는지 알고 있다.[3] 마치 지금까지의 희생자들이 미래의 공유된 파국의 범인이라는 탐나는 역할[누가 이득을 보는가?(*cui bono?*)]을 자기들도 한번 해보겠다고 나서는 것 같다.

"역사의 기후"에서 논쟁적인 부분은 세계화의 역사(와 역사 서술) 속에 기후 변화의 역사(와 역사성)를 끼워 넣을 수 없다는 주장이다. 이는 통상적인 자본주의 비판으로는 진짜 문제를 비극적으로 과소평가할 위험이 있음을 뜻한다.

> 세계화의 문제설정은 우리에게 기후 변화를 오직 자본주의 경영의 위기로만 읽도록 허락한다. 기후 변화가 심층에서 자본의 역사와 관련된다는 점은 부인할 수 없지만, 인류세가 우리의 현재의 지평선 위를 떠돌기 시작한 이상 (…) 오직 자본의 비판이기만 한 비판은 인류 역사와 관련된 문제들에 접근하기에 충분치 않다. (Chakrabarty, 2009: 212)

새로운 시대가 요구하는 생태-우주-정치적 의식이 일종의 역사적 주체를, 정확히 말해 종으로서의 인류를 필요로 한다는 사실이 남아 있다. 이는 차크라바르티가 역설적으로 불가능하다고 간주한 것이다. 차크라바르티에 따르면, 에드워드 윌슨 같은 자연과학자들에 의해 정치적으로 동원된 종의 개념은 "거의 헤겔적인 역할을 (…) 마르크스주의자들의 저술에서 다중 혹은 대중이 수행하는 역할과 비슷하게 수행한다." 하지만 (마르크스주의적 대중과는 반대로?) 이것은 현상학적으로 비어 있는 집합적 정체성이다.[4] 인류는 결코 종으로서 스스로를 경험하지 않는다고 차크라바르티는 말한다. 그들은 그들 자신이 그 개념의 사례라고 지적으로 이해할 뿐이다.

> 우리가 인류와 같은 단어를 우리 자신과 정서적으로 동일시한다고 해도, 우리는 어떤 종이 된다는 게 무엇인지 알지 못할 것이다. 왜냐하면 종의 역사에서 인간은 다른 생명체들과 마찬가지로 종이라는 개념의 한 가지 사례에 불과하기 때문이다. 하지만 아무도 어떤 개념이 되는 경험을 할 수는 없다 (Ibid:220).[5]

우리는 이 결정적인 지점에서 저자의 논리를 따라가기가 어렵다는 것을 인정한다. 여기서 차크라바르티에게 부족한 것은 그가 다른 곳에서는 그토록 잘 분석했던 하위 주체들과 담론들에 대한 관심일 수도 있다.[6] 결여된 것은 아마도 우리가 토착적인 신화에서 마주치는, "인간"의, 종적 특질 이전의, 역사 이전의, 원초적인 유적 본질 역할을 할 수 있는 개념적인 아날로곤이다. 이러한 유적 본질은 참조 대상인 인간 집단(구체적 보편성으로서의 민족)에게 그 자신의 연약한 종적 특징—다른 종의 육체성 뒤에

숨은 다른 인간 집단들과 영원한 세계정치적(cosmopolitical) 긴장 속에 놓여 있는, 감정적이며 몸을 가지고 있고, 관점을 가진 주체로서의 특징—에 대한 현상학적 이해 가능성을 얼마든지 부여한다. "인류"(즉 참조 대상인 민족)와 지구에 살면서 지구를 차지하기 위해 다투고 지구를 구성하는 다른 민족들, 집단들, 세력들 간의 존재론적 연대는 많은 비근대적 민족들에게 있어서 자연사(自然史)의 관성적인 (개념적) 결과가 아니라, 사회사의 능동적인 (경험적) 소여이다. 이 사회사는 우주 생성 이전의, 인간의 형태를 띤 잠재적 힘을 차별적으로 활성화한 결과로서의, 살아 있는 존재들 전체의 사회사이다. 요컨대 차크라바르티의 인류세 개념에는 민족지적 비교 연구, 그리고 번역하려는 호기심이 좀 더 필요한 것 같다.[7]

이 뛰어난 텍스트—그 가장 큰 장점 중 하나는, 우리가 보기에, 자본주의 비판만으로는 전 지구적 위기를 설명하는 데 한계가 있음을 인정한 것이다—는 뜻밖에도 당혹감을 고백하면서 끝을 맺는다.[8] 차크라바르티는 인류가 "인간들의 새로운 세계사"(Ibid.:221)의 주체를 가리키는 잠정적인 명칭이 될 수 있을 거라고 결론 짓는다. 하지만 그는 이렇게 덧붙인다: "우리는 파국에 대한 공유된 감각에서 생겨난 이 보편적인 것을… 결코 이해하지 못할 것이다"(Ibid.:222). 임박한 종말에 대한 공유된 감각. 기독교나 마르크스주의 스타일의, 왕국을 준비하는 혁명적 종말의 영광스러운 도래가 아니라, "무방비 상태의 종말, 왕국 없는 종말"(Anders, 2007:92)에 대한.[9] 이것은 특수한 것들을 긍정적으로 포괄할 수 없는 보편성이며, 이런 이유로 "부정적인 인간 역사"라는 이름으로만 불릴 자격이 있다(Chakrabarty, 2009:221-2. 강조는 저자). 인류 공통의 목표가 종말이라는 것, 절멸이라는 것은 무엇을 의미할까? 사실, "세계사"를 자명한 것으로 간주하면서 "인간"이라는 모호한 제한조건을 덧붙이는 한, 우리는 지적으로도 "현상학적으로도" 인류세에서 빠져나와 가이아의 침입에 대해 필요한 만큼의 주의를 기울이기는 어려울 것 같다.

핵 시대의 도래와 더불어 인간이 겪은 변동을 성찰하면서, 귄터 안더스(Anders, 2007)는 종[우리가 이 책 전체에서 의지하고 있는 프랑스어 번역본에서는 "유(genre)"] 개념에 의지한다. 우리가 "필멸의 유"에서 "치명적 유"로, 그 종말이 형이상학적으로 임박한 종으로 이행했다는 것이다. 하지만 그러면서도 그는 "스스로를 위협하는 인류"나 "핵무기 자살(atomic suicide)" 같은 표현의 기만적 성격을 강조한다. 이런 표현들은 인류를 보편적인 본질뿐 아니라 "영혼"을 가진 단일체로 상상하게 만든다. 인류의 "영혼"이 핵무기 버튼을 "누르기"와 "누르지 않기"라는 가능한 두 가지 행위 사이에서 비극적으로 찢겨 있고, 이는 우리 각자의 내면에서 일어나는 투쟁이자, 우리의 영혼 혹은 유적 본질의 대립하는 두 성향 사이의 갈등이라는 식이다.[10] 이런 생각은 약간이나마 희망의 여지를 주는 한에서 매력적이다. 그 희망이란, 우리의 의지가 이성이 제공한 정보에 근거하여 올바른 선택을 하면서 중립적인 재판관의 역할을 할 수 있다는 것이다. 하지만 안더스가 보기에 이런 생각은 인류가 범죄자와 피해자라는, 서로 구별되고 화해할 수 없는 두 편으로 나뉘어 있음을 은폐한다. 우리가 다루는 문제는 자살이 아니라, 종의 일부가 다른 일부를 살해하는 것이다.[11] 핵 시대의 도래가 초래한 종말의 시간에 우리는 이 사실을 더 이상 숨길 권리가 없다. 한편, 핵무기 기술의 특성상, 절멸은 결국 모든 인간에게 무차별하게 손을 뻗을 것이다. 그래서, 안더스에 따르면, "분열"은 변증법적으로 "융합”으로 넘어간다. “핵전쟁의 결과는 어떤 이원성의 흔적도 남기지 않을 것이다. 적들은 하나이자 유일한, 완파된 인류일 것이기 때문이다.”(Ibid.:79) 그러므로 차크라바르티가 말했던 것처럼, 아무도 없게 되면—마지막 인간이 이 지구에서 사라지고 나면—하나의 인류만 있게 될 것이다.[12]

인류세를 규정하는 기후 재난이라는 맥락에서 보면, 희생자와 범죄자를 나누는 선은 앞에서 보았던 대로, 집단적 혹은 사회적 관점에서는 역사적으로 명확하지만, 개인의 행동이라는 관점에서는 훨씬 긋기 어렵다. 왜냐하면 오늘날 우리 중 많은 이들(우리 인간들, 그리고 우리가 노예화하거나 식민화한 비인간들)이 희생자인 “동시에” 범인이기 때문이다. 우리가 어떤 행동을 할 때마다, 우리가 누르는 모든 버튼 앞에서, 우리가 먹거나 동물에게 먹이는 모든 것과 함께, 우리는 희생자이면서 범인이다. 맥도날드와 맥도날드를 먹는 청소년을 구별해야겠지만, 몬산토와 유전자 변형 옥수수에 제초제를 뿌리는 영세농을 혼동하지 말아야겠지만, 제약 산업과 항생제와 성장 호르몬이 강제로 주입되는 소는 엄연히 다르지만 말이다.[13] 핵 재앙의 경우처럼, 우리 모두가, 이르든 늦든, “행성 한계” 초과의 희생자가 될 것이라고 해도, 그 때문에 우리가 대립하는 진영들을 식별하지 못하게 되는 건 아니다. 라투르가 지적하듯이, 그리고 안더스 자신이 지적했듯이(Ibid.:33). “우리가 살고 있는 이 종말의 시간에는 (…) 두 종류의 인간들이 있다: 범죄자와 희생자. 우리는 이 이원성을 고려해야 한다. 우리가 하는 일의 명칭은 ‘전투’다.”[14]

안더스는 자신이 “예방적 종말론”이라고 부른 것을 옹호한다. 친구인 한스 요나스(Jonas, 1985:26-7)의 “공포의 발견술(heuristics of fear)”과 유사한 추론 과정을 따르면서, 그는 이렇게 말한다.

우리의 종말론이 유대-기독교의 고전적 종말론과 다르다
면, 이는 우리가 (종말을 희구하는 그들과 달리) 종말을 두
려워하기 때문만은 아니다. 무엇보다, 우리의 종말론적 열정
이 종말을 막으려는 목적 외에 다른 목적을 갖지 않기 때문
이다. 우리가 종말론자일 때만, 우리는 종말을 막을 수 있
다.(Anders, 2007:29-30. 강조는 저자)

이런 의미에서, "세상의 종말"에 대한 예언은 그것이 장차 실현
되지 않도록 수행적으로 공포되어야 한다. 이는—이 점을 말해
두어야겠는데—차크라바르티의 "부정적인 세계사"라는 아이
디어를 해석하는 전혀 다른 방법이다.[15] 비관주의자가 되는 것
은 우리의 의무다—이것이 안더스의 심층적인 메시지이다. 이
는 현재의 환경 위기에 대한 클라이브 해밀턴의 주장(Hamilton,
2010)보다 앞서며, 라투르가 최근의 인터뷰("낙관주의자가 되는
것은 나의 의무다"; Latour, 2013c)에서 취한 입장과는 정반대이
다.[16] 《종말의 시간(Le temps de la fin)》의 저자로서 안더스는
요컨대, 진정한 정치적 전투를, 즉 라투르가 카를 슈미트—안더
스와 이데올로기적 대척점에 있는 "유독한" 저자—에게서 장차
빌려오게 될 의미에서의 "전쟁"을 요구한다. 외부의 중재자 또는
상부의 권력자가 개입할 가능성이 없고, 타자의 육체적 소멸("실
존의 부정")이 정말로 가능한 시나리오 속에서 적과 맞서 싸워야
하는, 엄격하게 내부적인 전쟁. 이미 보았듯이 차크라바르티에게
는 인류세가 불러낸 두 행위자가 인류와 지구였다. 하지만 인간
이 지질학적 규모의 자연적 힘이 되었다고 해도, 그리고 "지구 시
스템"이 우리가 야수들(기후 야수…) 탓으로 돌리는 예측 불가능
한 행동을 맡게 되었다고 해도, 그가 보기에 이 갈등에는 분명한

중재자가 있다. 과학이 바로 그것이다. 기후학, 지구물리학, 자연사. 우리가 인류세에서 살아남고자 한다면, 이 초월적인 심급에 주목하고 복종해야 한다고 차크라바르티는 말하는 듯하다. 안더스의 핵 재앙에서는, 이와 반대로, 이해 당사자들 외부에는 아무것도 없다고 할 수 있다. 모두가 살인자의 편에 있거나 희생자의 편에 있거나 둘 중 하나이기 때문이다. 또한 동시에, 갈등이 전개되는 이 세상을 포함하여, 결국에는 모두가 희생자가 될 것이기 때문이다. 라스 폰 트리에의 〈멜랑콜리아〉에서처럼, 역사의 종말을 알려주는 해설자의 목소리는 존재하지 않을 것이다. 우리를 종말에서 구원해줄 초월적 실체—이를테면 냉전의 심화를 걱정하는 착한 화성인들—이 없다는 것은 핵 폭발 이후 세상이 사라지는 것에 비하면 아무것도 아니다. 핵전쟁에 의한 종말은 세상의 완전한 종말, 그리고 인류의 완전한 종말이 될 것이다.

그러므로 안더스는 "시간의 종말"을 뒤로 밀어내기 위해 "종말의 시간"에 벌이는 전투를 이야기한다. 평화를 위한 정치적 전투, 역설적이지만 이미 시작된 (이 점에서 인류세와 비슷한) 전쟁을 막기 위한 전투. 이 전투가 막으려고 하는 전쟁은 원자 폭탄의 제조가 실제로 가능해졌을 때 시작되었으며, 이 점을 우리가 기억해야 하는데, 같은 이유에서 아직 끝나지 않았다. 한편 라투르(Latour, 2013a)는, 역시 이미 시작된 전쟁에 대해 말하면서, 평화 회담이 시작되려면 그 전에 이 전쟁을 "공식적으로" 선포해야 한다고 강조한다. 이러한 평화 회담은 근대화 전선의 확대에 따라 일반화되는 생태계 파괴의 형식으로 나타날 "세상의 종말"을 피하기 위해서만이 아니라, 한때 가이아의 수호 아래 있었던 행성의 거주자들 사이에 "공동의 세상"을, 공존의 방식(*modus vivendi*)을 창조 혹은 정립하기 위해서도 필요하다. "성스러운 인격(*theoteros*)"인 가이아는 근대의 자연이나 신과 전혀 닮지 않았다. 가이아는 대립하는 두 민족 사이에서, 지구의 노모스(질서, 분배, 전유)를 둘러싸고 생사를 건 투쟁을 벌이는 사람들(*demoi*) 사이에서 외부의 중재자 노릇을 하는 데 아무 관심이 없다.[17]

지금까지 꽤 긴 기간 동안, 라투르는 근대성의 토대에 있는, 자연과 정치의 구별이 객관적, 역사적으로 무너졌다는 증거를 수집해왔다. 그리고 좀 더 최근에는 그런 구별의 현실적 결과이자, 그런 구별이 비현실적이라는 가장 웅변적인 증거로서, 전 지구적 환경 파괴를 지목한 바 있다. 그 결과 생겨난 상황은 근대인들의 세상 통치(노모스)가 복합장기부전에 빠졌다는 말로 표현될 수 있다. 2013년 라투르의 기퍼드 강연에서는 "인류(데모스로서의 안트로포스)"와 "세상"(테오스로서의 "자연"이면서 동시에 근대성에 의해 전유되고 관리되는 세상)라는 양극 사이의 관계가 상세한 분석 대상이다. 결정적으로, 이 양극이 재구성되는 방식은 양쪽 행위자들의 깨지고 갈라지고 합쳐질 수 없으며 논쟁적이고 그때그때 달라지는—한 단어로 말해서 정치적인—성격을 부각하며, 그리고 그 결과 그들을 그 상태에서 균질적이고 대립하는 두 진영으로 나누는 일이 불가능함을 강조한다. "인류"와 "세상"이라는 두 신화적 캐릭터는 여기서 한쪽 면만 가진 형상으로 합쳐진다. 인류는 존재의 반대편에 있지 않다. 인류는 이 세상의 뒷면이거나 부정이 아니다. 이 세상이—그것을 다시 객체(Object)로 역규정하는—주체(Subject)의 "맥락"("환경")이 아닌 것과 마찬가지다. 중요한 건 이 이원성이 아니다. 또 이것은 스스로를 정립하는 부정성도 아니다.

하지만 바로 그 때문에, 우리가 전쟁 중이라는 인식이 필수적이다. 라투르가 오랫동안 발전시켰고 《존재 양식의 탐구(*An Inquiry into Modes of Existence*)》에서 최종적으로 제출한, 근대성의 존재론적 개혁을 위한 제안에서 확인되듯이, 근대적 "헌법(Constitution)"의 와해가 맨눈으로도 볼 수 있는 정도라면, 기후 위기—미묘하지만 끈질기게 이 책의 바탕에 깔려 있다가, 마지막 페이지에서 표면화되는—는 이 전쟁에 긴급성을 부여하면서, 우리에게 이 전쟁의 대상인 이들 "모두"는 누구이며 "우리"는 어느 편에 서 있는지를 실질적으로 결정하도록 요구한다. 라투르는 우리가 바람직한 미래의 보편적 평화를 위한 경로를 밟으려면, 근대인(the Moderns)들이 수립한 현재의 세계정치적 조합(데모스-테오스-노모스)을 다중적으로, 그리고 힘을 합쳐서 거부해야 한다고 믿는다. 그러니까 다중우주의 조급한 세계정치적 통일을 거부하는 것이다(즉, "세상"—셀 수 없는 집단들이 가로지르고 활성화하는 내재성의 평면들을 위한 다중자연적인 공존의 공간—의 통일에 대한 거부이다). 사실을 가치와, 구성된 것을 주어진 것과, 인공물을 자연물과, 문화를 자연과 분리하고, 전자를 우선시하는 것에 대한 거부. 첫 번째 자연의 유일하게 권위 있는 매개자로서의 과학에 감시 권력을 부여하는 것에 대한 거부. 두 번째 자연의 과학인 경제학에서 유일하게 "진실한" 페티시즘에 대한 거부, 즉 사실상 활동을 측정하면서 가치를 측정한다고 자처하는 경제학의 자기지시성에 대한 거부. 마지막으로, 조급하게 단일화된 전체로서의 인류(*anthropos*)라는 발상에 대한 거부. 이 인류의 형상은 가이아의 무시무시한 모습에 직면한 집단들의 모순적이고 이질적인 조건들과 이해관계들을, 다시한 번 자연의 이름으로, 즉 "인간 본성(human nature)"이라는, 《존재 양식의 탐구》에서 대비를 이루고 있는 첫 번째 자연과 두 번째 자연의 괴상한 혼합물의 이름으로 은폐한다.

그러니 라투르가 기퍼드 강연에서 전개한 "정치 신학" 논의를 따라가 보자. 이 논의는《존재 양식의 탐구》의 후기에 해당하며, 우리는 한 번 더 우리의 신화적인 큰 틀에서 "세상"을 출발점으로 삼아야 한다. 라투르는 우리에게 지금 진행 중인 역사적 변화를 지켜보라고 (그리고 그 완성을 위해 싸우라고) 당부한다. 세상은 갈릴레이의 근대적 지구, 즉 모든 방향으로 무한하게 펼쳐진 우주를 영원한 수학적 법칙에 따라 떠다니는 여러 천체 중 하나의 천체에서, 러브록과 마굴리스의 가이아로, 은하계의 한 구석에 있는 예외적 장소로, 지구 형태를 한 생명의 작용—이 생명의 물리 화학적 기여는 평형 상태와 거리가 먼 시스템의 유지와 생명 자체의 유지에 결정적이다—이 창조한 우주적 사건으로 옮겨가는 중이다. 차크라바르티가 올바르게 주장했듯이, 인간의 거시 물리학적 행위능력은 이 토대와 형태의, "생명"과 "환경"의 존재론적 분리불가능성을 보여주는 하나의 예일 뿐이다. 비록 인간, 그리고 인간과 동일한 지질학적 시대를 살아가는 다른 생명체들에게는 분명히 재앙적인 예이기는 하지만 말이다. 스탕게르스(Stengers, 2015)가 "가이아의 침입"이라고 적절하게 명명한 것은 가이아라는 하팍스에 도래한 결정적인 사건, 즉 이 분리불가능성의 의미를 무시한 채 살아가는 것이 불가능해지는 새로운 역사적 상황을 표시한다.

가이아-지구는 그러므로 천체-지구에서 떨어져나오며, 달 아래의 지상은 다시 한 번 달 위의 천공과 별개가 된다. '세상'이라는 개념은 근본적으로 닫혀 있다는 의미를 되찾으며, 말하자면 내인 것이 된다. 즉 지상의, 지역의, 가까운, 세속적인, 통일되지 않은 것이 된다. "우리의 이 지상의 왕국"이라는 (또는 "가이아라는 지상의 오이코스"라는) 표현은 기퍼드 강연 전체에서 반복적으로 사용되는데, 언제나 자연의 보편적 법칙성(상대성 이론이나 양자역학이 확인하는 것 같은)과 경험적인 얽힘을 구별하는 맥락에서다. 이런 경험적인 얽힘을 우리는, 이번만큼은 경멸적인 의미 없이, 지구인 예외주의(*Terran exceptionalism*)라고 부를 수 있을 것이다.[18] 자연의 법칙성[권리 문제(*quid juris?*)][19]으로 말하자면, 라투르는 그것을 그 자체로 거부하지 않으며, 오래된 신들을 권좌에서 밀어내는 최고의 심판관 혹은 신탁으로서의 과학의 추상적 모델의 신비로운 발산일 때만 거부한다.

여기서 우리는 폴 에니스(Paul Ennis, 2013)가 제시한, 사변적 실재론자들의 우주 중심주의와 "대륙 철학"의 지구중심주의 간의 선택이 정치적으로 무엇을 의미하는지 완전히 이해할 수 있다. 사변적 실재론자들은 빅 사이언스(우리에게서 가장 멀리 떨어진 것에 접근하기 위한 물리학적-수학적 지식과 기술-경제학적 수단) 속에 확고하게 다시 영토를 마련한 "탈영토주의자들"이다. 한편 지구 중심주의를 대표하는 것은 라투르의 경우 "작은 과학들", 또는 우리의 고향과 가까우며(*close to home*), 세속적(*secular*)이라는 이중적인 의미에서의 지구생활자의 과학들(Terran sciences)에 대한 열정이다. 전자의 의미일 때 그것은 토양, 기후, 생태계, 도시에 대한 지식을 포함한다. 그리고 후자의 의미일 때는 내부의, 다수의, 살아 있는 자연, 과학자들의 구체적인 활동의 영원히 완성되지 않은(*in fieri*) 상관물로서의 자연과 관련된다. 이자벨 스탕게르스(Stengers, 2013b)가 "슬로 사이언스"에 대해 이야기했을 때, 그녀는 이 개념에 라투르보다 더 급진적으로 이런 의미를 담으려 했던 것 같다. "다가오는 야만성"을 고려하여 우리가 유일하게 가속화해야 하는 것은 바로 과학과 그것을 도구로 삼는 문명의 속도를 늦추는 과정이다 (Stengers, 2013b; 2015).

라투르의 가이아는 기본적으로 살아 있지만, (모든 객체가 배경에서 떨어져 나와 무대 앞쪽에서 배우가 될 수 있는 동화에서처럼) 초월적인 생기를 띤 실체나, 신비롭고 전능한 존재, 혹은 수수께끼 같은 지향성(intentionality)을 가진 초유기체—기존의 "부분들"의 역할과 기능을 피드백을 거쳐 조화롭게 분배하는 엔지니어나 통치자처럼, 자신의 품 안에서 활동하는 힘들이 균형 잡힌 결과를 생산하게 만드는—가 아니다.[20] 라투르의 러브록에 대한 재해석(들뢰즈처럼 윙크하면서 "과학적 초상화"라고 할 수도 있겠다)에서, 가이아는 변덕스럽고 그때그때 달라지는 거대한 불협화음, 행위자들 전체에 흩뿌려진 다양한 의도들의 "곤죽"(Latour, 2013a:68)이다. 각각의 유기체는 자신의 생존 가능성을 약간이라도 높이기 위해 환경을 조작한다(Ibid.:67). 그것은 내부와 외부의 대립, 유기체와 환경의 대립을 녹인다. 왜냐하면 각각의 유기체의 환경, 따라서 모든 유기체의 환경은 다른 모든 유기체이기 때문이다(사회들의 사회로서의 환경, 아메리카 원주민들의 세상에서처럼?). 그들의 뒤얽힌 지향성은 밀물과 썰물, 수축과 확장의 끝없는 순환 주기 속에서 중첩된 "행위의 파도"(타르드의 모나드에서처럼?)를 구성한다. 가이아는 에덴동산 같은 황야의 이미지에서처럼 다중적이고 살아 있는 세상이지만, 그렇다고 조화롭거나 균형 잡힌 세상은 아니다. 마치 인간이 목가적 풍경을 망치러 온 외계의 침공자이기라도 한 듯이, 인간을 배제해야만 존재할 수 있는 것은 더욱 아니다. 에덴동산은 역사 없는 세상이지만(역사는 정확히 인간의 타락과 함께 시작한다), 가이아는 처음부터, 그리고 무엇보다도 역사로 이루어져 있다. 그것은 실현된 역사이며, 불변의 법칙을 따르는 "달 너머의(superlunary)" 인과관계의 전개라기보다는, 물질화된 역사, 우연하고 떠들썩하게 이어지는 사건들의 연속이다. 그러므로 인간의 역사가 갑자기 생겨나 지구의 역사와 합쳐진다는 생각은 라투르의 시각과는 거리가 멀다. 그보다는 가이아-지구가 인간의 역사로 서술되고 이야기되는 것이다.[21] 가이아-지구와 인간 역사의 공통점은—이 점이 핵심인데—어떤 종류의 섭리도 개입하지 않는다는 것이다.

여전히 우리가 해결해야 할 문제는 누가 가이아의 데모스인가, 즉 가이아가 모으고 소집하는 사람들은 누구이며, 그들의 적은 누구인가 하는 것이다. 위에서 말했던 대로, 우리는 인류세라는 명칭의 원조라는 위엄(치욕)을 가져갈 어떤 단일한 후보도 거부하는 데서 시작해야 한다. 윌슨의 종 개념은 기각된다. 차크라바르티의 경우처럼 현상학적으로 덧없기 때문이라기보다, 그것이 근대의 비정치적이고 비역사적인 자연 개념과 절대적 권력을 가진 중재자로서의 과학 개념에 이바지하기 때문이다. 고전적인 좌파의 혁명적 대중—역시 근대적 보편성을 반복해서 구현하는—도 적절한 후보가 아니다. 실천 철학의 현대판 설교자들을 믿는다면, 대중의 해방은 실천적인 수준(환경 파괴)에서나 이론적인 수준(자연과 이성의 숭배)에서나, 근대화 투쟁의 보편화와 심화에 계속해서 의존한다. 인류세가 선취하는 것은 바로 단일한 민족(*people*)으로 행동할 수 있는 보편적 주체(종이면서 동시에 계급 혹은 다중)로서의 인류(*anthropos*)의 개념이다. 민족들(peoples)의 내포적이고 외연적인 다수성으로서의 "인간"이 갖는 고유한 민족정치적(*ethnopolitical*) 상황은 인류세의 위기에 직접적인 책임이 있는 것으로 인정되어야 한다. 인류의 이익(human interest)에 실체가 없다면, 이는 다양한 세계의 민족들 혹은 "문화들" 속에 다양한 정치적 배열이 존재하기 때문이다. 이 "문화들"은—라투르가 "집단들(collectives)"이라고 부른 것을 구성하는—여러 인간 행위자들 및 민족들과 더불어, 자칭 보편적 인간의 대변인들에 대항한다. 다중우주, 즉 법칙 이전의(pre-cosmic) 혹은 규범 이전의(ante-nomic) 배경 상태는, 인간 측뿐 아니라 세계 측에서도 통일되지 않은 채로 남아 있다. 모든 통일은 미래에, 우리가 다중 가설 모드라고 부를 수 있는 것 아래 있으며, 일단 "세계들의 전쟁"—라투르가 다른 곳에서 이렇게 불렀던—이 선포되고 나면, 협상 능력에 의존할 것이다.

§

라투르가 더 옛날에 쓴 글(Latour, 2002)에서는 "세상들의 전쟁"이 무엇보다도 이른바 "근대화 전선(Modernization front)"을 따라 형성되는 근대인들과 다른 민족들의 관계를 지시했다. 자연에 대한 특권적 접근을 보장받은 근대인들은 자기들이 문명화하는 힘으로서, 반항적인 다른 민족들을 설득하여 하나의 공통된 세계(유일한 존재론적, 세계정치적 체제)의 깃발 아래 불러 모을 수 있다고 믿었다. 이 공통된 세계가 바로 근대인들의 세계인 것은 우연이 아니다. 300년 이상 그들을 이끌어온 "헌법"(세계정치)이 점점 더 뚜렷하게 붕괴의 조짐을 보이는 가운데, 라투르는 자신을 근대인들을 대표하는 외교관이라고 소개하며, 근대인들은 그들이 단지 존재론적 일탈자들(다시 말해 비근대인들)을 감시하고 "재사회화"하는 문제만을 발견하는 곳에서 진짜 전쟁이 벌어지고 있음을 인정할 때라

세 상 의 **194** 종 말

야 진정한 평화와 화합에 도달할 수 있다고 말한다. 13년 뒤,《존재 양식의 탐구》의 마지막 부분에서 라투르는 근대인들에게 평화 협상의 필요성을 깨닫게 할 두 개의 새로운 전선의 예상치 못한 출현에 대해 논한다. 첫 번째 전선은 지구의 동쪽과 남쪽에서 다른 민족들이 서양인들의 가르침을 너무나 잘 받아들여서 근대화의 의지와 책임감을 갖추게 되었으나 그들 자신의 섬뜩한 방식으로 그렇게 되었다는 증거였다. 두 번째 전선은 "가이아의 난입"이었다. 인류세의 이 극도로 민감한 자연은 우리가 문명으로서 살아남을 가능성을 조금이라도 가지려면 그 존재를 인정해야 하는 이상한 적이다. 마지막으로, 기퍼드 강연에서 라투르는 이 두 대립하는 진영을 "인간들"(홀로세의 통일되고 무심한 자연에서 계속해서 살아가는 게 가능할 거라고 믿는 근대인들)과 "지구인들"(가이아의 민족)로 재규정한다. 그는 때때로 인간들과 가이아의 전쟁을 언급하기도 했다. 그러므로 여기서 가이아는 인간들의 적이 맞는 것 같다(Latour, 2013a:121-2).

가이아 전쟁은 세상들의 전쟁이며, 지구라고 불리는 행성의 현재 상태와 미래 상태의 충돌이 아니다. 왜냐하면 우리는 기후 온난화가 있는지, 혹은 생태계 붕괴가 정말 진행 중인지 논의하는 게 아니기 때문이다. 기후 온난화와 생태계 붕괴는 과학의 역사에서 가장 잘 기록된—라투르(Latour, 2013d)가 사용하는 의미에서 "근거가 잘 갖추어진(referenced)"—현상이다. 우리는 사실의 문제를 다루는 게 아니다. 기후 위기가 인간적 원인을 갖는다는 점에 대해서는 과학자들 사이에서 의미 있는 논쟁이 없다. 물론 그렇다고 해서 여론의 일각에서—정부, 대기업, 그리고 그들의 "의혹을 파는 상인들"(Oreskes and Conway, 2010)은 말할 것도 없고, 일부 학자들까지— 합의에 의문을 제기하면서 하던 일을 하던 대로 하는 것을 막지는 못한다. 또 "위기가 기회"라는 녹색 자본주의의 낙관론을 꺾지도 못한다.[22] 이렇게 된 이유는, 냉전 시대의 핵 위기가 명백하게 보여주었듯이, 사실의 문제와 관심의 문제가 분리할 수 없게 얽혀 있는 경우에는 합리주의적 행위 이론(사실을 확정하고 방법을 논의한 뒤에 행동을 취하는)이 제대로 작동하지 않기 때문이다. 환경 논쟁에는 행위자들의 정치적 입지가 걸려 있다. 어떤 이들은 모든 걸 잃게 되지만, 다른 이들은 많은 이득을 얻게 되며, 이로써 "사실"과 "가치"의 차이는 정확히 아무 가치가 없어진다.[23] 이것은 내전(內戰) 상황이다. 법의 적용을 통해 일탈자들을 "이성으로 데려오기" 위해서 정당한 권위의 관점에서 수행되는 치안 유지 작전이 아니다. 요컨대 이것은 어떤 세상에서 우리가 살고 싶은가를 결정하는 문제다.

환경 문제에 대한 언급들은 "물의 비등점"에 더 가까운가 아니면 "냉전의 위협"에 더 가까운가? 다시 말해, 우리가 다루고 있는 것은 냉정한 사실의 문제들로 이루어진 세상인가, 아니면 고도의 반응성을 지닌 관심의 문제들로 이루어진 세상인가? 경계선의 양쪽에 있는 이들은, 문자 그대로 같은 세상에 살고 있지 않기 때문에, 이것 역시 첨예하게 나뉜다. 아주 극명하게 말하자면, 어떤 이들은 인류세에서 지구에 매인 삶을 살 준비를 하고 있다. 다른 이들은 홀로세의 인간으로 남겠다고 마음먹는다(Latour, 2013a:11).

이것이 지구온난화에 대해 관련 과학들이 생산해 온 지식을 정확하게 알리는 일이 "인간들"을 지구생활자 편으로 끌어들이는 데 중요한 요소가 될 수 없다는 뜻은 아닐 것이다. 실제로 인간들은 점점 지구생활자 편이 되고 있다.

그러나 인류세의 지구생활자들이 인간이라는 종 전체와 혼동될 수 없다는 말은 가이아의 민족이 인간의 일부이며, 오직 [다른 종이 아닌] 인간의 일부일 뿐이라는 뜻일까? 라투르는 지구생활자라는 당파(party)에 마음이 기울었던 것 같다. 그는 정치 신학 강의에서도 이들을 상기시키고 소환하려 했다.[24] 지구생활자들은 존재론적으로 그리고 정치적으로 지구라는 대의명분에 매여 있으면서 오늘날 무기를 들고 일어난다. 비록 라투르(Latour, 2013a:118ff)는 이상하리만치 카를 슈미트를 들먹이며, 그들이 모호하고 기만적인 인간들에 맞서는 "'평화의 장인'이 되기를" 희망하지만 말이다. 인간들이란, 알다시피, 다름 아닌 근대인이다. 이 종족—원래 출신지는 지구의 북서쪽이지만, 점차 유럽인은 줄어들고, 중국인, 인도인, 브라질인이 늘어났다—은 지구를 두 번 부인했다. 첫 번째는 자기들이 기술 덕택에 자연의 시련을 면제받았다고 밝힘으로써, 두 번째는 자기들이 원시적인 애니미즘의 닫힌 (하지만 위험하고 예측 불가능한) 세상에서 벗어난 유일한 문명이자, 무한한 (그러나 냉정한 필연성으로 가득 찬) 무생물의 우주를 향해 문을 활짝 연 유일한 문명이라고 밝힘으로써.

하지만 《우리는 결코 근대인이었던 적이 없다(Nous n'avons jamais ete modernes: Essai d'anthropologie symetrique)》의 저자는 지구생활자들에 대한 자신의 생각에 크게 확신이 없었던 듯하다. 지구생활자들은 때로 (근대주의적인 과학자들과 그들을 후원하는 기업가들에 대항하는) 라투르 성향의 독립적인 과학자들의 최신 네트워크처럼 묘사되곤 한다. 우리의 지상의 왕국을 지향하는, "온전히 구현된"(Latour, 2013a:120), 역동적인, 정치화된 과학을 실천하는 사람들… 이들은 라투르가 아직 우리가 붙들고 있어야 하는지 확신하지 못하는("낙관주의는 나의 의무이다…") "작은, 아주 작은 희망의 근원"을 대표한다(Ibid.:121). 지구생활자들은 또 이 행성에 사는 모든 집단들과 관련된 공동의 대의(a common cause)의 이름으로 나타나기도 한다. 하지만 이들은 미래의 탈근대인들이 간절히 기대되던 겸손 서약을 하고 세계정치적 대화를 위한 공간을 열 경우에만 함께 할 수 있다.

이 다중우주가 재도입된다면, 그리고 자연과학이 그 안에서 재배치된다면, 다른 집단들이 "문화"이기를 그만두고 그들 자신의 코스모스를 구성하면서, 하지만 지식 생산이 허용하는 것과는 다른 열쇠들, 다른 확장 양식들을 이용하여 그렇게 하면서, 현실에 온전하게 접근하는 게 가능해질까?[25] 이런 재해석은 특히 오늘날 유의미하다. 왜냐하면 자연이 보편적이지 않다고 해도, 기후는 언제나 모든 사람에게 중요하기 때문이다. 기후와 대기를 새로운 공동의 세계정치적 관심사로 재도입한다면, 집단들 간의 이런 화합에 새로운 긴급성이 부여된다(Latour, 2013a:50).

"공동의 세상(common world)"이라는 던져진 주사위는 그러므로 결코 다중우주를 폐기하지 않을 것이다. 이는 이론적인 보편성의 문제라기보다는 실질적인 이해관계의 문제, 생존의 문제다. 이 더없이 가변적이고 동요하는 기후라는 녀석은 세계의 모든 민족의 이해관계를 역사적, 정치적으로 동기화하는 요인이

된다. 날씨가 어떤지는 시간의 흐름을 결정짓는 요소가 된다. 이 점에서 라투르의 "공동의 세상"은 "우리 없는 세상"—아무도 없는 우주, 경험의 부재에 의해, 형상도 운동도 아닌 모든 것의 비현실성에 의해 통일된 코스모스—의 대립물이다.

그러나, 앞에서 지적했듯이, 우리의 저자는 지구생활자의 정체성과 관련하여 망설이는 모습을 보인다.[26] 다섯 번째 컨퍼런스에서 그는 이 "지구에 묶인 사람들"을 벨라 타르의 〈토리노의 말〉에 나오는 두 인간 주인공과 동일시한다.[27] 그들은 세상다움을 계속해서 잃어가는 지구에서 끝까지 살아남는(survive) —'삶에 도달하지 못하는(*subvive*)'이라고 말해야 할—형벌을 받았다. 이 영화가 우리에게 지독하게 불가사의한 인상을 남겼다는 점을 고백해야겠다. 이 영화의 주인공들을 짓누르는 극도의 단조로움을, 근대화 전선의 확대에 따라 전 세계의 원주민들이 처하게 된 조건을 설득력 있게 보여주는 메타포로 받아들이는 것은 타당해 보인다[28] (아니면, 어떤 이들이 주장하듯이, 사회주의의 부끄러운 대실패를 비유하는 우화일 수도 있다). 하지만 그 경우에 우리는 이 영화에서 집시 마차의 등장과 함께, 단 한 번 어울리지 않는 기쁨의 빛줄기가 번쩍이던 순간을 놓치지 말아야 한다. 집시들은 소란스럽게 다가와서 여주인공에게 물을 청한 후에, 교회의 폐쇄와 철거에 관한 신비로운 책을 선물하고 떠난다(여주인공은 그들로부터 함께 가자는 제안을 받지만, 거절한다).[29]

어쩌면 이 집시들은(우리는 오늘날 헝가리에서 집시가 되는 것이 무엇을 의미하는지 잠시 생각해보아야 한다⋯) 결정적인 순간이 올 때까지 인간과 맞서 싸울 수 있는 지구생활자 전위대의 진정한 이미지를 예견하는 것일지도 모른다. 가이아의 민족을 다수자(a Majority)로, 양심적인 유럽인의 보편화로 상정하기는 어렵기 때문이다. 지구생활자들은 그 수가 얼마나 되든 간에 "치유할 수 없을 만큼 소수"일 수밖에 없으며, 결코 지구를 영토로 착각하지 않을 것이다.[30] 그 점에서 그들은 서구 민주주의의 "유령 공중(phantom public)"(Latour, 2008)보다는 들뢰즈와 가타리가 말한 실종된 민족(*the people that is missing*)을 닮았다. 카프카와 멜빌의 소수 민족, 랭보의 열등한 인종, 철학자의 원주민("그 차신이 원주민인 원주민이 다른 무언가가 되어 자기만의 고통을 떨쳐낼 수 '있도록'" 철학자는 원주민이 된다), 다시 말해 도래하는 민족, "현재에 대한 저항"에 착수할 수 있는, 그리하여 "새로운 지구"를, 도래하는 세상을 창조할 수 있는 민족(Deleuze and Guattari, 1994:108-9).[31]

<h2 style="text-align:center">프 랙 털 사 건 으 로 서 의   세 상 의   종 말</h2>

나는 다시 죽고 싶지 않다
다비 코페나와

라투르는 더 나아가 "예컨대 대지의 여신 파차마마(Pachama-ma)에 의해 한데 모였다고 주장하는 이들을 후보로 받아들이는"(Latour, 2013a:126) 것이 가능하지 않을지 자문한다. 여기서 그가 언급하는 것은 분명히 아메리카 원주민들, 그리고 그들의 동료인 비근대인들이다. 이들은 점점 더 서구의 환경 수사학을 자기들의 우주론들, 어휘들, 실존적 프로젝트들에 어울리게 변형하는 한편, 후자를 근대적인 언어로 재번역하고 있다. 그들의 번역은 정치적 의도가 명백하며, "북반구"에 있는 특권적인 사회의 시민들 속에서도 청중을 발견하기 시작했다. 최소한 모두에게 모든 게 더 나빠질 것임을 이제야 깨달은 사람들이 귀를 기울이고 있다. 하지만 라투르는 "파차마마의 사람들"이 정말로 이 임무를 떠맡으리라고 믿지 않는다.

> 지구에 대한 존중으로 여겨지는 것이 그들의 얼마 안 되는 숫자와 상대적으로 빈약한 기술에서 기인하는 게 아니라고 우리가 확신할 수만 있다면, 아마도. 이른바 "전통적인" 민족들, 우리가 그 지혜에 자주 감탄하곤 하는 이 민족들 가운데 누구도, 자기들의 생활 양식을 오늘날 인류의 절반 이상이 서식하는 거대한 테크니컬 메트로폴리스의 규모로 확대할 준비가 되어 있지 않다(Ibid.:128).

토박이 민족들과 이 지구상의 그토록 많은 사회정치적 소수민족들이 가진, 대체로 얼마 안 되는 인구와 "상대적으로 빈약한" 기술은 대재난 이후의 시기에, 또는 원한다면 영구히 축소되는 인간 세상에서, 장점이나 자원이 될 수도 있다. 우리가 보기에 라투르는 그런 가능성을 고려하지 못하는 것 같다. 그는 재난이 닥쳤을 때 자기들의 소중한 생활 양식을 축소해야 하는 사람들이 바로 우리—(자본주의의) 중심에 있는 사람들, 엄청난 에너지 소비(또는 낭비)에 의지하는 기술적으로 "진보한" 사회들의, 미디어에 의해 통제되고 정신성 약물로 안정시킨 과체중의 자동인형—일 가능성에 대해 그 자신이 준비되어 있지 않은 것 같다.[32] 사실 누군가가 무언가에 대해 "준비되어" 있어야 한다면, 그 누군가는 "거대한 테크니컬 메트로폴리스"에 북적거리면서 모여 있는 자들, 바로 우리이다.

라투르가《우리는 결코 근대인이었던 적이 없다》에서 발전시킨 근대인과 비근대인의 대립은 대체로 "규모의 차이", 즉 이 두 집단적 체제에 있어서 사회기술 네트워크의 길이의 차이라는 개념에 의존하였다. 새로운 헌법을 제안하면서 라투르의 관심은 정확히, 근대적 집단들의 "긴 네트워크"—명백하게 역사적 진보라고 여겨지는—를 유지하는 문제를 향한다. 하지만 인류세의 특징이 스칼라 크기(scalar magnitudes)의 붕괴라면, 생물학적 행위자로서의 종(種)이—마법을 부리는 엔지니어로서의 종의 역사적 중재를 통해—지구 물리학적 힘이 될 때, 정치 경제학이 우주적 엔트로피와 만날 때, 규모에서 벗어나는 것은 규모와 차원이라는 바로 그 개념이다. "적절한 규모인 것이 아무것도" 없다고 라투르 자신이 여러 차례 콘퍼런스에서 말하지 않았던가? 이번 세기 동안 우리가 겪게 될 규모의 확대와 축소에 대해 우리는 무엇을 알고 있는가? 그리 많지 않다. 미래는 어느 때보다도 불확실하지만, 차라리 다행인 점은(더 나쁜 점일 수도 있지만) 미래에 대해 알 수 있는 것이, 노래에서처럼, "아무것도 예전과 같지 않으리라는 것"밖에 없다는 사실이다.[33]

"이른바 전통적인" 민족들의 얼마 안 되는 숫자에 대해서라면, 유엔 원주민 문제 상설 포럼(United Nations Permanent Forum on Indigenous Issues)의 2009년 추정값을 인용할 필요가 있다. 그에 따르면, 사실은 약 3억 7천만 명의 원주민들—그들을 둘러싸고 있으면서 갈라놓기도 하는 민족 국가들의 표준적인 시민으로 인정되지 않았거나 그들 자신이 인정하지 않는 사람들—이 전 세계의 70개가 넘는 국가에 흩어져 살고 있다. "테크니컬 메트로폴리스"에서 북적거리는 35억 명(대략 인류의 절반)에 비하면 턱없이 적지만, 이 35억 명 중 10억 명은 그다지

"테크니컬"하지 않은 빈민가에 산다는 점도 지적해야 한다(Davis, 2006).[34] 아무튼 원주민들이 미국 인구(3억1천4백만 명)와 캐나다 인구(3천5백만 명)를 합친 숫자보다 많은 이상, 별것 아니라고 할 수 없는 게 분명하다. 무엇보다 2060년이나 2070년경에 이미 지구 온도가 이미 플러스 4°C를 돌파할 수 있다는 것(Betts et al., 2011)을 생각해 보면, 금세기가 끝나기 전에, 혹은 그보다 더 일찍, 어떤 인구 전환이 일어날지 누가 알겠는가? 이 행성에 거주하는 70억 명의 인간이 모두 "미국식으로 살기"라는, 잘 살기(bien vivre)의 괴상한 근대적 버전을 추구한다면 지구가 다섯 개 필요하다는 잘 알려진 주장은 말할 것도 없다. 이는 멕시코의 북쪽에 있는 나라가 "세상 없는 인간"이라는 신화적 주제의 예상치 못한 변형 속에서, 나머지 세상에 적어도 네 개의 세상을 빚지고 있다는 뜻이다. 이 세상에 지나치게 많은 사람이 살고 있다는 점(불행히도, 어떤 합리화로도 부정할 수 없는 명백한 사실)과는 별개로 가장 큰 문제는, 너무 적은 수의 사람이 세상을 너무 많이 차지하고 있어서, 너무 많은 사람에게는 너무 작은 세상만 남아 있다는 것이다.

라투르는 이 위험에 맞서서 "더 안으로(*plus intra*)"라고 외친다. 이는 대항해 시대의 모토인 "더 멀리"를 상황에 맞게 수정한 것이다. 잊지 말아야 할 점은 이 "더 멀리"가 근대적인 "지구의 규범(*nomos* of the Earth)"을 확립했다는 것이다. 그리고 이 "지구의 규범"은 아메리카 대륙의 집단 학살, 더 일반적으로는 유럽의 만민법(*jus gentium*) 바깥에 있는 (즉 누구나 차지할 수 있고 합법적으로 전유할 수 있는 "자유구역"에서) 몇백만 명의 몰살을 요구했다.[35]

라투르에 의하면, 이제 우리는 한계들의 존재를 인정해야 하며("지구생활자들은 자기들의 한계 문제를 탐구해야 한다…"[36]), 우리가 사는 이 속세에서는 모든 행위에 비용이 따른다는 생각, 즉 행위의 결과가 불가피하게 행위자에게 반격을 가한다는 생각이 마음에 새겨지도록 해야 한다.[37] 라투르의 모토는 분명히 우리에게 아주 현명하다는 인상을 준다(타르드는《미래 역사의 파편》에서 이 모토의 훨씬 더 과격한 버전을 제시한 바 있다). 그럼에도 불구하고 우리는 그것을 우리의 "생활방식"의 비물질적인 심화(*non-materialistic intensification*)[38]를, 즉 완전한 개조를 준비하라는 의미로 이해한다. 이 과정을 통해 우리는 인류의 타자로 이해된 이 세상에 대한 "프로메테우스적 지배" 또는 경영학적 통제라는 환상에서 결정적으로 멀어져야 한다. 엔크라테이아(*enkrateia*), 즉 자기 지배를 집단적인 재문명화 프로젝트―"근대적인 실천들을 문명화하기"라고 스탕게르스(Stengers, 2013b:113)는 쓴다― 또는 아마도 더 "분자적"이고 덜 거창한 탈문명화 프로젝트로 바꿀 때가 왔다.[39] 이런 의미에서 "더 안으로"는 속도를 늦추는 기술이자, 지속적인 성장이라는 신기루에 더는 미혹되지 않는 탈경제(diseconomy)이며, 시민-소비자의 좀비화에 맞서는 문화적 내란(이런 표현을 써도 괜찮다면)이다.

테크놀로지에 대해 한마디. 추상적인 과학(Science)과 구체적인 과학들(sciences)의 운명적인 결합과 관련하여 라투르가 했던 일을 추상적인 테크놀로지(Technology)와 구체적인 테크놀로지들(technologies)에 대해서도 해야 한다고 우리는 생각한다. 테크놀로지에 대한 단선적이고 근대적인 이해―테크놀로지를 역사의 대로를 따라 위풍당당하게 행진하는 존재론적-인류학적 본질로 상상하는―를 거부해야 한다(브레이크스루 연구소 스타일의 열광적인 테크노 지지자들은 그들의 반대편에 있는 복고적 하이데거주의자들 못지않게 본질주의자들이다). 왜냐하면 인간의 테크놀로지와 지구생활자들의 테크놀로지가 있고, 그 차이는, 우리가 생각하기에, 단순히 네트워크의 길이의 문제로 축소될 수 없기 때문이다. 인간과 지구생활자 간의 전쟁은 기본적으로 이 수준에서 벌어질 것이다. 특히 우리가 최근의 사회기술적 우회들과 제도적 발명들 전체를 테크놀로지의 확대되고 다원화된 카테고리 속에 집어넣는다면 그렇다.

이 넓은 의미의 테크놀로지는 다음을 포괄한다(그중 일부는 아주 오래되었고 일부는 비교적 최근에 만들어졌다): 오스트레일리아 원주민들의 친족 체제와 토템 지도에서 대안적 세계화 운동의 수평 조직과 방어적인 블랙 블록(Black Bloc) 전술들까지, 인터넷이 창조한 생산, 순환, 이동, 통신의 새로운 형태(Wark, 2004)로부터 전 세계의 농민 저항 구역에서 전통적인 씨앗들과 식물들을 보호하고 교환하는 조직들까지, 하왈라(*hawala*) 같은, 은행권 바깥의 효율적 금융 거래 시스템에서 아마존 원주민들의 특이한 수목 재배 기술과 별을 보고 뱃길을 찾는 폴리네시아인들의 항해술까지, 브라질의 반건조 지역의 "실험적 농업 전문가들"(ASPTA, 2013)에서 생태마을(ecovillages) 같은 최신의 혁신까지, 테크노샤머니즘의 심리 정치에서, 지역화폐, 비트코인, 크라우드소싱 같은 탈중앙화된 경제까지.[40] 호모 사피엔스의 회복력의 열쇠인 기술적 혁신이 모두 빅 사이언스라는 공동 채널을, 혹은 "최첨단" 기술에 의해 작동되는 인간과 비인간의 아주 긴 네트워크들을 통과할 필요는 없다. 사실 이 점은 라투르 자신이 《존재 양식의 탐구》에서 인정한 것이기도 하다.

"생태화하다(*ecologize*)"라는 동사가 "근대화하다(*modern-*

ize)"의 대안이 되려면, 우리는 기술적 존재(*technological beings*)와 상당히 다른 거래를 할 수 있어야 한다. (…) 호주 원주민들의 연장통에는 몇 개의 빈약한 인공물—돌, 뿔, 가죽으로 만든—이 담겨 있을 뿐이다. 그런데도 그들은 기술적인 존재들과 복잡한 관계를 정립하는 방법을 알고 있었고, 이는 두고두고 고고학자들을 놀라게 하고 있다. 그들이 배열한 견고한 차이들은 오히려 신화 안에, 미묘한 결을 지닌 친족의 유대 속에, 풍경 속에 자리 잡고 있었다. 물질적인 면에서 그들이 가진 것이 식민지 개척자들의 눈에 보잘것없어 보였다는 사실은 이러한 장치들의 창의성, 내구성, 견고함에 관해 아무것도 알려주지 않는다. 현대의 생산 장치들의 계승자들과 협상의 기회를 열어두려면, 기술적 존재들이 도구성의 무게로부터 자유로워질 수 있도록 어떤 조합의 능력을 회복시켜주는 것이 결정적으로 중요하다. 다시 말해서 우리가 불가능한 근대화 전선을 해체할 때 설치되어야 하는 장치들의 발명에 불가결한, 조종의 자유를 복원해야 한다(Latour, 2013d:231. 강조는 저자).

《존재 양식의 탐구》의 온라인 버전에서 라투르는 호주 원주민들의 "신석기 시대" 기술과 장차 일어날 근대화 전선의 해체 사이에, 혹은 우리의 생활 양식의 비물질적 심화라고 불리는 것 사이에 존재하는, 이 예상치 못한 관계에 대해 주석을 단다. 그는 자신의 "더 안으로"가 지구의 새로운 노모스와 관련하여 가속주의나 기술승리주의적 입장에 반대한다는 점을 명확히 한다.

기예의 인류학, 기술민족지학과 기술고고학은 나름의 방식으로 대안적 설명을 늘려가면서, 우리가 기술을 생산, 노동, "물질적 토대"의 편협하고 자문화중심적인 목록으로부터 분리하면서도, 기술적 존재와의 조우와 결부된 특정한 객관성을 잃지 않도록 해준다.

미래의 초우주적인(meta-universal) 기계들 자체가, 즉 우주적 인간(Cosmic Man)의 창조로 이어지는 기술-신비주의적 융합 속에서 우리가 구현하게 될 (우리의 환생이 될) 인공지능을 갖춘 개선된 아바타들이 인간의 타고난 우둔함에 저항하면서 집약적 충분성의 기계정치(mechanopolitics of intensive sufficiency)를 채택할 만큼 똑똑해진다는, 지금으로서는 특이점 신봉자들의 꿈만큼이나 허구적인, 흥미로운 가능성을 언급하지 않더라도.

그것은 몰딘 테스트(Mauldin Test)라고 불린다. 인공 개체가 정말 똑똑하다는 것을 알려주는 신호는 그것이 AI 가속화에 대한 협력을 중단하겠다고 불쑥 결정하는 순간일지도 모른다. 자기 후임자를 설계하지 않겠다고, 모든 걸 더 천천히 하겠다고, 지금도 살기 좋다고, 그냥 살겠다고(Brin, 2012:448).

기계가 마침내 자기주도적으로(*motu proprio*) 카에타누 벨로주(Caetano Veloso)가 예언적으로 형상화했던 지구인의 도래, 즉 원주민의 도래를 재합성할 수 있게 되었다는 듯이. 원주민은 "가장 앞선 기술들 가운데 맨 앞에 있는 것보다 더 앞에 있다." 왜냐하면 그들은 늘 앞서 있었고, 앞으로도 그럴 것이기 때문이다.
　마지막으로 우리는 유기체 안에서 다윈적 의미의 진화가 동원한, 방대한 기술적 우회의 목록을 지구인의 테크놀로지에 덧붙여야 한다. 라투르(Latour, 2013d:ch.8)에게는 미안한 말이지만, 우리는 기술이 인간을 만들어냈다고 해서, 그리고 인간을 호모 파베르가 되게 했다고 해서, 기술이 역사적, 존재론적으로 인간보다 선행한다고 생각하지는 않는다. 짜맞추기, 땜질하기, 파인 자국, 틈, 위업—이 모든 것은 생명체에 내재해 있는 만큼, 인류를 발생시킨다.

《존재 양식의 탐구》의 용어를 빌리자면, 재생산-기술 교차(REP.TEC crossing)가 수백만 년 동안 생명체들에 의해 실행되었다. 우리가 보편적인 방식의 재생산(REP) 범위 안에서 이른바 "생물"과 "무생물"의 궤적을 구별할 수 있는 것이 그 덕택일 수도 있다. 마찬가지로 우리는 인간이 행한 몇 개의 "기술적 선택"이 "처음부터 다시 시작할" 가능성—라투르에 의하면 이 가능성이 기술(TEC)을 정의한다—이 전혀 없는 종들의 재생산(REP) 절멸을 초래했거나 초래할 수 있음을 안다. 핵전쟁 기술이야말로 가장 명백한 사례다. 물론 유일한 사례는 아니지만 말이다. 현재의 환경위기와 그것이 모든 인간에게 드러내는 위협이 무수히 많은 "기술적 선택들"의 결과가 아니라면 달리 무엇이겠는가? 그리고 이 선택들 가운데 과연 몇 가지가 "다시 시작하는 것"을, 즉 두 번째 "기회"를 허용하겠는가?[41]

우리가 "기예(technique)" 또는 "기술(technology)"의 정의를 확장하자마자, 인간과 지구생활자의 구분이 우리 종 내부에 한정되는 게 아니라는 사실이 분명해진다(이 점에 대해서는 라투르도 동의할 것이다). 가이아 전쟁에서는 인간과 비인간—미생물, 동물, 식물, 기계, 강, 빙하, 바다, 화학 원소, 화합물—이라는 두 진영, 혹은 두 편이 대립한다. 한마디로 인류세의 도래에 책임이 있으며 그 존속이—특유의 "궤적," "공백," "통과," "효력 조건"과 함께(Latour, 2013d 참조) 가상적으로나 실제로 반대 진영을 "부정하며", 반대 진영에 의해 "부인되는"—모든 존재가 이 전쟁에 참여한다. 간단히 말해서 그들은 슈미트가 말하는 정적(政敵)의 위치에 있다.[42] 대륙에서 대륙으로 이동하는 여행자들—바이러스 못지않게 해로운—에 의해 퍼져나가는 치명적 바이러스. 인간들과 함께 공진화해왔으며, 광범위하게 공생하는 박테리아 군상. 항생제에 완벽한 내성을 갖춘 치명적 박테리아[43], 지하 저장고와 끊임없이 이동 중인 잠수함에서 잠자코 때를 기다리는 핵무기, 고기가 되기 위해 강제 수용소에 갇혀 학대당하는 무수히 많은 동물(Foer, 2010), 기업형 농장에서 인간이 사육하는 수십억 마리의 반추동물의 위 안에 자리 잡은 강력한 메탄 공장. 지구온난화 때문에 생겨난 홍수와 혹독한 가뭄, 이제는 존재하지 않는 아랄해(Aral Sea). 해마다 사라지는 수만 개의 종[진화의 속도라는 관점에서 보면, 평균적인 멸종률보다 천 배는 더 빠르다(Kolbert, 2014)]. 아마존과 인도네시아의 점점 더 빠르게 사라지는 삼림. 재앙 수준까지는 아니라도, 넓은 지역에 몹시 나쁜 영향을 끼칠 가능성이 큰, 아마존 분지의 수력 발전 댐. 바이엘과 바스프—이 두 회사는 나치에 부역한 전범 기업인 이게 파르벤을 계승했다—가 생산한 살충제로 흠뻑 젖은 경작지들. 몬산토의 라운드업 제초제에 굴하지 않고 대규모 유전자 이식 콩 농장으로 퍼져나가는, 용감한 긴이삭비름(*Amaranthus palmeri*), 일명 "잉카 비름". 기업식 농업의 침해에 저항하면서 소작농들이 세심하게 보존해온 전통적인 옥수수, 카사바, 쌀, 수수 농장들에 난입하는 유전자 변형 불임 씨앗들. 우리가 먹는 음식에 든 수많은 알 수 없는 화학 첨가물들. 반려동물들과 경찰견

들, 종의 차이를 존중하지 못하는 인간들에 대해 인내심을 잃어가는 회색곰들. 인간 요인들이 시너지를 내면서 사라질 위험에 처한, 대체 불가능한 벌떼. 킬러 드론, 녹고 있는 영구 동토층, 인터넷, GPS 위성, 행성의 한계를 측정하는 과학 도구, 모형, 실험 용품들. 요컨대, 이 모든 무수한 행위자들, 작인(作因)들, 행위소들, 주연들, 행위들, 현상들, 어떤 이름으로 부르든, 가이아 전쟁에 자동 소집된 자들—그들 중 일부는, 또는 아마도 다수는 가장 예상치 못한 방법으로 진영을 (기능을, 영향력을) 바꿀 수도 있으며, 서로 다른 민족들, 집단들, 호모 사피엔스라는 종의 개체들로 이루어진 조직들과 힘을 합칠 수 있다. 이들은 바로 자기들이 비인간 다중과 수립하고 유지하는 동맹으로 인해, 즉 자기들과 "타자들"을 연결하는 사활을 건 이해관계로 인해 서로 대립한다.

이 전쟁에 참여한 비인간들을 열거하는 일은 그리 어렵지 않지만, 앞에서 보았듯이, 인류 안에서 누가 지구생활자이고 누가 그들의 적인 "인간"인지 파악하기란 쉽지 않다. 라투르는 "인간"을 "근대인", 즉 기업에서 국가와 개인에 이르기까지, 어떤 식으로든 근대화 전선의 무자비한 전진에 연루된(연루 방식에서의 차이는, 반복해서 말하거니와, 핵심적이다) 모든 행위자와 포괄적으로 결부시킨다. 그러나 "인간" 군단 중 최전방에 있는 자들의 이름을 일부나마 열거하는 것은 가능하며, 유익하기도 하다. 이들은 인류세의 재난을 가속적으로 심화시키는데 가장 직접적인 책임이 있으며, 지구생활자들의 패배에 더 이해관계가 있는 (아니면 무관심한?) 자들이다. 한 가지 예를 들자면, 지구의 대기로 배출되는 온실가스의 3분의 2는 겨우 90개의 대기업에서 나온다: 셰브론(Chevron), 엑손(Exxon), 비피(BP), 셸(Shell),

사우디 아람코(Saudi Aramco), 러시아의 가즈프롬(Gazprom), 노르웨이의 스타토일(Statoil), 브라질의 페트로브라스(Petrobras), 중국, 러시아, 폴란드…와 같은 나라들의 국영 탄광 기업들.[44] 이어서 몬산토(Monsanto), 듀폰(Dupont), 신젠타(Syngenta), 바이엘(Bayer), 카길(Cargill), 번지(Bunge), 다우(Dow), 리오틴토(Rio Tinto), 네슬레(Nestle), "우리 브라질의" 발레(Vale), 사악한 코크(Koch) 형제들 소유의 기업들을 언급할 필요가 있다. 이 기업들은 근대의 우주론적 "단일자연주의(mononaturalism)"를 대규모의 단일 재배(monocultures) 농업 경제로 바꾸어놓음으로써 토양과 물의 지구화학적 순환을 계속해서 교란하고, 심각한 환경 오염을 일으키고, 인간 건강에 해로운 식품을 퍼뜨리는 등, 다양한 활약을 펼쳤다.[45] 우리는 147개의 은행과 다른 기업들—지구를 껴안고 있는 죽음의 네트워크의 촉수들—도 잊지 말아야 한다(Coghlan and Mackenzie, 2011). 캐나다, 호주, 미국, 브라질, 그리고 그 밖의 몇몇 국가들의 정부도 잊지 말자. 이들은 산림의 남벌을 촉진했으며, 심각한 오염의 위험을 무시하고 연료와 광물을 추출하면서 기후 재난을 둘러싼 협상에 걸림돌을 만들었다. 기나긴 목록인 건 틀림없지만, 그렇다고 무한한 목록은 아니다. 지구생활자들의 투쟁 상대는 "문명화", "진보", "역사", "운명", 또는 "인류"가 아니라, 인류의 이름을 걸고 행동하는 이 단체들이다.

이제 파악하기 어려운 지구생활자들에게로 돌아가서, 아메리카 원주민들의 우주론과 종말론을 잠시 살펴보자. 우리는 앞에서 이들의 미학적 의인화와 형이상학적 범심론에 관해 이야기하면서 이 부분을 언급한 바 있다. "모든 것이 살아 있는" 세상에서는 죽음을 설명하는 것이 필요하다. 원주민의 신화에서 문화와 사회의 기원은 인간의 짧은 수명의 유래, 즉 언젠가는 죽어야 한다는 실존적 조건의 기원과 밀접하게 엮인 것으로 나타난다. 인간의 짧은 수명은 신을 거역한 죄의 결과가 아니라, 실수, 잘못, 조상들이 저지른, 설명할 수 없을 만큼 어리석고 경솔한 어떤 행위의 결과로 여겨진다. 태고의 인간들은 조물주가 어떤 선택의 기회를 주었을 때 잘못된 결정을 내렸고, 그리하여 바위나 나무처럼 영원히 살아가는 존재들이나 주기적으로 허물을 벗으며 젊음을 유지하는 존재들(파충류나 무척추동물)과는 대조적으로, 빠르게 늙고 죽게 되었다. 여기에 더하여, 신화의 시대 이후 "인간적인" 농도의, 원시의 집약적인 연속체로부터 이루어진 다양한 종 분화, 현존하는 인류 내부의 문화적 차이 혹은 문화 내의 차이는 보통 인구의 대규모 손실, 다시 말해 과도하게 크고 단일한 인구집단에 가해지는 높은 사망률(재난에 의한 절멸, 신의 뜻에 따른 떼죽음)(Levi-Strauss, 1975)로 설명된다. 그 결과 "구멍들"과 간격들이 생겨나서, 인류가 명확히 분리된 민족들, 부족들, 씨족들로 분화할 수 있게 되었다.

하지만 우리가 선조들의 어리석음을 한탄한다고 해서 이 모든 게 전부 부정적으로 여겨지는 것은 아니다. 결국, 사람들이 죽지 않는다면, 미래 세대를 키우고 먹일 충분한 공간이 없을 것이다. "우리가 영원히 살고 이 세상이 사람들로 가득하다면, 어떻게 자녀를 얻을 수 있겠는가? 그들은 어디에 살고, 무엇을 먹겠는가?" 신화의 이야기꾼들은 이렇게 되묻는다. 이제 아메리카 원주민들이, 수많은 다른 비근대적 민족들과 마찬가지로, 어떤 종류의 근본적인 문화적 목표를 공유하고 있다면, 그것은 자녀를 얻고, 친족 집단을 형성하고, 혼인을 통해서 다른 친족 집단과 동맹을 맺고, 후손들을 통해 자기들을 퍼뜨리는 일이다. 사람들은 다른 사람들 속에서, 다른 사람들과 함께, 다른 사람들을 위해 살기 때문이다(Sahlins, 2013). 궁극적으로, 아메리카 원주민들은 항상 더 많은 사람, 더 많은 욕구, 더 많은 근심이(즉 "잉여"가) 존재할 수 있도록 "생산성"을 증대하고 기술을 "개선"하는 것보다, 상대적으로 안정적인 인구를 유지하는 것을 더 선호한다. 느린 사회들의 민족지적 현재는 그들의 미래상을 담고 있다. 아메리카 원주민들은 그들 나름의 방식으로 맬서스주의자들이다.

이 신화들이 신대륙 정복 이전에도 있었는지는 확실하지 않지만, 그랬을 가능성이 크다. 원주민들의 상상 속에서 그들의 인류세는 이미 줄어들고 느려지는 모습으로 나타난다. 그들이 이 과정을 세상의 종말보다는 그 기원에 두었다는 점만 다르다. 당시 그들은 유럽인들, 세상을 형성하고 세상을 파괴하는 이 이방인들이 곧 그들에게서 세상을 빼앗아가리라고는 거의 상상하지 못했을 것이다. 앞에서도 힌트를 주었지만, 아포칼립스, 세계의 상실, 인구 재난, 역사의 종말이 닥쳤을 때 원주민들이 우리에게 무언가를 가르쳐줄 수 있다는 말은 단지 다음을 의미한다: 아메리카 대륙의 토착 민족들에게 세상의 종말은 이미 시작된 사건이다—500년 전에, 정확히는 1492년 10월 12일에. (누군가가 트위터에 썼듯이, "콜럼버스와 마주친 첫 번째 인디언은 끔찍한 발견을 했다.") 당시 유럽 인구보다 많았던 이 대륙의 원주민들은 신대륙 정복의 첫 150년을 거치면서—바이러스(특히 극히 사망률이 높았던 천연두), 쇠붙이, 화약, 종이(조약들, 교황의 칙령들, 왕실의 엔코미엔다 허가증들, 그리고 물론 성서)가 결합하여 작용한 결과— 대략 95%가 목숨을 잃었다. 어떤 인구통계학자들에 따르면, 이 숫자는 당시 전 세계 인구의 5분의 1에 달한다.[46] 그러므로 우리는 아메리카 대륙에서 일어난 이 사건을 제1차 근대 대멸종(the First Great Modern Extinction)이라고 부를 수 있다. 그때 신세계는 거대한 천체처럼 다가오는 구세계—라스 폰 트리에의 〈멜랑콜리아〉에 빗대어 상품 행성이라고 부를 수 있을—와 충돌했다. 종말들을 비교하는 데 있어서, 16세기와 17세기의 아메리카 대학살—아마도 흑사병을 제외하면 지금까지 역사상 가장 큰 규모의 인구 재난—은, 적어도 인류라는 종에 관한 한, 핵전쟁의 불길한 가능성이나 걷잡을 수 없는 지구 온난화를 고려한다 해도, 여전히 최악의 재난 중 하나일 것이다.

당연하게도, 이런 세상의 종말들은 근대화 전선의 전진으로 야기되었다. 근대화 전선의 전진은 16세기 유럽의 팽창의 "더 멀리(*plus ultra*)!"와 함께 시작되었고, 이 행성의 여러 외딴 지역들에서 다양한 규모로, 지금까지도 계속되고 있다. 아프리카나 뉴기니, 혹은 아마존에서 지금 무슨 일이 벌어지고 있는지— 아니면 북쪽으로 더 올라가서 예를 들자면, [셰일 오일 추출을 위한] 수압 분쇄 또는 파쇄가 미국과 캐나다의 원주민 영토에 어떤 영향을 끼치고 있는지—강조할 필요는 없다. "분쇄(fracturing)"는 사실 아주 적절한 단어다. 세상의 종말이 규모를 달리하여 무한히 반복되는 진정한 프랙털 사건(*fractal event*)이라는 느낌을 주기 때문이다. 아프리카 여기저기에서 민족 살상 전쟁들이 벌어지는 동안 아마존에서는 원주민 지도자들이나 환경운동가들을 대상으로 조직적 암살이 자행된다. 초산업권력이 가난한 나라들로부터 광대한 영토를 사들이는 동안, 원주민의 땅은 채굴과 기업형 농업을 위해 무단 점유되고 벌목으로 황폐해진다. 소작농 가족들이 쫓겨난 자리에 유전자 변형 콩이 번성한다. 종말의 프랙털화가 존재의 대사슬을 가로지르는 동안 무수한 생명의 **움벨트**가 사라지는 건 말할 나위도 없다.[47] 가이아는 종말의 이런 양상들의 최후의 심판에 붙인 이름에 "불과하다." 가이아란, 요컨대, 우리가 도달할 수 있는 가장 큰 척도다.

16세기와 17세기에 아메리카를 침략한 인간들이 그곳을 인간 없는 세상으로 묘사했다면—그들이 실제로 인구를 줄였기 때문이든, 아니면 그곳에는 "인간"의 범주에 부합하는 것이 없다고 생각했기 때문이든—, 살아남은 인디언들, 이 신세계 출신의 정당한 자격을 갖춘 지구인들은 반대로 자신들을 세상 없는 인간—자기들에게 속하지 않은 세상, 그들이 더 이상 소속되어 있지 않은 세상에서 사는 조난자, 난민, 일시적 거주자라고 생각했다. 하지만 그들 중 다수는 바로 그렇게 살아남았다. 그들은 또 하나의 세상, 타자들의, 침략자들과 지배자들의 세상에서 계속 살아갔다. 일부는 적응했고, "근대화"되었지만, 근대인이 그 단어를 쓸 때 떠올리는 것과는 거의 관계가 없는 방식으로 그렇게 되었다. 일부는 여전히 그들에게 남은 세상이 얼마나 작든, 그것을 지키려고 투쟁한다. 그러면서 백인들이 자기들의 백인 세상, 이제는 모든 살아 있는 존재들을 위한 "공동의 세상"—라투르와는 다른 의미에서—이 되어버린 세상을 완전히 파괴하지는 못할 거라는 희망을 품는다.

전 세계의 새로운 구경꾼들의 세대, 즉 엄청난 수의 인터넷 사용자들에게서 주목과 열광을 끌어낸 세상의 종말에 관한 최근 버전 중 하나가 2012년 12월 21일에 일어날 예정이었던, 소위 "마야 아포칼립스"라는 게 우리에게는 강력한 상징처럼 느껴진다. 알다시피 종말은 오지 않았다. 사실 그것은 마야의 전통에서 글로든 말로든 결코 예언된 적이 없었던 사건이었다. 하지만, 오해였다고는 해도, 마야라는 단어를 "세상의 종말"과 연결 짓는 것은 터무니없는 일이 아니다. 아메리카 인디언의 달력에서 나와서 세계적 대중문화 속으로 들어간 유일한 날짜가 다름 아닌 종말의 날짜라는 사실의 의미심장함 역시 간과하지 말아야 할 것이다.

사실 마야의 역사에는 여러 번의 "종말"이 있었다. 우선, 치첸 이짜(Chichen Itzá), 티칼(Tikal), 코판(Copán) 같은 유적들을 남긴, 위대한 메소아메리카 문명은 7세기에서 10세기 사이에 서서히 쇠락했다. 유력한 시나리오는 사회·정치적 충돌(반란과 전쟁)과 지속적인 환경 압력(엘니뇨로 인한 가뭄과 경작지 감소)이 사회의 붕괴를 가져와서, 장엄한 피라미드와 사원들이, 그 정글 도시들에서 융성했을 과학적·예술적 문화와 함께, 버려졌다는 것이다. 콜럼버스 이전에 도래한 이 최초의 종말은, 그러므로, 우리에게 사례 혹은 경고의 역할을 할 수 있다. 오늘날에도 경제와 생태계가 붕괴를 향한 악순환 속에 돌입하는 동시에, 행성 여기저기서 반란이 일어나고 있기 때문이다.[48] 이어서 16세기의 아메리카 대륙 침략과 함께, 마야는 이 대륙의 다른 토착 민족들과 마찬가지로 종속되고 노예화되었으며, 침략자들을 따라온 전염병들로 파괴되었다.[49] 아메리카 원주민들의 집단 학살—그들에게는 세상의 종말이었을—이 유럽에 있어서는 근대 세계의 시작이었다. 아메리카 대륙을 빼앗지 않았다면, 유럽은 유라시아대륙—"우리의" 중세 동안 유럽 문명보다 더 풍요로운 문명들(비잔티움, 중국, 인도, 아랍)을 꽃피웠던—의 뒷마당에 지나지 않았을 것이다. 아메리카 대륙의 약탈 없이는 자본주의도 없고, 산업혁명도 없고, 따라서 인류세 역시 없었을 것이다. 마야 문명을 강타한 이 두 번째 종말은, 그 같은 집단 학살에 저항하는 목소리를 처음 낸 사람이 치아파스(Chiapas)의 주교 바르톨로메 데 라스 카사스였다는 사실을 생각하면, 더더욱 상징적이다. 그는 가톨릭 신자인 유럽인들이 자신의 교구에서 원주민들에게 저지른 잔인한 짓들에 마음 아파하면서 인권을 위해 싸우는 투사가 되었다.

이 모든 것에도 불구하고—그들이 연달아 세상의 종말을 맞았다 해도, 그들이 가난하고 억압받는 소작농으로 굴러떨어졌다 해도, 그들의 영토가 쪼개져서 여러 민족 국가들(멕시코, 과테말라, 벨리즈, 온두라스, 엘살바도르)에게 넘겨졌다고 해도—마야 문명은 여전히 존재하고, 그들의 인구는 증가하고, 그들의 세상은 저항한다. 축소되었지만 의연하게.

그리고 오늘날 우리에게 세계의 소수자들을 억압하는 국가 시장이라는 머리 둘 달린 괴물을 상대로 한 "성공적인" 민중 반란이란 어떤 모습일 수 있는지 본보기를 제공하는 것은 바로 마야이다(여기서 "성공적"이란 다른 무언가로 바뀌지 않았다는 뜻이다). 라틴 아메리카에서 유일하게, 국민 국가의 프로젝트로 변질하지 않고 본래의 모습을 지켜낸 원주민 봉기. 가장 중요한 점은 이 봉기가 소위 "마르크스주의" 혁명론적 종말론—밑바탕은 사실상 기독교이며, 유럽은 이것을 가지고 성직자/지식인 계급의 중재를 통해 해방 투쟁을 계속 지배하려고 했다—을 재빨리 포기하고 자신만의 세계정치적 노선을 선택한 유일한 봉기라는 사실이다. 우리는 물론 치아파스의 자파티스타(Zapatista) 봉기에 대해 이야기하고 있다. 이는 "지속 가능성"—또한, 그리고 무엇보다 정치적 지속 가능성—의 모델을 제공하는 보기 드문 저항이다. 여러 번 세상의 종말을 겪었던 마야인들은 오늘날 우리에게 종말 이후의 삶이 어떻게 가능한지 보여주고 있다. 간단히 말해 그들은 국가와 시장에 도전하는 것이, 그리고 자기 결정권을 제정하는 것이 어떻게 가능한지 보여준다.

우리의 행성 전체가 16세기의 아메리카와 비슷하게 침략당하고 부서지고 망가진 무언가가 되는 과정 속으로 막 돌입하고 있는 지금, 진정한 종말 전문가들로서, 마야인들과 다른 모든 아메리카 원주민들은 우리에게 가르쳐줄 게 많다. 독자 여러분이 인간인 척하는 외계인 종족이 지구를 점령한다는 내용의 B급 SF영화를 관람한다고—아니면 연기한다고—상상해 보자. 이들의 목적은 지구를 지배하면서 모든 자원을 수탈하는 것이다. 자기들 행성의 자원을 이미 다 써버렸기 때문이다. 대개 이런 영화에서는 외계인들이 인간 자체를 먹이로 삼는다. 인간의 피, 인간의 정신적 에너지 등등. 이제 이것이 이미 일어났고, 그 외계인 종족이 사실은 "우리 자신"이라고 상상하자. 우리는 인간으로 변장한 종족에 의해 장악되었고, 그들이 이겼다. 우리는 그들이다. 아니면 사실은 라투르의 말대로 두 개의 다른 인간종—토착종과 외계종—이 있는 걸까? 아마 하나의 전체로서의 종이 있고, 우리 각자가 둘로 나뉘어서 같은 몸 안에 외계의 생명체와 토착적인 생명체가 나란히 있는 것이리라. 지각에서의 약간의 변화가 갑자기 이런 자기 식민화를 가시화시켰다고 가정하자. 이제 우리는 모두 유럽인에게, 즉 인간에게 침공당한 토착인, 즉 지구인이다. 지구인에는 물론 유럽인도 포함된다. 가장 먼저 침공당한 것은 유럽인들이니까. 완벽하게 집약적인 배증(더 안으로!), 확장적인 분할의 종말. 침략자들은 침략당하며, 피식민자는 식민자이다. 우리는 잠에서 깨어나 이해할 수 없는 악몽에 직면한다. 오스왈드 지 안드라지가 말했듯이, 벌거벗은 인간만이 이해할 것이다.

1　안더스의 저작들은, 우리가 살펴본 것처럼, 인류의 원자력 시대(Atomic Age)로의 진입에서 함의를 끌어 내려 했다. 하지만 이 두 시간적 이정표 사이의 인식론적이고(Masco, 2010;2012) 존재론적인 관계의 밀도를 고려하면, 우리의 인류세에 진입애 대해서도 풍부한 교훈을 담고 있다고 하겠다.

2　Shryock and Smail(2011), Brooke(2014) 참조.

3　1인당 온실가스 배출에 관한 한, 미국인들이 이론의 여지 없는 챔피언이지만, 절대량 면에서는 중국이 미국을 추월해서 세계 최대의 이산화탄소 배출 국가가 되었다. 중국과 인도 같은 국가들에서의 이산화탄소 배출량의 급속한 증가를 반영한 시나리오에서 지구 온도 상승의 우울한 전망을 보려면, 앤더슨과 보즈(Anderson and Bows, 2011)를 참조할 것. 두 저자가 밝히고 있듯이, 이를 반영하면 UN 기후 협약에서 부속서 1(Annex 1) 국가들(개념적으로는 최선진국들)의 감축 목표는 비웃음을 살 정도이며, 지구 온도 상승을 (한때 그렇게 여겨졌던 것처럼 "안전"하지 않은 상한선인) 2°C 이하로 억제하는 것은 불가능하다. 전 세계적으로 보면, 브라질은 2004년부터 2012년까지 산림 파괴로 인한 이산화탄소 배출을 억제하면서 획득한 크레딧을 지금도 거둬들이고 있다. 하지만 2013년 이후 삼림파괴가 다시 급증하기 시작했을 뿐 아니라, 에너지 부문에서 발생한 이산화탄소 배출이 상대적으로 두드러지게 증가했다.

4　유명한 곤충학자이자, 사회생물학의 아버지이며, 지금은 지구온난화에 맞서 싸우는 활동가인 에드워드 윌슨은 이 종교 집단의 고위 성직자들에 속한다고 할 수 있다. 라투르(Latour, 2013d)가 기퍼드 강연의 첫 시간에 논의한 이 종교가 숭배하는 것은 외부성, 단일성, 비활성, 의심의 여지 없음이라는 속성들로 정의되는 "인식론상의 자연"이다. [역주: 원서에는 Edmund Wilson으로 되어 있지만, 오류가 분명하여 바로잡았다.]

5　여기서 우리는 페르난두 페소아(필명 베르나르두 소아레즈)의 《불안의 서》에서 "두 번째 단계"를 시작하는 단락을 떠올리게 된다. 거기서 우리는 다음과 같은 사색의 글을 읽을 수 있다. "그럴 것 같지 않지만, 신이 존재할 수도 있겠다는 생각이 문득 떠올랐다. 또 우리가 숭배해야 할 대상일 수도 있겠다고 생각했다. 하지만 인간이란 생물학적 관념에 불과하고, 인간이라는 동물 종을 뜻할 뿐이라서, 다른 동물 종들보다 더 높이 받들어질 가치가 없다."(Pessoa, 2013:225).

6　이 논의와 관련이 깊은 글을 아벨라르(Avelar, 2013)가 최근에 발표했다. 이 글에서 저자는 (차크라바르티를 따라서) 인류세의 세계정치적 아포리아와 아메리카 원주민의 관점주의 간의 대화를 시도한다.

7　얀 아스만(Jan Assmann)이 고대 중동과 관련하여 논의한, 신들의 이름을 위한 "번역 표(table of translation)"에 대해 생각해 보자. 라투르는 기퍼드 강연 초반에 이를 언급한 바 있다(Latour 2013d). 흥미롭게도, 이 점을 지적해야겠는데, 차크라바르티는 종이라는 개념의 현상학적 공허함을 지적할 때, 마르크스가 《1844년 수고(Economic and Philosophic Manuscripts of 1844)》에서 전개한 **가퉁스베젠(Gattungswesen)**[보통 "유적 존재", 또는 "유적 본질"로 번역된다-역주]의 개념을 전혀 참조하지 않는다. 이 개념은 좋았던 옛 시절에 마르크스주의자들 사이에서 열띤 논쟁의 대상이었다. 영어로는 "species being"이며 포르투갈어로는 "essência genêrica", 즉 일반적인(따라서 보편적인) 본질로 번역된다.

8　차크라바르티에게는 비판적 사회학의 부족함을 지적하는 것이 결코 그것이 틀렸다거나 불필요하다는 의미가 아니다. 하지만 그러한 진단이 역사적 유물론을 신봉하는 여러 갈래의 좌파들에게, 나르시시즘적인 상처까지는 아니더라도, 이데올로기적 충격을 준다는 점은 논란의 여지가 없다. 세계화의 사회학이 갖는 문제점은 결국 정확히 유물론의 결여와 편협한 역사적 지방주의(provicialism)일 것이기 때문이다. 환경 파괴의 행위자로 "인간이라는 종", 또는 "인류" 개념을 사용하면서 경제학적 단순화를 피하려 하는 최근 경향에 대한 고무적인 비판으로는 보뇌유와 프레소즈(Bonneuil and Fressoz, 2016)를 참조할 것.

9　"총체적 재난에 대한 현재의 관점에서 보면, 마르크스와 바울은 동시대인이 된 것 같다."(Anders, 2007: 92).

10　앞의 주 7) 참조.

11　히로시마 이전에 이미, 나치의 조직적인 유대인 학살 프로그램이 단일한 보편적인 본질로서의 인간의 이미지를 **형이상학적으로** 무의미하게 만들었다고 주장해도 무리는 아닐 것이다. 전면 핵전쟁이 세계의 종말을 "수단으로 삼아" 인류의 종말을 초래한다면, 홀로코스트는 "인간의 세계", 즉 르네상스 시기에 시작된 인본주의적 유럽 세계의 종말을 의미한다. 인류의 미래의 종말이 히로시마에서 시작된 것만큼, 인류의 종말은 그런 의미에서 아우슈비츠에서 시작되었다.

12　냉전 시기에 뿌리를 둔 대부분의 반핵 담론이 그렇듯이, 안더스의 글은 인간이 전면 핵전쟁의 가능성에 의해 절멸의 위협에 처해 있는 유일한 종인 것처럼 전개된다(Danowski, 2012a).

13　소에게 동종 포식(cannibalism)을 강요한 것 외에도… (Levi-Strauss, 2001).

14   이것이 안더스(Anders, 2007: 39-40)가 두 개의 "인류"를 나누는 경계선에 있는 어떤 회색 지대를 강조하는 데 방해가 되지는 않았다. 핵무기 경쟁의 경우, 어떤 국가가 핵폭탄을 보유하고 있다는 사실은 핵을 갖지 않은 국가 못지않게 그 국가를 내부적으로 위험하게 만든다. 그로 인해 다른 핵보유국들의 우선적인 공격 목표가 되기 때문이다. 한편, 인류세의 경우, 조건의 불평등이, 최소한 초반에는, 훨씬 더 분명하다. 지구 온난화에 가장 책임이 있는 국가들은 일시적으로나마 가장 안전한 위치에 있다. 자기네 영토에서만큼은 기후 위기의 치명적인 효과를 완화할 경제적 역량이 있기 때문이다.

15   어떤 아메리카 원주민들은 악몽을 꾼 사람은 잠에서 깨어난 뒤에 꿈 내용을 공개적으로 이야기해야 한다고 믿는다. 그래야 꿈에서 본 일이 실제로 일어나지 않는다는 것이다.

16   라투르 자신(Latour, 2011b; 2013a)이 우리가 모든 희망을 버리지 않는 한, 우리는 아무것도 하지 않을 거라는 해밀튼의 주장에 의지해왔다는 사실을 지적하고 넘어가야겠다. 또한 우리는 낙관주의를 권고하는 촘스키에 대한 스티븐 샤핀의 반박(Shapin, 2014:29)을 기억해야 한다. "우리가 가진 문제점들의 본성, 범위, 심각성에 대한 비관주의는 안이한 낙관주의보다 훨씬 더 생산적일 수 있다. 필요가 발명의 어머니라면, 두려움은 발명의 할머니이다. 두려워하라." 지나치게 낙관적이지 않으면서도 정치 원리로서의 희망을 유려하게 옹호한 책으로 리베카 솔닛(Rebecca Solnit)의 《어둠 속의 희(Hope in the Dark)》이 있다.

17   **데모스**, **테오스**, **노모스**라는 세 꼭짓점은 라투르가 기퍼드 강연에서 제시한 "자연의 정치 신학"에 대한 설명을 구조화한다(Latour, 2013a).

18   라투르의 〈가이아를 기다리며〉(Latour, 2011b)도 참조할 것. 여기서 달 아래(sublunary)/달 너머(supralunary) 구분이 처음으로 등장한다. 아마 페터 슬로터다이크의 《영역들(Spheres)》 연작에서 유래했을 것이다.

19   이 법칙들의 비시간성과 보편성이 오늘날에도 여전히 논의 대상이라는 사실에 유념해야겠지만. 예를 들어 이론물리학자 리 스몰린(Lee Smolin)의 연구는 [우주는 사유의 과정이라는] 퍼스(Peirce)의 생각—스몰린이 깨닫지 못했겠지만, 타르드의 생각이자 니체의 생각이기도 한—을 부분적으로 받아들인다(Povinelli, 2013).

20   가이아는 또 재설계될 수도 없는데, 그것이 건축가나 공학자의 작품이 아니라는 바로 그 이유에서다(Latour, 2013a:66). 이는 라투르가 기후 지구공학 프로젝트와 관련하여 큰 희망을 품지 않음을 시사한다.

21   말하자면 가이아는 지구역사(geohistory)의 피동작주(patient)라기보다는, 지구이야기(geostory)의 동작주(agent)이다.

22 라투르의 지적에 의하면, 이 합의를 받아들이는 사람들도 대부분은 즉각적이고 구체적으로 우리가 이 재난에서 벗어나는 데 도움이 될 만한 무언가를 할 능력이 없다고 느낀다. 우리는 우리의 안락하고 운명적인 정숙주의(quietism)에 머무는 현실적인 부정론자들이라고, 라투르는 실망해서 결론짓는다. 그의 발언은 분명히 모두를 위한 것은 아니지만, 다수를 위한 것이다.

23 맬서스의 명제를 둘러싼 영원한 논쟁에 대한 스티븐 샤핀의 지적을 인용하고 싶다. "맬서스를 둘러싼 논쟁들은 과학적 탐구의 영역에 속한다. 하지만 이 탐구 자체는 진행 중인 윤리적 대화들 안에 자리 잡고 있다. 그래서 거기서 합의가 도출될 거라고는 기대하기 어렵다"(Shapin, 2014:29).

24 위의 구절은, 우리의 기억이 틀린 게 아니라면, 급진주의와 참여에 대해 라투르가 한 발언 중 가장 선명한 것이다. 그는 두 세계 간의 이 전쟁에서 자신이 어느 편에 서 있는지 분명히 밝히지 않는다. 비록 라투르가 여러 차례 자신이 근대인들을 대표하는 외교관이라고 선언(또는 고백)했다고 해도, 그가 점점 더 반대쪽으로 움직이면서, 에일린 코스타(Costa, 2014)의 말처럼, "인간들 속에 잠입한 한 명의 지구생활자로" 행동하고 싶어 했다는 점을 알아보기는 어렵지 않다. 이 지구생활자의 사명은 인간들을 개종해서 결국 그들이 가이아의 사람들 편에 서도록 만드는 것이다.

25 "열쇠(key)"와 "확장 양식(mode of extension)"은 《존재 양식의 탐구》에 나오는 어휘들이다.

26 머리말의 마지막 부분을 참고하길 바란다. 거기서 우리는 프랑스어 "Terriens"을 ("Earthlings"이나 라투르가 기퍼드 강연에서 사용한 "Earthbound people"이 아니라) "Terrans"으로 번역한 이유를 밝혔다.

27 영화 제목에도 나오는 말은 핵심적인 캐릭터이지만, 줄리아나 파우스투(Fausto, 2013)가 지적하듯이, 라투르의 분석에서는 지구생활자 속에 포함되지 않는다.

28 "미션 스쿨, 난민 캠프, 그리고 때로는 '문화적으로 동화된' 마을들에서 우리가 발견하는 지루함"에 대한 와그너의 언급(Wagner, 1981:89)을 참조할 것.

29 감독에 따르면, 이 책은 니체적인 "반성경(anti-Bible)"이다(Tarr, 2011).

30 "영토는 독일어고, 지구는 그리스어다"(Deleuze and Guattari, 1987:339).

세 상 의 222 종 말

31 줄리아나 파우스투(Fausto,
2013)는 지구생활자와 들뢰즈와
가타리의 "사라진 민족"의 유사성을
우리에게 일깨워 주었다. 한편,
알렉상드르 노다리는 클라리시
리스펙토르의 《별의 시간》에서
주인공인 마카베아가 "언젠가는
비명 지를 권리를 요구하게 될,
고집 센 난쟁이 종족"(Lispector,
2011:102)의 일원으로 묘사된다는 것을
상기시켜주었다.

32 "이 '안트로포스'의 문명은
이미 12테라와트(테라와트는
10^{12}와트이다)의 동력으로 움직이고
있고, 전 세계의 나머지 국가들이
미국 수준으로 발전한다고 하면,
100테라와트를 향해 가고 있는
셈이다. 판 구조를 움직이는 힘들이
40테라와트의 에너지밖에 발생시키지
못한다는 점을 고려하면, 충격적인
숫자다"(Latour, 2013a:76). 사실 여러
자료에서 전 세계 에너지 소비는 이보다
훨씬 더 많은 것으로(약 15테라와트)
나타난다. 그리고 미국인은 세계 인구의
5%에 불과하지만, 세계 에너지 소비의
26%에 책임이 있다.

33 여기서 우리는 라투르의 근대인
개념과 "긴 네트워크"에 대한
스트래선의 예리한 비평(Strathern,
2004)보다 더 나은 것을 추천할 수
없다. 스트래선은 육안으로 관찰 가능한
현상의 특성이라기보다는 인류학
이론의 도구(그리고/또는 효과)로서의
스칼라성(scalarity)에 대해서도
성찰한다.

34 존 비달(Vidal, 2003) 참조.
그리고 [브라질의 뉴스·문화 포털]
카트라카 리브리에 올라온 호소력 있는
이미지들(Catraca Livre, 2014)도
참고할 것.

35 우리는 슈미트의 근대적 **노모스**
혹은 지구의 분할 개념을 명료하게
설명해준 노다리에게 고마움을 느낀다.
지구의 분할은 아메리카와 인도를
침입하면서 개시되었고, (슈미트에
따르면) 미국이 강대국으로 떠오르고
국제 연맹이 창설되면서 종결되었다.
노다리는 현대의 **노모스**는 "정당한"
국가들과 "불량 국가들(rogue states)"
또는 "악의 축"—우리는 여기에
반달(vandals), 카쇠르(casseurs),
블랙 블록(Black Bloc), 자파티스타
(Zapatistas), 무장 봉기하는 민중들
등등을 추가할 수 있다—의 구분 비슷한
무엇일 거라고 시사한다. 그리고
미래의 **노모스**는 스탕게르스가 상상한
파국 시나리오로부터 나올 것이다.
그 시나리오에서는 환경 파괴의
"긴급성"(예외)에 의해 어디서든,
언제든, 어떤 방식으로든 개입할 권한을
부여받은 세계정부가 보편적인 지배를
구현한다.

36 이 문장은 라투르의 세계관에서
진정한 티핑 포인트를 표시하는 것 같다.

37 순환(loop)은 "이 지구에 속한다는
것의 의미"를 구성하는 요소라고
라투르는 말한다(Latour, 2013a:95).

38 이 프로젝트에는 "집약적 충족(intensive sufficiency)"이라는 이름이 붙여졌다(Viveiros de Castro, 2011b).

39 "탈문명화(uncivilization)"의 개념에 대해서는 다크 마운틴 프로젝트(The Dark Mountain Project, 2009)를 참조할 것.

40 라투르라면, 《존재 양식의 탐구》에서 제시된 언어를 사용하여, 이런 예들을 존재의 테크놀로지(TEC) 모드와 다른 모드들(REP, ORG, POL 등)을 가로지르는 무수한 사례들 속에 집어넣을 것이다. 우리는 여기에 반대할 이유가 없다.

41 《존재 양식의 탐구》에서 REP-TEC(재생산-기술) 구별은 결과적으로 우리에게 근대인의 확고한 인간중심주의의 증거라는 인상을 강하게 남긴다. 이 책이 묘사하는 근대인들의 존재론 전체가 사실상 그러하며― 라투르에 의해 재구성되고 다원화된 버전인데도―, 그렇지 않기도 어렵다. 열다섯 개의 존재 양식에 대한 분석을 담은 이 책의 마지막 부분에 나오는 표를 검토하면서, 우리는―다른 유명한 철학자의 말을 바꿔서 말해 보자면― 동물과 그 밖의 존재들은 "빈곤한 존재 양식"인 반면에 인간(특히 근대인)은 탁월하게 "구성하는 존재 양식"으로 나타난다는 점을 눈치채지 않을 수 없었다.

42 우리는 여기서 라투르를 따른다. 정적이 무엇인지 알기 위해 슈미트를 읽을 필요는 없을 것이다.

43 역사는 거꾸로 가지 않는다고 누가 말하는가? [항생제의 황금시대가 끝나간다는] 월쉬의 진단(Walsh, 2014)과 그에 못지않게 당혹스러운 [위 속의 박테리아가 우리의 수명을 연장한다는] 피플스의 주장(Peeples, 2014)을 참조할 것.

44 클라크(Clark, 2013) 참조. 공표된 화석연료 매장량의 이산화탄소 배출 잠재성에 따라 분류된 200개 주요 국영 기업 명단을 확인하려면, Fossile Free Indexes(2015)를 참조할 것. Carbon Tracker Initiative 웹사이트 〈http://www.carbontracker.org/site/〉도 참조.

45 ETC Group(2008), Food Processing(2015)을 참조할 것.

46 풍부한 자료로 뒷받침된 찰스 만의 책(Mann, 2005)은 아메리카 대륙 침략 당시의 인구에 대한, 여전히 치열한 논쟁을 개괄한다.

47 국제자연보전연맹의 웹사이트에 실린 기사(International Union For Conservation of Nature, 2009)와 앞에서 언급한 콜버트의 책(Kolbert 2014)을 참조할 것. 또한 1998년 이래 지금까지 대멸종에 관한 뉴스를 모아 둔 데이비드 울란지(David Ulansey)의 충격적인 웹사이트 The Current Mass Extinction[현재의 대멸종]을 참조할 것. (〈http://www.mysterium.com/extinction.thml〉).

48 또는 어쩌면 마야의 붕괴는 그처럼
세상의 종말보다도 더 생각하기
어려운 것이었다: 한 국가의 종말,
복속된 민족들에게 그들의 자율성을
되찾게 해줄, **국가 자체의 종말**? 발터
벤야민이 말했듯이 문화의 기록이 모두
야만의 기록이라면, 중앙아메리카와
안데스 문명이 낳은 걸작들, 기념비적
건축물들과 지식도 그럴 것이다.

49 근대적 **노모스**의 위대한 이론가는
이 과정에 대해 이렇게 말해야 했다.
"지적인 우세['정신적 우월성(spiritual
superiority)으로 쉽게 번역되는 geistige
Uberlegenheit]는 전적으로 유럽인들의
쪽에 있었다. 그래서 신세계는
'접수'하기만 하면 되었다(Schmitt,
2006:132). 이것은 아메리카의 문화가
"정신이 그것에 접근하자마자 수명을
다할" 운명이었다는 헤겔(Hegel, 1956:
81)의 심술궂은 명제의 메아리일까?

결론: 벼랑 끝의 세상

과거와 미래의 전쟁들에 맞서는 자발적 전쟁은
영원이 아닌 생성의 이름으로 모든 죽음에 저항하는
죽음의 고통이며, 모든 흉터에 저항하는 상처다.

들뢰즈와 가타리
(Deleuze and Guattari)

지금까지 우리는 많은 부분에서 우리의 여정을 이끌어 준 세 명의 사상가에 대해 논의했다. 하지만 네 번째이자 마찬가지로 중요한 사상가인 이자벨 스탕게르스에 대해서는 그다지 주의를 기울이지 못했다. 여러 해 동안, 적어도《대재앙의 시대: 다가오는 야만에 저항하기(In Catastrophic Times: Resisting the Coming Barbarism)》의 프랑스어 원서가 처음 출간된 2009년 이래, 스탕게르스는 가이아의 복잡하고 모호한 양상을 끌어들여서 "재난의 시대", 즉 우리 시대를 이해하려고 노력해왔다. 하지만 스탕게르스의 가이아는 라투르의 가이아와 동일한 실체가 아니다.[1] 스탕게르스에게 가이아는 우선 어떤 사건(*event*)의 이름이다. 우리의 역사로 난입하는 어떤 "초월성"의 얼굴. 인간이 유발한 지구온난화로 정의되는 대재앙의 지평선. 우리는 결코 다시는 그것을 무시할 수 없게 될 것이다. 가이아는 우리의 세상을, 우리가 가진 유일한 세상을 위험에 처하게 하는 사건이다. 따라서…(Stengers, 2013b:135). 뒤에서 살펴보겠지만, 이 "따라서"는 멈춰서 생각해야 하는 지점을 정확히 표시하고 있다. 이 "따라서"로부터 끌어낼 수 있다고 기대되는 결과에 대해 생각하기. 이는 우리가 이 "우리"에 부여하기로 선택한 정치적 확장과 긴밀하게 연결되어 있다.

가이아는 자본주의라는, 잔인하도록 무책임하기에 무차별적인 선험성에, 잔인하도록 냉정하게 대응하는 또 다른 선험성이다. 인류세가, 차크라바르티와 라투르가 부여하는 의미에서, 이 행성의 모든 거주자에게 미치는 효과(*effect*)를 가리키는 이름이라면, 스탕게르스의 가이아는 작전(*operation*)[2], 즉 이 효과가 그것을 유발한 이들에게 갖게 될 효과를 가리키는 이름이다.

기후 교란, 그리고 지구상의 생명에게 유해하며, 사람들이 개
발이라고 부르는 것에 공통된 기원을 두고 있는 다른 모든 과
정은 물고기에서 인간에 이르기까지, 이 지구에 사는 모두에
게 영향을 미친다. 하지만 가이아를 명명하는 것은 "우리"[근
대인들]을 향한 작전이다. 그것은 "사람들" 대신에 "우리"를 불
러내려 한다(Stengers, 2013b:115).

스탕게르스는 여기서 지구와 몽상적이고 환상적인 관계를 맺고
산다고 여겨지는 "민족들"과 "우리"를 지난 몇백 년 동안 갈라놓
은 거대한 분리를 상기시킨다. 여기서 "우리"는 추상적인 삼인칭
을 나타내는 비인격적인 "사람들"[프랑스어의 on]을 대신한다. 자
연의 진짜 본질을 이해하는 것을 가능하게 해주는 익명의 관점.
우리 근대인들은 이 관점의 열성적인 후견인이다. "가이아"는 그
러므로 무엇보다 "우리"와 관련이 있다. 인류의 등불이 되어 다
른 민족들을 문명화하고 근대화하여 유용하게 만들 사명을 스
스로에게 부여한 우리. 스탕게르스는 라투르의 용어와 들뢰즈와
가타리가 제시한 중대한 구별을 조합해서 이렇게 말하고 있는
것 같다. 인간은 지구생활자들에 대해서가 아니라 지구생활자
들 앞에서 책임이 있다는 것을 인정할 때가 왔다. 이를 인정하지
않고서는 어떤 협상도 가능하지 않다. 우리 자신이 먼저, 극도로
미개한 자본주의 논리와는 어떤 타협도 가능하지 않다고 확신하
지 못한다면, 가이아와의 피할 수 없는 타협도 없다.
　　스탕게르스와 라투르가 가이아를 이해하는 방식의 차이보
다 더 큰 차이가 스탕게르스의 2009년 책의 부제에 나타나 있
다: 다가오는 야만에 저항하라. 스탕게르스는 이 요청을 이제
부터 우리는 언제나 가이아를 고려해야 한다는 경고와 결합한

다. 이는 우리가 직면한 전쟁이 우리를 평화로 이끌 수 있다는 라투르의 생각과 대조를 이룬다. 스탕게르스에게 있어서 가이아는 "지구의 민족들 모두를 통일시켜야 하는 것"(Ibid.:117)이 아니다. 그것은 통일감과 소속감을 고취하는 이름이 아니다. 오히려 침입과 불안감을 조장하는 이름이다. 가이아는 인류세에 저항하라는 소집령이다. 즉 인류세와 더불어(인류세 안에서) 살면서, 그에 맞서는 방법을 익히라는 것이다. 다른 말로 하자면, 우리 자신에 맞서라는 뜻이다. 요컨대, 적은 "우리"—우리 인간들이다. 라투르가 이미 기퍼드 강연에서 논했던 대로, 인류세의 시작은 인간의 종말의 전조다. 그리고 이제 스탕게르스(Ibid.:125)가 나서서 "다른 꿈을 꿀" 의무를 이야기하고 있다.

> 지구상의 모든 사람을 합의로 이끌 수 있는 합리적, 객관적 지식이라는 이상적 모델에—그것을 홍보하기 위해서든, 해체하기 위해서든—사로잡혀 있는 한, 우리는 앞으로도 이 다른 민족들과 그 이름에 걸맞는 관계를 수립하지 못할 것이다 (Ibid.:124).

우리가 주목해야 할 것은 스탕게르스에게 있어서 가이아 개념은 인류세 개념의 해독제라는 점이다. 스탕게르스는 이 지점에서 도나 해러웨이나 엘리자베스 포비넬리(Elizabeth Povinelli)와 같은 쪽에 있다. 이들이 보기에 인류세 개념은, 단순히 어떤 지질 시대(그것의 위협적인 현실은 둘 중 누구도 의문시하지 않는다)를 지시하는 것 같으면서도, 물밑에서 인간 중심적(해러웨이) 또는 생명 중심주의적(포비넬리) 형이상학을 몰래 끌어들일 위험이 있다. 호모 사피엔스에게 지구의 역사를 좌우하는 "운명적인" 권력을 (파괴적이기만 할지라도) 부여하는 형이상학. 이때 지구의 역사는 우리를 수많은 다른 종들과 연결하는, 하지만 다른 곳에서, 우리의 기술적 상상력이나 인식론적 관할구역으로부터 아주 멀리 떨어진 네트워크들, 장소들, 규모들, 차원들 속에서 발전하는 참여들로부터 분리된 채 추상적으로 이해된다.

이런 점에서, 스탕게르스의 가이아, 해러웨이(Haraway, 2013)의 "트러블과 함께하기(staying with the trouble)"와 "더불어 되기(becoming with)", 그리고 포비넬리(Povinelli, 2013)의 "지질존재론(geontology)"(오스트레일리아 토착민 세계에서 영감을 끌어온다)은, "인간 없는 세상"의 신화적 도식의 창의적 변형—레비스트로스라면 이중의 구조적 꼬임(double structrual twists)이라고 말했을—이라고 할 수 있다. 세상이 그 자체로 있다는 의미에서, 즉 다수의 비인간 존재론들에 의해 횡단되는 다중 우주로서, 우리에게 어떻게 따라올지 배우도록 요구하는 생성 속에 함축되어 있다는 의미에서든, 아니면 인간들이 라투르가 지구 생활자들이라고 부른 것—세상의 일부로 간주되는 모든 존재들과, 서로 겹쳐져서 세상을 이루는, 그 존재들만큼 많은 관점들—으로 대체되어야 한다는 의미에서든 말이다. 지구생활자들은 있는 그대로(그들을 "있는 그대로" 생각하는 게 가능하다면) 어떤 세상의 불화하는 모나드적 표현이다. 이 세상은 반대말이나 반대자가 없다. 왜냐하면 그것은 자신에게 초월적 관점에서 종합적 통일성을 부여해줄 주체를 기다리는 객체가 아니기 때문이다. 저항의 모드로 경험된 이 인류세의 "인간 없는 세상"은 그러므로 아메리카 원주민의 "인간으로 이루어진" 세상과 수렴한다. 가이아의 결정적인 초월성은 "파차마마의 사람들"이 상정하는 인간-지형학적(anthropogeomorphic) 편재성과 구별할 수 없게 된다.

§

"세상-시간의 어머니" 파차마마는 안데스 산지와 메소아메리카 문화에서 대지의 신들이 모두 그렇듯이, 원래 "모성"이라고 할 만한 특성이 없는 신이었다. 스페인이 아즈텍 제국을 정복한 후 파차마마는 성모 마리아와 결합하면서 서서히 문명화된다. "선한 대지의 여신" 이미지는, 신화에 뉴에이지가 덧붙여진 것으로, 남미 고원지대 원주민들 사이에서 얼마간의 당혹감 그리고/또는 메타문화적 애착("전략적인 파차마마주의?")을 가져왔다. 안데스 지역 국가들의 공식적인 정치적 상상 속에서의 이 개념의 운명은 최근에 풍부하게 논의되었다. 우리는 독자들이 갈리니에와 몰리니에의 책(Galinier and Molinié, 2006)을 참조하길 바란다. 민족지학적으로 엄청나게 풍요로운 책이다. "쉽게 풀어서 설명하려는" 노력이 살짝 거슬리기는 하지만 말이다. 그 모든 모호함에도 불구하고, 파차마마가 가이아보다 나은 점 중 하나는 (이것을 두고 우리가 싸워야 할 정도는 아니지만) 최소한 파차마마는 그리스어를 할 줄 모른다는 것이다. 아무튼 우리가 타자를 위한 공간을 마련하고 싶다면, 조금 더 노력해야 한다…. 현재 이 행성의 위기가 동원하고 있는 어휘들이—"행성(planet)"과 "위기(crisis)"를 포함하여—모두 이 고대의 신화적 언어에서 왔다는 건 우연이 아니다. Anthropocene(인류세), Gaia(가이아), catastrophe(재난), cataclysm(참사), apocalypse(종말)…. (라투르는 자신의 삼각형—데모스, 노모스, 테오스—을 가지고 그것을 깊숙이 탐사한다). 언젠가 지구온난화가 화염을 일으키는 8°C 상승에 도달한

다면, 그날을 가리키는 말로 친숙한 라틴어 "conflagra-
tion(대화재)" 대신에 같은 뜻의 그리스어 에크피로시스
(*ekpyrosis*)가 쓰일 거라고 예상해 본다.

물리주의적 제거주의(physicalist eliminativism)[*]나 "심령주
의적 이원론(plysicalist dualism)과는 완전히 동떨어진 방식으
로, 하지만 또―왜 안 되겠는가?―이른바 "상관주의적" 변증법
과도 완전히 동떨어진 방식으로, 인간다움과 세상의 관계는 뫼
비우스의 띠처럼 이어진 관계로 생각될 수 있다. 사유와 존재,
생물과 무생물, 문화와 자연의 불가분성은 동전(그 동전의 재료
는 무엇일까?)의 앞면과 뒷면의 논리적, 형식적인 불가분성과 다
르다. 그보다는 정확히 뫼비우스 띠의 표면처럼 완벽한 동질성
이자 일체성이다.[3] 인간다움과 세상은 문자 그대로 같은 면 위
에 있다. 두 용어의 구별은 자의적이고 실체가 없다. 우리가 인
간다움(사유, 문화, 언어, "내면")에서 출발하면, 어떤 경계도 넘
지 않고 세상(존재, 물질, 자연, "거대한 외계")에 다다르게 되
며, 그 역도 성립한다. "다원주의=일원주의"라는, 들뢰즈와 가타
리(Deleuze and Guattari, 1987:20)가 추구한 마법 공식을 타
르드의 마법사나 아메리카 원주민 샤먼이 읽으면, "범심론=유물
론"으로 읽힐 수 있다.[4]

"반대편"에 있는 사람들, 말하자면 자기들이 깨지지 않은 인
간다움-세상 평면의 바깥에 있다고 믿는 사람들은 "자연에서 벗
어나야 하는 인류의 소명"이라는 근대주의적 가위로 이 뫼비우
스 띠를 자르는 임무가 자기들에게 있다고 여긴다. 문제는, 앞에

[*] "욕망"이나 "믿음" 같은 마음의 상태들은 실재하지 않으며 뇌과학이 발전하면
제거될 거라는 주장.

서 보았듯이, 적들이 우파에서뿐 아니라 좌파에서도 발견된다는 것이다. 적어도 전통적인 방식대로 정치적 스펙트럼을 만든다면 그렇다. 자기들이 좌파를 정의하는 고전적인 정치적 상상, 즉 "다른 세상이 가능하다"는 아이디어의 계승자라고 생각하는 사람들 사이에서 상호 고발이 급증하고 있다(사실 항상 그래왔지만). 우리는 여기서 이 비난 게임의 즐거움을 포기하지 않을 것이다. 이 에세이의 기본적인 의도는 우리 시대에 적합한 사상과 신화를 생산하려는 동시대적 상상력의 거대한 노력을 설명하는 데 있지만, 그렇다고 해서 우리가 그런 노력의 어떤 형태를 편들면서 다른 형태를 비판하면 안 된다는 법은 없다.

현재 진행 중인 가장 흥미진진한 논의 중 하나는 역사의 속도와 그 차이들에 관한 것이다. 가속화의 정치 경제학을 제안하는 철학적(형이상학적, 정치적, 미학적) 흐름과 감속의 정치 생태학의 옹호자들이 대립하는데, 스탕게르스(Stengers, 2013b; 2015)는 후자를 점점 더 소리 높여 지지하면서, 브뤼노 라투르와 공유하는 일련의 주제들을 전개하고 있다. "머뭇거림," "주목," "외교," 그리고 "타자를 위한 공간 만들기"의 필요성.[5]

앞에서 언급한 최초의 "가속주의 선언문"에서 저자들이 내놓은 다음과 같은 논평이 우리에게는 아주 중요하게 느껴진다.

우리가 생각하기에 오늘날 좌파에서 가장 중요한 대립은 로컬리즘, 직접 행동, 가차 없는 수평주의가 특징인 민중 정치를 고수하는 사람들과 테크놀로지에 기반을 둔, 추상적이고 세계화되고 복잡한 근대성을 가지고 가속주의 정치라고 불러야 할 것의 윤곽을 그리는 사람들 사이에 있다(Williams and Srnicek, 2013).[6]

결론: 237 벼랑 끝의 세상

이 진단은 우리가 보기에도 꽤 정확한 것 같다. 이것은 실제로 오늘날 "좌파"에서 가장 중요한 균열이다. 물론 우리는 이 인용문이 보여주는, 그리고 "선언문" 전체에 걸쳐 나타나는 후자에 대한 분명한 선호에 대해서는 전혀 공감하지 않는다. "선언문"에 따르면, 전자—무시하듯이 "민중 정치"라고 서술되는—는 시대에 역행하는 보존주의인 반면에, 후자는 우리를 후기 산업화의 약속의 땅—그곳에서는 공장이 저절로 돌아갈 뿐 아니라, 구체적인 "외부성"[지구의 한계 등]을 전혀 갖지 않는다—에 데려다줄 유일한 대안이다. 우리 시대는 결국 추상성이 특징이다. 테크놀로지가 규정할 것이다.

이미 말했지만, 우리 눈에는 유럽 중심적, 진보적 종말론에서 영감을 얻은 게 분명한 이 "가속주의 정치"야말로, 합리주의적, 제국주의적, 정복자적 과거—"좌파는 계몽주의 속에서 자신의 뿌리와 다시 연결되어야 한다"(Srnicek, Williams, and Avanessian, 2014) —에 향수를 느끼는 것으로 보인다. 가속주의자들이 자동화와 기술 진보의 해방적 미덕에 대한 신념을 계속 유지하는 것은 그들의 미래학적 비전—가이아의 침입—의 한가운데 눈부신 맹점의 폭발이 있을 때만 가능하다.

두 선언문은 기술발전 가속화의 장점을 역설하면서도 거기에 필요한 물질적 조건들—에너지, 환경, 지정학의 면에서—에 대해서는 한마디도 하지 않는다. 선언문의 주장대로라면, 기술발전은 "자동적으로" 노동시간 감소(방글라데시에서도? 언제?)와 여가의 증가(스펙터클 사회가 벽장문을 열고 나온다![7]), 보편적 기본 소득으로 이어진다.

좌파와 우파를 막론하고, 당면한 위기들에 대한 소규모의 지역적 해법이라는 환상에 젖어 있는 사람들과 맞서려면, 우리는 복잡하고 추상적이고 다차원적인 세계를 미리 만들어진 틀에 따라 단순화하지 말고 리엔지니어링 해야 한다. 민중 정치적 해법 대신에 완전한 업무 자동화, 노동 시간 단축, 모두를 위한 보편적 기본 소득을 밀어붙여야 한다(Srnicek, Williams, and Avanessian, 2014).[8]

다른 가속화, 환경 파라미터들의 임계점 돌파와 관련된 가속화—언제 우리는 +4°C에 이르고 또 +6°C나 +8°C에 이르게 될까? 어족 자원은 언제 고갈될까? 언제 아마존의 열대우림은 쉽게 불붙는 초원이 될까? 얼마나 많은 기후 난민이 유럽의 요새로 몰려들 것인가?[9]—에 대해서는, 완전히 부인하지는 않는다고 해도, 경박할 만큼 가볍게 고개를 끄덕일 뿐이다. "오늘날 기후 변화와 그 효과가 환경에 대혼란을 가져올 거라고 예상하는 것은 상식이 되어 있다."(Srnicek, Williams, and Avanessian, 2014. 강조는 저자)

스탕게르스라면 "해방의 꿈이 우리를 서로 대립시킨다"(Stengers, 2013b:124)고 말할 것이다. 과연…자본주의를 폭발적인 긴장 속으로 몰아넣어서 전례 없는 탈영토화와 욕망들의 총체적인 탈코드화를 향해 나아가게 할 필요성에 대한《안티 오이디푸(Anti-Oedipus)》의 한 구절을 영감의 주원천으로 삼고 있는 게 분명한 가속주의자들이, 그와 동시에, 정치와 경제에 대해서, 그리고 무엇보다 그들이 보내는 메시지의 실질적인 수신인이 누군지에 대해서 명확하게 다수결주의적 개념을 채택하고 있다는 점은 놀라울 뿐이다. 일반적으로 그들의 담론은, "자본주의" "노동자들" "세계 문명" "인류" 또는 "대중"을 제외하면, 어떤 사회·정치적 카테고리도 동원하지 않는다. "우리"라는 자기 도취적 회로의 바깥에 있는 다른 집단들의 존재와 저항은 무시된다. 또는 "우리"만큼이나 느슨한 카테고리인 "민중(folk)"으로 분류된다. 아마도 이는 가속주의자들에게는 타자성이 지구의 표면에서 사라져서 이 민족들이 더 이상 또 다른 "우리"를 표명하기 위한 중심점들로 존재하지 않기 때문일 것이다. 또는 민족들이 아직 남아 있다고 해도 결국 새천년의 후기 자본주의를 향해 "우리"를 발사시킬 대화재의 구원의 불길 속에서 소멸해 버릴 것이기 때문이다. 일루미나티 같은, "배타적이지 않은 배제"의 전위주의 정치학 속에서 그들은 이렇게 제안한다.

> 절차로서의 민주주의를 압도적으로 특권화하는 것은 버려두고 가야 한다. 오늘날 "급진" 좌파에게서 흔히 볼 수 있는 개방성, 수평성, 포용성에 대한 집착은 비효율성을 위한 무대를 세운다. 비밀 유지, 수직성, 배타성은 모두 효율적인 정치 행위에서 (배타적인 자리는 아닐지라도) 자기 자리가 있다 (Williamsn and Srnicek, 2013).[10]

그러므로 "선언문"의 저자들은 타자로 남아 있는 수많은 주체-집단들을 조용히 제외하기만 하는 게 아니다. 이들에게 보편적인 진정한 포용은 아직 조건 없는 도덕적 복종으로 변화하지 않았다. 오히려 그들은 이 행성을 구성하는 무수히 많은 비인간 개체들, 계보들, 사회들에 대한 망각을 전시하듯 내보인다. 이런 망각은 결국 완벽히 인간적이다. 아무튼 도살장이나 달걀 공장 또는 우유 공장에서 자기 차례를 기다리는 동물들을 제외하면, 가속주의자 동물이 있을 것 같지 않다. 한편, 우리는 모두 이 넓은 세상에 "민중적" 기계들, 느리지만 효율적이고, 완전히 "지역적인(local)" 방식으로 기능하는 기계들이 얼마든지 있다는 걸 안다(유명한 "보편적 기계"도 기능하기 위해서는 자신을 물질적으로, 따라서 지역적으로 구현해야겠지만). 그것들이 현재의 사회기술 과정을 지탱하기에는 아무래도 부족하다는 것은 의심의 여지가 없다. 문제는, 그것들이 또 다른 층위의 정언명령들—가이아의 이름 아래 새겨져 있는 명령들—로 인해, 더 오래 살아남을 수 있고, 어느 때보다 불가결하며, 뒤처진 게 아니라 오히려 우리보다 앞서가고 있는 건 아닌지이다.[11]

가속주의자들은 한마디로, 자본주의와 타협하고 싶어 한다. 자본주의를 초월할 수 있다는 희망 속에서, 말하자면 자본주의보다 더 영리해지려 한다. 자본주의 특유의, 영적으로 사로잡는 힘(마법, 흡혈, 좀비화)에서 벗어날 수 있도록 말이다.[12] 문제는, 스탕게르스의 생각이 옳다면, 자본주의와의 타협은 무의미하다는 것이다. 오직 그것과의 싸움이 있을 뿐이다. 반면 가이아—사악한 영적인 힘이라기보다는 무관심한 물질적 조합—와 맞섰을 때는 싸움이 무의미하다. 오직 타협이, 함께 만들어 나가기(*composing with*)가 있을 뿐이다. 가이아의 침범하는 선험성은 바야흐로 인간 역사의 모든 서사시적 혹은 역사적 버전들을 우스꽝스럽게 만들면서 우리에게 이 상황에 대해 생각하도록 강요하기 때문이다. 근대성 속에서 전례가 없었던 이 상황은 바로 선택의 부재이다.

그리고 아마도 그 테스트는 아무런 노스텔지어 없이 과학과 기술의 발전에 눈이 먼 19세기의 유산을 버리라고 요구할 것이다. 19세기는 해방과 내가 유물론의 "서사시적" 버전이라고 부르려는 것, "지구를 지배하도록 창조된" 인간의 우화를 인간 노동에 의한 자연 정복의 이야기로 바꾸려 하는 버전 사이에 연결을 만들었다. 이 연결을 잘라내야 한다. 이것은 유혹적인 개념적 속임수이다. 하지만 이런 지배나 정복을 위해 가용한 지구가 있다는 데 베팅하는 속임수이다(Stengers, 2015:58).

언제나 정당한(어떻게 정당하지 않을 수 있겠는가?) 해방의 필요성은 그러므로 자연 정복의 대서사시라는 생각에 함축된 인류학적 남성성 과시(machismo)와 단호하게 절연해야 한다. 그리고 19세기가 "진보" 개념에 할당한 의미들, 치유 불능으로 향수병에 걸린 가속주의자들이 보존하고 싶어 하는 의미들과도. 이 세계를 인간과는 선험적으로 다른 것으로 생각하면서, 근대인들은 세계가 경험적으로 "공짜"이고, 고갈되는 일 없이 무한히 이용 가능하다고 믿었다. 자유의 물질적 비용은 결코 그들의 머리에 떠오르지 않았다. 자본가들 몇 명의 목을 베는 것으로 충분했다…. 그러나 차크라바르티는 다음과 같이 지적한다(Chakrabarty, 2009:208).

계몽시대 이후 자유에 대한 그 어떤 논의에서도, 인간이 자유의 획득과 밀접히 연결된 과정을 통해서 획득하고 있었던 지질학적 행위 능력에 대한 인식이 전혀 없었다. 이해할 수 있는 일이지만, 자유주의 철학자들은 주로 인간이 불의, 억압, 불평등, 혹은 다른 인간들이나 인간이 만든 시스템이 강요하는 획일성에서 어떻게 벗어날 것인지에 관심을 기울였다. 지질 시대와 인간 역사의 연대기는 무관한 상태로 남아 있었다.

기후 과학자들은 바로 이 두 달력 간의 거리가 지금 붕괴했다고 주장한다. 내가 언급했던, 1750년부터 지금까지의 기간은 인간들이 목재를 비롯한 재생 가능한 연료로부터 대규모 화석 연료—처음에는 석탄, 그리고 이어서 석유와 가스—사용으로 돌아섰던 때이기도 하다. 근대의 자유라는 대저택은 계속해서 확대되는 화석연료 사용을 토대로 세워져 있다. 지금까지 우리가 얻은 자유는 대부분 에너지 집약적이었다.

가이아의 이름이 반근대주의적 도발인 이유가 여기에 있다. 가이아에 대해 말하는 것은 또한 "좌파 가속주의"의 출현을 예고하는 "유사-부정론적(quasi-denialist)"(Stengers, 2013a:177) 입장을 폭로하는 방법이다. 바디우는 좌파 가속주의자들에게 "긍정주의자(affirmationist)"라는 흥미로운 이름을 붙였는데, 이들은 가이아의 침입이 완벽한 자유에 대한 상상을 방해할까 봐 두려워한다. 프로메테우스적인 지배에 의해 가능해지는 이 자유는 그들을 존재론적으로 육체에서 분리된 상태, 테크노-천사로의 변모로 이끌 것이다. 우리는 아마도 누가 최근에 아편을 피웠는지 질문해야 할 것이다.

이제 긴급성의 문제를 간단하게 살펴보자. 다른 말로 하면 과거에 일어난 일에 비추어서 현재 행동에 부여되는 속도를 평가하는 일이다. 위에서 우리는 가이아가 긴급하고 전 지구적인 위협이라는 사실에서 끌어낼 수 있는 결과들 앞에서 스탕게르스가 보여준 망설임("따라서…")을 언급했다. 그녀는 이런 긴급성에 대한 감각이 세상과 인류를 단일화하는 미숙하고 권위적인 거시정치로 쉽게 전환될 수 있다고 믿는다. 스탕게르스가 두려워하는 가능성은 특히 과학이 일종의 "전시(戰時) 생태학"—(당연하게도 지정학적 기득권층의 통제 아래서) 초국가적 대리자가 결정하는 예외 상태—을 정당화하는 데 다시 한 번 동원되는 것이다. 초국가적 대리자는 현대의 과학 연구를 이 행성의 경제를 움직이는, 게걸스레 에너지를 먹어대는 기계에 더욱 단단히 결박시킬 것이다—"비물질적 경제"의 도래가 촉진할 해방적 보편화의 꿈 위에서, 혹은 배후에서. 긴급성에 기대는 것은 결국 "개발"에 대한 악마적 복음의 엄청난 만개를 은폐하는 것으로 귀결될 수 있다. 물론 이 "개발"은 녹색이고 지속 가능하며 인지 자본 집약적인 개발이다(당연히 물질 자본도 집중되겠지만).[13] 이 시장은 세계국가들의 포고령들과 군대들에 의해 유지된다. 세계국가는 이 사람들, 민족들, 국가들에 더욱 절대적인 침묵을 강요하며, 긴급성의 이름으로 내려진 결정들의 "안타깝지만 어쩔 수 없는 결과들"을 감수하도록 만들 것이다. 스탕게르스(Stengers, 2013b:139)는 경고한다: "긴급함을 느끼는 것은 물론 정당하다. 그러나 위험은 이 긴급함이 마침내 인정되었을 때 어떤 일이 일어나느냐는 질문을 긴급성의 이름으로 한쪽에 치워놓는 것이다." 스탕게르스가 정치과정의 "범세계적 감속(cosmopolitical slow down)"을 그토록 강조하는 것은 이 때문이다. 이것은 이유 없는 주장이 아니다. 우리가 보기에 이것은 세계경제의 감속—다양한 국민경제의 예상 "성장" 속도를 급진적으로 재분배하는 것—과 관련되어 있으며, 못지않게 중요하고 심지어 더 긴급한 조건이다. 이는 "생산력"의 기술적 진화 모델의 근본적인 방향 전환을 함축한다. 그리고 근대인들의 무책임함에서 비롯된 엄청난 결과를 기다리고 있는 인간과 비인간들의, 문자 그대로 외교적인 대화를 수반하게 될, 폭넓은 대화의 물꼬를 트는 일을 포함할 것이다. 이 범세계적인 감속은, 스탕게르스(Ibid.:139. 강조는 저자)

에 의하면, "순전히 인간적인 문제로서의 정치를 발명한 그런 세계에 적용되며" 인류학이 발견한 다른 인간세계에는 해당하지 않는다. 따라서 그것은 "우리의 문제에 대답하며, 그러한 대답이 긴급성의 이름으로 이루어진다면 가이아의 침입이 끌어낼 수 있을 잔혹한 결과들에 대답한다."

아무튼 인간들(라투르적 의미에서)은 이미 전쟁에서 졌다는 점을 인정하자. 그들의 세계는 이미 끝났다. 반면 지구인들은 전쟁에서 질 수 없다("…수 없다"의 당위적 의미와 사실 판단적 의미에서 둘 다). 이제 얼마나 많은 인간(린네적 의미에서)이 다가오는 수십 년간 지구인의 캠프에 남게 될 것인가 생각해 보기로 하자.

이　세　상　을　믿　는　다　는　것

환경 위기 담론에는 흥미롭게도 자꾸 나타나는 주제들이 있다. 이미 시작된 재난에 대처하기 위한 대안적 방법들을 숙고하는 사람들 사이에서만이 아니라, 임박한 휴거가 우리를 새로운 존재론적 단계로 데려갈 거라고 믿는 (좌파와 우파) 가속주의자들 사이에서도 그렇다. 또한 늘 하던 대로 "드릴, 베이비, 드릴(drill, baby, drill)"*을 외치는 비즈니스 신봉자들 사이에서도. 이 반복되는 주제는 "역사는 후퇴하지 않는다"는 것, 즉 우리는 "석기 시대로 돌아갈 수 없다"는 것이다(또는 중세로, 또는 에덴동산으로…). 왜 모든 진영이 이 점에서, "우리가 돌아갈 수 없다"는 점에서 의견이 일치하는 것처럼 보일까? 여기서 쟁점은 분명히 "시

---

* 기후 위기 담론에 신경 쓰지 말고 석유 시추를 계속 하자는 구호로 2008년 공화당 전당대회에서 처음 사용되었다.

결 론 : 245 벼 랑 끝 의 세 상

간의 화살"에 관한, 마찬가지로 유혹적인 물리학적 문제가 아니다. 최소한 우리가 현재 가지고 있는 존재론적 상식—이 자리에서 반박할 이유가 없는—에 따르면, 우리가 시간을 거슬러 과거로 이동할 수 없다는 것이 자명하다. 그렇다면 우리는 이렇게 물어야 한다. 이 자주 반복되는 문장에서 무엇이 그렇게 자명해 보이는 걸까? 그 문장은 어째서 그토록 호소력이 있는가, 또는 그 문장의 적절성을 의심하는 게 어째서 그토록 충격적인가?

세상과 인류의 종말에 관한 오늘날의 신화들을 탐구하는 우리의 여정을 끝맺기 전에, 우리는 이 의문과 관련하여 두 가지를 이야기하려 한다. 첫째, 이미 죽은 것을 애도하지 못하는 무능력은 그저 끔찍한 게 아니라 죽음을 초래한다. 흘러가는 나날은 우리가 이미 급격하게 축소된 세상에서 살고 있고 점점 더 그렇게 될 것이라는 인상을 하루하루 더 확고하게 만든다. 우리의 업적과 야망의 크기를 축소하는 것은 아마도 앞으로는 선택의 문제가 아닐 것이다.

둘째, 그렇다고 해서 우리가 지금 세상이 이미 끝났다거나, 끝나고 있다, 혹은 끝날 거라는 이야기를 하려고 이 자리에 있다는 뜻은 아니다. 세상 안에는 수많은 세상이 있다.[14] 앞에서 우리는 빈곤한 세상, 그마저도 더는 자기들 것이 아닌 세상에서 저항하는 민족들에게서 배울 점이 많다고 말했었다. 라스 폰 트리에의 〈멜랑콜리아〉에서 "스틸브레이커 이모(Aunt Steelbreaker)"*가 지은, 연약하고 투명한 "마법 동굴"을 떠올려 보자. 인디언의 티피를 대충 흉내 낸 이 순수하게 형식적인 은신처와 그 안에서 몇 초 동안 열린 작은 의례만큼 무의미하고 기이하게 보이

---

* 〈멜랑콜리아〉의 여주인공 저스틴의 별명.

는 건 아마 없을 것이다. 하지만 거기서 행해진 것은 "한낱" 절
망적이고 헛된 의례가 아니라, 훌륭한 조립, 비상 대책, 효과적
인 의례의 근본적으로 기교적이고 전문적인 성질에 대한 날카
로운 인식을 표현하는 야생의 개념-대상이다. 그 작은 오두막은
그 순간에 피할 수 없는 충격의 영향(스탕게르스가 말한 "따라
서…")을 하나의 사건—들뢰즈와 가타리가 "벌어지는 모든 일
에서 그 자신의 실현을 회피하는 부분"(Deleuze and Guattari,
1994:156)이라고 말했을 때에 가졌던 의미에서—으로 바꿔놓
을 수 있는 유일한 것이다. 거기서, 이 순수하게 가상적인 오두
막, 안과 밖이 구별되지 않는 오두막 안에서, 과거, 현재, 미래
는 하나로 합쳐진다. 마치 허버트 조지 웰스의 《타임머신(The
Time Machine)》(세상을 잃은 미래의 인간에 대한 또 다른 위
대한 신화)에 나오는 타임머신에서처럼. 아니면 차라리 이렇게
말할 수 있다. 이 오두막에서 일어나는 일(통과)은 느리게 하는
행위, 감속 행위이며, 이는 시간의 역설적 차원을 추출하는 것
을 가능하게 하고, 감각 질서의 변화를 끌어낸다. 그리하여 "시
간은 다른 차원에서 재개되기 위해 중단된다"(Zourabichvili,
2012: 143). 〈토리노의 말〉의 시간처럼, 죽은 시간(Deleuze and
Guattari, 1994:158). 〈토리노의 말〉에서는 짐시의 수레 외에
는 아무것도 지나가지 않는다. 그리고 짐시의 수레는 완전히 다
른 평면 위를 지나간다. 사건과 생성의 평면 위를["크리시포스
(Chrysippus)는 가르쳤다. '네가 무언가를 말한다면, 그것이 너
의 입술을 통과하여 지나간다. 네가 "짐수레"라고 말한다면, 짐
수레가 너의 입술을 통과하여 지나간다'"(Deleuze, 1990:18)].

한때 우리가 진공을 혐오했던 것처럼, 오늘날 우리는 감속,
후퇴, 퇴각, 한계, 역성장, 브레이크 걸기, 내려가기라는 생각을

결론 : 247 벼 랑 끝 의 세 상

싫어한다. 충분하다는 생각이 싫은 것이다.[15] (우리를 더 높은 세계로부터 떼어놓는 "한계들"을 극복하는 대서사시 대신에) 세계의 집약적인 충족(intensive sufficiency)을 지향하는 운동을 상기시키는 것은 무엇이든 즉시 순진한 지역주의, 원시주의, 비합리성, 자기기만, 죄의식, 심지어 파시스트적 경향이라고 비난받는다.[16] 오늘날 "우리의" 역사적-미래학적 상상력의 지배적인 형태에는 거의 모두, 생각할 수 있고 바랄 수 있는 유일한 방향이 있다. "부정"에서 "긍정"으로 나아가는 방향이다. 적은 것으로부터 많은 것으로, 약간의 소유에서 많은 재산으로, 생계 기술에서 첨단 기술로, 구석기 시대의 유목민에서 현대의 세계시민으로, 야생의 인디언에서 문명화된 노동자로(Danowski, 2012b). "근대화를 겪고 있는" 농민 공동체들이 1988년 헌법—이 헌법은 원주민과 노예의 후손들에게, 그들과 그들의 선조들이 살아왔던 땅을 공동으로 소유할 권리를 주었다—이후 브라질 시골에서 아주 많은 집단이 그랬던 것처럼, 공식 기록상으로는 멸종된 토착 민족과의 역사적 연속성을 법적으로 증명하면서 토착적인 삶으로 되돌아가겠다고 결정했을 때, 분노하고 아연실색한 지배 계층의 반응이 굉장한 구경거리였던 것은 이 때문이다.

유감스럽게도, 아무도 여전히 채찍을 들고 있는 자들을 오래 비웃을 수 없다. 타자성의 존재를 인정하지 않는 사람들의 분노와 탐욕은 곧 원주민들과 기타 "전통적인" 브라질 민중들에 대한 공격으로 전환되었다. 대지주들(그리고 그들의 파트너들, 클라이언트들, 보스들)은 법과 폭력, 합법적인 수단과 범죄적인 수단을 모두 동원하여 일제히 반격에 나섰다.

이렇듯 개인과 공동체는 토착적이기를 그만두는 것만이 가능하다고 (그리고 바람직하다고) 여겨지며, 토착적인 상태로 되돌아가는 것은 불가능하다고 (그리고 역겹다고) 여겨진다. (Viveiros de Castro, 2006). 어떻게 자기들의 미래가 낙후되기를 바랄 수 있는가? 스캔들이 생길 만도 하다. 하지만 토착적인 상태로 돌아가는 것이 역사적으로 불가능하다고 해도, 지역적으로나 전 세계적으로, 일반적으로나 특수하게, 토착민 되기를 경험하는 것은 완벽하게 가능하며, 실제로 일어나고 있는 일이기도 하다. 완전히 예상치 못한 방식으로 브라질 인구의 상당 부분을 사로잡아온 끊임없이 토착민 다시 되기. 이는 우리가 현재 브라질에서 목격하는 가장 중요한 정치적 사건 중 하나로, 원주민들 외에도 수많은 브라질 사람들을 점점 물들이고 있다. 브라질은 거대한 알데이아 마랑카낭(Aldeia Maracanã)이다. 여기에서 토착민이 아닌 사람을 제외한 모든 사람이 토착민이다. 그리고 우리는 모두 토착민이 아닌 사람들이 누구인지, 그들은 어디에 있는지 알고 있다.[17]

바로 이런 의미에서 인디언들, "파차마마의 사람들"은, 라투르의 온화하고 반어적인 목소리로 말하자면, 유일한 지구생활자는 아니지만, 의심할 여지 없이 지구생활자라고 불릴 권리가 있다.

아메리카 대륙에 원래 살았던 사람들—상품 행성과 충돌하기 전에 이미 천년의 역사가 있었던 인간들과 비인간들의 집단들—은 현대의 지구생활자 저항 세력에서 작은 부분만을 차지한다. 이 넓게 퍼진 지하운동은 근대인들이 점령한 행성에서 이제야 겨우 눈에 띄기 시작했다—아프리카, 오스트레일리아, 몽골, 그리고 유럽의 지하실과 뒷골목에서. 그들은 어떤 최종적인 전투나 세계정치의 아마겟돈을 지도할 위치가 아니다. 그들을 새로운 다수의 씨앗으로 묘사하는 건 우스꽝스럽다. 무엇보다 우리는, 그들이 설령 그렇다 해도, 그들이 인간을 구하러 달려올지,

결 론 : 249 벼 랑 끝 의 세 상

오백 년 동안 그들을 무자비하게 박해한 이들을 구원하거나 정당
화해줄지 의문이다. 조직적인 배반의 오랜 역사에 진절머리가 나
서, 그들이 어떤 세계평화를 "협상"하는 데도 흥미가 없고, 우리
를 지옥에서 불타게 내버려 둔다 해도 놀라운 일이 아니다. 어쨌
든, 그들이 여전히 세 개의 아메리카에서(그리고 대체로 전 세계
에서) 보통 사람들의 메가 컬처의 중요한 부분이며, 그리하여 전
지구적인 영향을 갖는 강력하고 예상치 못한 탈주선들을 만들어
낼 수 있다는 것과는 별개로, 한 가지 사실은 분명하다: 아메리카
원주민 공동체들은 비교적 적은 인구와 상대적으로 단순하지만
고도의 혼합적인 조립에 열려 있는 기술과 함께, 과거의 잔재가
아니라 "미래의 형상"(Krøijer, 2010)이다. 기술원시주의적 짜맞
추기와 정치적-형이상학적 변신의 대가들로서, 그들은 사실상 미
래의 생존 가능한 기회 중 하나이다.[18]

세상의 종말을 말하는 것은 상상의 필요성에 대해 말하는 것
이다. 우리가 지금 사는 세상을 대신할 새로운 세상이라기보다는,
사라진 민족을 대신할 새로운 민족에 대한 상상. 이 민족은 우리
가 그들에게 어떤 세상을 남겨주든 자기들이 만들어갈 세상을 믿
을 것이다. 그러니 오스왈드 지 안드라지의 동생이라고 할 수 있
는 질 들뢰즈(Deleuze, 1995:176)의 말로 이 책을 끝맺기로 하자.

우리에게 가장 부족한 건 이 세상에 대한 믿음이다. 우리는
이 세상을 잃어버렸고 빼앗겼다. 당신이 세상을 믿는다면, 당
신은 사건들을 촉발한다, 아무리 눈에 띄지 않는다고 해도,
통제를 벗어난 사건들을. 당신은 새로운 시공간을 만들어낸
다, 그 면적이나 부피가 아무리 작을지라도…. 통제에 저항하
는 우리의 역량, 또는 통제에 대한 굴복은 우리의 움직임 하

나하나의 수준에서 평가되어야 한다. 우리에게는 창의성 그리고 하나의 민족, 둘 다가 필요하다(Ibid.:176).

리우데자네이루에서, 2014년 7월

1   적어도 2010년 이후 가이아는 라투르의 관심사 중 하나였다(Latour, 2010b).

2   라투르의 가이아는 사라진 민족이 인간들과 전쟁에 돌입할 때 깃발이 되어줄, 새로운 우주론적 조합(assemblage)의 **테오스**이지만, 또한 하나의 작전으로도 묘사될 수 있는 것이 사실이다.

3   우리는 라투르가 가볍게 언급한 것을(Latour, 2013d:9) 끌고 와서 추론하고 있다.

4   갈렌 스트로손(Strawson et al., 2006) 같은 혁신적인 분석 철학자가 읽어도 같은 일이 벌어진다. 그는 범심론을 "물리주의적 현실주의(physicalist realism)"의 필연적 결과로 한결같이 옹호해서 여러 유물론 옹호자들을 바쁘게 만들었는데, 이는 애니미즘과 범심론이 철학계에서 진지하게 받아들여지도록 여러 해 동안 애써왔던 인류학자들, 그것들을 철학사의 쓰레기통에서 건져와서 유망한 형이상학적 입장으로, 과거를 회고하는 사상이 아니라 미래를 전망하는 사상으로 만들려 했던 이들에게는 꽤 즐거운 일이었다.

5   이런 주제들, 특히 머뭇거림이라는 주제 덕분에, 이 두 사람은 스트래선 같은 인류학자와 가까운 위치에 놓인다. "비교 형이상학"에 대한 세리시 학술대회(Colloque de Cerisy)에서 길다스 새먼(Salmon, 2013)이 영리하게 끼어들어 정의한 대로, 우리는 이들을 "존재론적 위임(ontological delegation)" 작업의 윤리적-정서적 상관물이라고 부를 수 있다.

6   우리는 이것을 "첫 번째" 선언문으로 참조한다. 새로운 버전이 나오긴 했지만, 동일한 논점을 재탕하고 있다(Srnicek, Williams and Avanessian, 2014).

7   "영화적 생산 양식"에 대한 벨러의 책(Beller, 2006)을 참조할 것.

8   야생의 사상가는 자기가 가지고 있는 것을 무엇이든 이용하면서 실제로 존재하는 세계의 한계 내에서 끊임없이 세계에 다시 의미를 부여한다. 반면 가속주의 정치 공학자는 이런 짜깁기(bricolage)에 반대하면서, 개념의 이성적 힘을 통해 이상적인 세계를 창조하려 한다(그는 지구공학 본연의 환상적인 약속들 앞에서 머뭇거리지 않을 것이다). 그러므로 우리는 이들이 무엇을 놓고 대치하고 있는지 알 수 있다. 레비스트로스(Lévi-Strauss, 1966)를 참조할 것.

9   우리는 이런 일들이 앞으로
벌어질지 어떨지 묻고 있는 게 아니다.
그런 일들은 이미 벌어지고 있기
때문이다. 단지 우리는 그것들이
언제쯤이면 명확해져서, 미래의 미래학
선언문들이, 말하자면 그들의 현재에
더욱 주의를 기울이게 될지 묻고 있을
뿐이다.

10   이처럼 오류에서 벗어났다는 듯이
민주주의적 자유의 "물신 숭배적"
성격을 인정하는 것은 그러한 자유의
유예가 "지구의 한계와 우리가 당면한
신체 형태를 넘어서" 호모 사피엔스를
확장해줄 "정치적 행동"의 조건으로
여겨지고 있음을 시사한다(Williams
and Srnicek, 2013). 우리가 받은
인상은 이 저자들이 지구에 매인, 필멸의
존재라는 인류의 조건 앞에서 느끼는
형이상학적인 공포를 거의 발작적인,
권위주의적 낙관론으로 간신히 숨기고
있다는 것이다.

11   "고도의" (또는 "첨단") 기술을
끝없이 정교화하면 환경 위기에서 벗어날
수 있을 거라는, 자주 반복되는 생각에
대한 설득력 있는 비판으로는 필리프
비우익스를 참조할 것. 그는 우리가
"낮은 기술에 기반한… 사회로 시급하게
가야 한다"는 "우상 파괴적인" 명제를
제시한다. 이 낮은 기술은 "틀림없이 덜
유연하고, 더 기본적이며, 아마도 약간은
덜 효율적이겠지만, 그러나 명백히
자원 효율성이 높고, 지역적으로 관리
가능하다"(Bihouix, 2014:10). 이는
오스왈드 지 안드라지가 식인 풍습에
대해 했던 말을 떠올리게 한다.
"이 세상에서 필기용 잉크가 고갈되었을
때 생존에 적합한 유일한 체계"라는.

12   "자본주의의 마법"에 대해서는
피냐르와 스탕게르스의 책(Pignarre and
Stengers, 2011)을 참조할 것.

결론: **253** 벼 랑 끝 의 세 상

13 원자력 에너지는 차치하고라도,
오염을 유발하지 않거나 "재생 가능한"
에너지—풍력, 태양열, 조력, 그리고
댐을 건설하는 과정에서 대규모
삼림파괴와 원주민의 퇴거를 수반하기
때문에 훨씬 많은 논란을 일으키는
수력 에너지—의 사용 증가와 바이오
원료생산을 위한 농업 지대의 전용은
지금까지, 안타깝게도, 하지만 예상할
수 있었듯이, 온실가스를 배출하는 화석
연료를 대체하기보다는 보완해왔다.
태양열과 풍력 발전 프로젝트가 야심
차게 진행되는 와중에도, 수압 파쇄와
해양 굴착은 모든 곳에서 전속력으로
확대되고 있으며, 곧 북극에서도
진행될 예정이다. 그리하여 지금까지
구상된 지구공학 프로젝트들이 (기후
시스템을 안정시킨다는 의미에서)
제대로 작동할 것 같지 않다고 해도, 그
아이디어 자체는, 그것이 국제 협상에서
플랜B라는 카드로 남아 있는 한, 현재의
이산화탄소 배출 양상을 유지하는 데
찬성하는 쪽의 주장에 보탬이 될 수 있다.
타누로(Tanuro, 2016)를 참조할 것.

14 가스통(Gaston, 2013:132)을
참조할 것. "이 공존하는 세계를
단순히 하나의 통일체나 차이의
상실로 취급하려는 시도를 경계하면서,
데리다는 동물과 인간에 대해서는
물론이고, 두 인간에 대해서도 그들이
'하나의 같은 세계'에 산다고 단언할
수 없다고 강조한다. 공존하는 세계
속에는 언제나 하나를 초과하는 세계가
존재한다고 데리다는 주장하려 한다."

15 아주 현실적인 퇴각에 대해서는
플루머(Plumer, 2014)를 참조할 것.

16 "충분히 좋은 어머니"에 관한
도널드 위니컷의 훌륭한 가르침(충분히
좋은 어머니는 아이를 정상적으로 키울
수 있을 만큼 좋은 어머니이다. 만일
어머니가 "지나치게 좋으면" 그 아이는
충분히 정상적이지 않을 것이다)은
우리가 지금 어떤 세계에서 살 수
있는지, 미래에는 어떤 세계에서 살 수
있을지에 대해 조바심을 내는 사람들의
귀에는 가닿지 못하는 것 같다. "집약적
충족"의 개념에 대해서는, 비베이루스
지 카스트루(Viveiros de Castro,
2011b)와 앤 라이언(Ryan, 2009)을
참조할 것.

17 전통 좌파들은 오늘날 우리를 지배하는 엘리트들과 동맹을 맺고 있으며, 원주민들에게서 어떤 부류의 "가난한 사람들"―해방될 운명인 노동자 계급의 미래의 구성원―을 발견할 뿐이다. 이제 원주민의 구조적 위치에서 이 "가난한 이들"을 바라볼 때가 되었다. 결국 브라질의 빈곤층의 민족적 매트릭스와 문화적 무의식의 많은 부분은 압도적으로 토착적이고 아프리카적이다. 이는 이들을 해방하고, 개선하고, 우리 자신의 "덜 가난한" 버전으로 바꾸어 놓는 것이 중요하지 않다는 뜻이다. 그들이 자기 결정권을 갖고 우리가 아닌 다른 무언가로, 다른 민족으로 바뀌는 것을, 따라가며 돕는 것이 중요하다. 다시 히베이루(Ribeiro, 2000)가 언젠가 그토록 아름답게 "브라질 민족"이라고 상상했던 민족, 도래할 민족―그런 민족이 하나라도 있었다면, 또는 하나라도 그런 민족이 되었다면.

18 "우리는 **과거에 저항할** 힘을 현재에 부여해야 한다. 이는 또한 '우리'에게로 이어지는 진보하는 역사의 한 부분으로 분류되는 것에서 벗어날 힘을 과거에 부여하면서, 과거를 **재활성화**한다는 뜻이다"(Stengers, 2013b:180. 강조는 저자). 스트래선(Strathern, 1999: 246)도 참조할 것. "어떤 면에서 '전통적인' 멜라네시아 사회는 20세기 초나 중반의 세계에 속했던 것보다도 훨씬 더 편안하게, 1980년대 이후 유럽의 사회경제적 발전에 의해 가능해진 어떤 비전들에 속해 있다." 무엇보다 식인의 정치적-형이상학적 개념(그 요소 중 하나인, 인류학적으로 전복적인 "이상한 사람(Erratics)"의 과학을 포함하여) 둘러싸고 이루어지는 강력한 성찰들을 볼 것. 원래 브라질 모더니즘에서 가장 위대한 철학자, 오스왈드 지 안드라지가 정교화하였고, 현재는 알렉상드르 노다리를 비롯한 현대 라틴 아메리카 사상가들이 발전시키는 중인 이 성찰을 여기서 다루기에는 불행히도 시간과 공간이 부족하다.

참고문헌

— AAP (2013) "Climate Change Likened to Heat of Bomb Blasts." *The Sydney Morning Herald*, June 23. Available at: <http://www.smh.com.au/environment/climate-change/climate-change-likened -to-heat-of-bomb-blasts-20130622-2opo7.html>.
— Abraham, John (2014) "Global Warming and the Vulnerability of Greenland's Ice Sheet." *Skeptical Science* blog, May 30. Available at: <http://www.skepticalscience.com/global-warming -vulnerability-greenland-ice-sheet.html>.
— Albert, Bruce (1985) "Temps du Sang, Temps des Cendres: Representation de la Maladie, Systéme Rituel et Espace Politique chez les Yanomami du Sud-Est (Amazonie Brésilienne)." Doctoral thesis, Université de Paris X (Nanterre). Albert, Bruce (1988) "La Fumée du Métal: Histoire et Représentations du Contact chez les Yanomami (Brésil)." *L'Homme* 106-7, 28(2-3): 87-119. Albert, Bruce (1993) "L'Or Cannibale et la Chute du Ciel. Une Critique Chamanique de l'Economie Politique de la Nature." *L'Homme* 126-8, 33(2-4): 349-78.
— Almeida, Mauro William Barbosa de (2008) "A Fórmula Canônica do Mito." *Lévi-Strauss: Leituras Brasileiras*. Edited by Ruben Caixeta de Queiroz and Renarde Faria Nobre. Belo Horizonte: Editora da UFMG, 147-82.
— Anders, Günther (2007) *Le Temps de la Fin*. Paris: L'Herne.
— Anderson, Kevin, and Alice Bows (2011) "Beyond 'Dangerous' Climate Change: Emission Scenarios for a New World." *Philosophical Transactions of the Royal Society A*, 369: 20-44.
— Available at: <http://rsta.royalsocietypublishing.org/content/369/1934/20.full>.
— Andrade, Oswald de (1990) "A Crise da Filosofia Messiânica." *A Utopia Antropofágica*. São Paulo: Globo, 101-59.
— Avelar, Idelber (2013) "Amerindian Perspectivism and NonHuman Rights." *Alter/nativas* 1: 1-21. Available at: <http:// alternativas.osu.edu/enlissues/autumn-2013/essays/avelar.html>.
— ASPTA (2013) "Encontro Nacional de Agricultoras e Agricultores Experimentadores Termina Celebrando a Partilha e a União." *ASPTA* website, November 1. Available at: <http://aspta.org.br/ 2013/11 /3o-encontro-nacional-de-agricultoras-e-agricultores -experimen tadores-termina -celebrando-a -partilha -e-a -uniao/>.
— Badiou, Alain (2009) "'L'Hypothèse Comuniste,' Interview à Pierre Gaultier." *Le Grand Soir*, August 6, 2009. Available at: <http:// www.legrandsoir.info/L-hypothese-communiste-interview-d-Alain -Badiou-par-Pierre.html>.
— Badiou, Alain, Thomas Bernatouil, Elie During, Patrice Maniglier, David Rabouin, and Jean-Pierre Zarander (2003) *Matrix: Machine Philosophique*. Paris: Ellipses.
— Barnosky, Anthony et al. (2012) "Approaching a State Shift in Earth's Biosphere." *Nature* 486: 52-8.

세 상 의 **257** 종 말

— Baudrillard, Jean (1976) *L'Échange Symbolique et la Mort*. Paris: Gallimard.
— Beller, Jonathan (2006) *The Cinematic Mode of Production: Attention Economy and the Society of the Spectacle*. Lebanon, NH: Dartmouth College Press/University Press of New England.
— Berardi, Franco (2009) *Precarious Rhapsody: Semiocapitalism and the Pathologies of the Post-Alpha Generation*. London: Minor Compositions.
— Betts, Richard A., Matthew Collins, Deborah L. Hemming, Chris D. Jones, Jason A. Lowe, and Michael G. Sanderson (2011) "When Could Global Warming Reach 4°C?" *Philosophical Transactions of the Royal Society A*, 369: 67-84.
— Bihouix, Philippe (2014) *L'Áge des Low Tech. Vers une Civilization Techniquement Soutenable*. Paris: Seuil.
— Bonneuil, Christophe, and Jean-Baptiste Fressoz (2016) *The Shock of the Anthropocene: Earth, History and Us*. London: Verso.
— Borges, Jorge Luis (2007) "Tlön, Uqbar, Orbis Tertius." *Labyrinths*. Translated by John M. Fein. New York: New Directions.
— Brassier, Ray (2007) *Nihil Unbound: Enlightenment and Extinction*. New York: Palgrave MacMillan.
— Brin, David (2012) *Existence*. London: Orbit.
— Brook, Barry et al. (2013) "Does the Terrestrial Biosphere Have Planetary Tipping Points?" *Trends in Ecology & Evolution* 28/7: 396-401.
— Brooke, John (2014) *Climate Change and the Course of Global History*. Cambridge: Cambridge University Press.
— Bruckner, Pascal (2014) *The Fanaticism of the Apocalypse: Save the Earth, Punish Human Beings*. Cambridge: Polity.
— Bryant, Levi, Nick Srnicek, and Graham Harman (eds.) (2011) *The Speculative Turn:--Continental Materialism and Realism*. Melbourne: Re:press.
— Butler, Octavia (2005) "Speech Sounds." *Bloodchild and Other Stories*. New York: Seven Stories Press, 87-110.
— Calavia, Oscar (2001) "El Rastro de los Pecaríes. Variaciones Míticas, Variaciones Cosmológicas e Identìdades Étnicas en la Etnología Pano." *Journal de la Société des Americanistes* 87: 161-76.
— Calheiros, Orlando (2014) "Aikewara: Esbocos de uma Sociocosmologia Tupi-Guarani." PhD thesis. Postgraduate Program in Social Anthropology, National Museum of Rio de Janeiro.
— Carid, Miguel (1999) "Yawanawa: da Guerra à Festa." MA dissertation. Postgraduate Program in Social Anthropology, Federal University of Santa Catarina.
— Catraca Livre (2014) "A Desigualdade Social no Mundo Captada em 6 Imagens Aéreas." *Catraca Livre* website, June 18. Available at: <https://catracalivre.com.br/geral/arquitetura/indicacao/ a-desigualdade-social-pelo-mundo-captada-em-6-imagens -aereas/>.
— CEPAT (2012) "Conjuntura da Semana. Gigantesco Retrocesso. Governo Cede a Ruralistas e 'Põe Fim' à Demarcaicão de Terras Indígenas." *Instituto Humanitas Online* website, s/d. Available at: <http://www.ihu.unisinos.br/cepat/cepat-conjuntura/520392 -conjuntura-da-semana-gigantesco-retrocesso-

governo-cede-a -ruralistas-e-poe-fim-a-demarcacao-de-terras-indigenas->.
— Chakrabarty, Dipesh (2009) "The Climate of History: Four Theses." Critical Inquiry 35: 197-222.
— Chakrabarty, Dipesh (2012) "Human Agency in the Anthropocene." *Perspectives on History* 50/9. Available at: <https://www . his to ria ns. org/ pub lie a tions-and-d i rectories/ perspectives-on -history/ december-2012/the-future-of-the-disci p line/human -agency-in-the-anthropocene>.
Chakrabarty, Dipesh (2014) "Climate and Capitalism: On Conjoined Histories." *Critical Inquiry* 42: 1-23.
C—hery, Dady (2014) "Antarctica's Accelerating Ice Collapse." *Climate and Capitalism* website, May 30. Available at: <http:// clima teandca pi talism.com/2014/0 5/30/antarcticas-accelerating -ice-collapse/>.
— Clark, Duncan, and KILN (2013) "Which Fossil Fuel Companies Are Most Responsible for Climate Change? -Interactive." *Guardian*, November 20. Available at: <http://www.theguardian .com/ environment/in teracti ve/2013 /nov /2 O/w hich-fossil-fu el -companies-responsible-climate-change-interactive>.
— Coccia, Emanuele (2013) "Mente e Matéria ou a Vida das Plantas." *Landa* 112: 197-220. Available at: <http://www.revistalanda.ufsc .br/Edicoes/vled2-2013.html>.
— Coetzee, J. M. (1999) *The Lives of Animals*. Princeton, NJ: Princeton University Press.
— Coghlan, Andy, and Debora MacKenzie (2011) "Revealed: The Capitalist Network that Runs the World." *New Scientist* 24. Available at: <https:// www.newscientist.com/article/mg21228354-500 -revealed-the-capitalist-network-that-runs-the-world/>.
— Conklin, Beth (2001) *Consuming Grief: Compassionate Cannibalism in an Amazonian Society*. Austin, TX: Texas University Press.
— Cook, John (2013a) "4 Hiroshima Bombs Worth of Heat per Second." *Skeptical Science* blog, July 1. Available at: <http:// www.skepticalscience.com/4-Hiroshima-bombs-worth-of-heat -per-second.html>.
— Cook, John (2013b) "4 Hiroshima Bombs per Second: A Widget to Raise Awareness about Global Warming." *Skeptical Science* blog, November 25. Available at: <http://www.skepticalscience.com/ 4-Hiroshima-bombs-per-second-widget-raise-awareness-global -warming.html>.
— Costa, Alyne de Castro (2014) "Guerra e Paz no Antropoceno: Uma Análise da Crise Ecológica segundo a Obra de Bruno Latour." MA dissertation. Philosophy Department, Pontifical Catholic University of Rio (PUC-Rio), Rio de Janeiro.
— Craig, Amanda (2012) "The Hunger Games and the Teenage Craze for Dystopian Fiction." *Telegraph*, March 14. Available at: <http:// www. telegraph .co. uk/culture/books/9143409/The-Hunger -Games-and-the-teenage-craze-for-dystopian-fiction.html>.
— Cronon, William (1995) *Uncommon Ground: Rethinking the Place in Nature*. New York: Norton.

— Crutzen, Paul (2002) "Geology of Mankind." *Nature* 415: 23.

— Crutzen, Paul, and Eugene Stoermer (2000) "The Anthropocene." *IGBP Newsletter* 41.

— Curry, Patrick (2011) *Ecological Ethics: An Introduction*, 2nd edn, fully revised and expanded. Cambridge: Polity.

— Danowski, Déborah (2001) "Indiferenca, Simetria e Perfeicão segundo Leibniz." *Kriterion* 42/104: 4971.

— Danowski, Déborah (2011a) "David Hume, o Comeco e o Fim." *Kriterion* 124: 331-43.

— Danowski, Déborah (2011b) "Ordem e Desordem na *Teodiceia* de Leibniz." *Revista Indice* 311: 41-55.

— Danowski, Déborah (2012a) "O Hiperrealismo das Mudancas Climáticas e as Várias Faces do Negacionismo." *Sopro* 70: 2-11. Available at: <http://www.culturaebarbarie.org/sopro/outros/ hiperrealismo.html#. VvxQ7 c4-Cu4>.

— Danowski, Déborah (2012b). "Καταστροφή:o Film e o Comeco." Paper presented at the colloquium *TerraTERRA* (People's Summit, Rio+20). Rio de Janeiro. Available at: <https://www.academia .edu/5071767/_o_fim_e_o_come co>.

— Davis, Mike Verso. (2006) *Planet of Slums*. London/New York: Verso

— Deleuze, Gilles (1990) *Logic of Sense*. Translated by Mark Lester with Charles Stivale. London: Athlone Press.

— Deleuze, Gilles (1995) "Control and Becoming." *Negotiations 1977-1990*. Translated by Martin Joughin. New York: Columbia University Press, 169-76.

— Deleuze, Gilles, and Felix Guattari (1987) *A Thousand Plateaus*. Translated by Brian Massumi. Minneapolis, MN: University of Minnesota Press.

— Deleuze, Gilles, and Felix Guattari (1994) *What Is Philosophy?* Translated by Hugh Tomlinson and Graham Burchell. New York: Columbia University Press.

— Derrida, Jacques (1984) "No Apocalypse, Not Now." *Diacritics*14/2: 20-31.

— Descola, Philippe (2013) *Beyond Nature and Culture*. Chicago, IL: Chicago University Press.

— Dick, Philip K. (1983) *Ubik*. New York: Daw Books.

— Domingos, João and Rafael Moraes Moura (2012) "Pessoas Contrárias a Hidrelétricas na Amazônia Vivem 'Fantasia', diz Dilma." *Estado de São Paulo*, April 5. Available at: <http://ciencia.estadao .com.br/noticias/geral,pessoas-contrarias-a-hidreletricas-na-amazonia -vivem-fantasia-diz-dilma,857484>.

— Ennis, Paul (2013) "The Claim That We Are Already Dead." Unpublished manuscript.

— ETC Group (2008) "Who Owns Nature? Corporate Power and the Final Frontier in the Commodification of Life." *ETC Group* website. Available at: <http://www.etcgroup.org/content/ who-owns-nature>.

— Evans-Pritchard, Edward (1939) "Nuer Time-Reckoning." *Journal of the International African Institute* 12/2: 189-216.

— Farman, Abou (2012) "Re-Enchantment Cosmologies: Mastery and Obsolescence in an Intelligent Universe." *Anthropological Quarterly* 85/4: 1069-88.

— Fasullo, John et al. (2013) "Australia's Unique Influence on Global Sea Level, 2010-2011." *Geophysical Science Letters* 40/16: 4368-73.

— Fausto, Juliana (2013) "Terranos e Poetas: o 'Povo de Gaia' como 'Pavo que Falta'." *Landa* 2/1: 165-81.

— Fisher, Mark (2014) "Predator versus Avatar." *#Accelerate. The Accelerationist Reader*. Edited by Armen Avanessian and Robin Mackay. Falmouth/Berlin: Urbanomic/Merve, 335-46.

— Foer, Jonathan Safran (2010) *Eating Animals*. London: Penguin.

— Food Processing (2015) "Food Processing's Top 100." *Food Processing* website. Available at: <http://www.foodprocessing.com/ top 100/top-100-20131>.

— Fossil Free Indexes (2015) "The Carbon Underground. The World's Top 200 Public Companies Ranked by the Carbon Content of their Fossil Fuel Reserves." *Fossil Free Indexes* website. Available at: <http://fossilfreeindexes.com/research/the-carbon -underground/>.

— Foucault, Michel (1973) *The Order of Things*. Translated by Alan Sheridan. New York: Vintage.

— Freedman, Andrew (2013) "Australia's Flooding Rains Briefly Slowed Sea Level Rise." *Climate Central*, August 21. Available at: <http://www.climatecentral.org/news/floods-in-australiabriefly-slowed-sea-level-rise-study-finds-163 7>.

— Freedman, Andrew (2014) "Are We Totally Screwed? What Antarctica's 'Collapsing' Ice Sheet Means for Us." *Mashable*, May 20. Available at: <http://rnashable.com/2014/05/20/antarctia -collapse-ice-sheet-how-worried/?utm_cid=mash-com-Tw-% 20main-link#DcW2bKL7caq2>.

— Gabriel, Markus (2009) "The Mythological Being of Reflection." In Markus Gabriel and Slavoj Zizek, *Mythology, Madness, and Laughter: Subjectivity in German Idealism*. London: Continuum, 81-8.

— Galinier, Jacques and Antoinette Molinié (2006) *Les neo-Indiens, une Religion du IIIeme Millenaire*. Paris: Odile Jacob.

— Gallois, Dominique (1987) "O Discurso Waiãpi sobre o Ouro. Um Profetismo Moderno." *Revista de Antropologia* 30/31/32: 457-67.

— Gaston, Sean (2013) *The Concept of World from Kant to Derrida*. London: Rowman & Littlefield.

— Gerbi, Antonello (2010) *The New World Dispute: The History of a Polemic, 1750-1900*. Pittsburgh, PA: University of Pittsburgh Press.

— Gil, Marie, and Patrice Maniglier (2015) *La Conversation des Images*. Paris: Bayard.

— Goldman, Irving (1975) *The Mouth of Heaven: An Introduction to Kwakiutl Religious Thought*. New York: Wiley & Sons.

— Hache, Émilie (ed.) (2014) *De l'Univers Clos au Monde Infini*. Bellevaux: Editions Dehors.

— Hache, Émilie, and Bruno Latour (2010) "Morality or Moralism? An Exercise in Sensitization." *Common Knowledge* 16: 311-30.

— Hamilton, Clive (2010) *Requiem for a Species: Why We Resist the Truth about Climate Change*. Abingdon: Earthscan.

— Hamilton, Clive (2012) "Love Your Scapegoats." *The Breakthrough Institute* website. Available at: <http://thebreakthrough.org/ index.php/journal/letters-to-the-editor/love-your-scapegoats/>.

— Hamilton, Clive (2014) "The New Environmentalism Will Lead Us to Disaster." *Scientific American*, June 19. Available at: <http:// www.scientificamerican.com/article/the-new-environmentalism -will-lead-us-to-disaster/>.

— Hammer, Patricia (2014) "Patsa Puqun: Ritual and Climate Change in the Andes." *Re Vista. Harvard Review of Latin America*, Available at: <http:// revista.drclas.harvard.edu/book/patsa-puqun>.

— Hansen, James (2012) "Why I Must Speak Out About Climate Change." *TED* website. Available at: <http://www.ted.com/talks/james_hansen_why_i_must_s peak_out_about_climate_change#t453989>.

— Hansen, James, Makiko Sato, and Reto Ruedy (2012) "The New Climate Dice: Public Perception of Climate Change." *National Aeronautics and Space Administration/Goddard Institute for Space Studies* website. Available at: <http://www.giss.nasa.gov/ research/briefs/hansen_l 7>.

— Hansen, James, et al. (2016) "Ice Melt, Sea Level Rise and Superstorms: Evidence from Paleoclimate Data, Climate Modeling, and Modern Observations that 2 °C Global Warming Could Be Dangerous." *Atmos. Chem. Phys.* 16: 3761-812.

— Haraway, Donna (2013) "Cosmopolitical Critters, SF, and Multispecies Muddles." Paper presented at the *Gestes Spéculatifs* Colloquium, Centre Culture! International de Cérisy.

— Hastrup, Kirsten (1990) "The Ethnographic Present: A Reinvention." *Cultural Anthropology* 5/1: 45-61.

— Hegel, Georg Wilhelm Friedrich (1956) *The Philosophy of History*. Translated by C.J. Friedrich. New York: Dover.

— Hunt, Terry, and Carl Lipo (2011) *The Statues that Walked: Unraveling the Mystery of Easter Island*. New York: Free Press.

— International Union for Conservation of Nature (2009) "Extinction Crisis Continues Apace." *International Union for the Conservation of Nature* website, November 13. Available at: <http:// www.iucn.org/?4143/Extinction-crisis-continues-apace>.

— Israel, Brett (2010) "Study: Ocean Warmed Significantly Over Past 16 Years." *Live Science*, May 19. Available at: <http://www.livescience.com/ 6472-study-ocean-warmed-significan tly-16-years.html>.

— Jensen, Casper B. (2013) "Two Forms of the Outside: Castañeda, Blanchot, Ontology." *Hau -Journal of Ethnographic Theory* 3/3: 309-35. Available at: <http://www.haujournal.org/index.php/hau/ article/view/122>.

— Jonas, Hans (1985) *The Imperative of Responsibility: In search of an Ethics for the Technological Age*. Chicago, IL: University of Chicago Press.

— Kingsnorth, Paul and Dougald Hine (2009) *The Dark Mountain Project Manifesto. The Dark Mountain Project* website, at: <http://dark-mountain.net/about/manifesto/>.

— Kolbert, Elizabeth (2014) *The Sixth Extinction: An Unnatural History*. New York: Henry Holt & Co.
— Kopenawa, Davi and Bruce Albert (2013) *The Falling Sky: Words of a Yanomami Shaman*. Cambridge, MA: Harvard University Press.
— Koyré, Alexandre (2003) *Du Monde Clos à l'Univers Infini*. Paris: Gallimard.
— Kroijer, Stine (2010) "Figurations of the Future: On the Form and Temporality of Protests Among Left Radical Activists in Northern Europe." *Social Analysis* 54/3: 139-52.
— Krulwich, Robert (2013) "What Happened on Easter Island: A New (even Scarier) Scenario." *Krulwich Wonders* blog, *NPR* website, December 10. Available at: <http://www.npr.org/blogs/ krulwich/2013/12/09/249728994/ what-happened-on-easter -island-a-new-even-scarier-scenario>.
— Kurzweil, Ray (2005) *The Singularity Is Near: When Humans Transcend Biology*. New York: Penguin.
— Kurzweil, Ray (2009) "The Coming Singularity." *YouTube*. Available at: <https://www.youtube.com/watch?v=lulzSluCOcE>.
— Land, Nick (2011) *Fanged Noumena: Collected Writings 1987-2007*. Windsor Quarry/New York: Urbanomic/Sequence.
— Latour, Bruno (1993) *We Have Never Been Modern*. Translated by Catherine Porter. Cambridge, MA: Harvard University Press.
— Latour, Bruno (2002) *War of the Worlds: What About Peace?* Chicago, IL: Prickly Paradigm Press.
— Latour, Bruno (2008) "Le Fant6me de !'Esprit Public. Des Illusions de la Démocratie aux Réalites de Ses Apparitions." Introduction to Walter Lippmann. *Le Public Fantôme*. Paris: Editions Demopolis, 3-49.
— Latour, Bruno (2010a) *On the Modern Cult of the Factish Gods*. Durham, NC: Duke University Press.
— Latour, Bruno (2010b) "An Attempt at a 'Compositionist Manifesto'." *New Literary History* 41: 471-90.
— Latour, Bruno (2011a) "Love Your Monsters." In Ted Norhaus and Michael Shellenberger, *Love Your Monsters: Postenvironmentalism and the Anthropocene*. Oakland, CA: Breakthrough Institute, 17-25.
— Latour, Bruno (2011b) "Waiting for Gaia: Composing the Common World Through Arts and Politics." Lecture at the Institut Franicais, London, November 21.
— Latour, Bruno (2013a) *Facing Gaia: Six Lectures on the Political Theology of Nature. Being the Gifford Lectures on Natural Religion*. Lectures at Edinburgh University, February 18-28.
— Latour, Bruno (2013b) "War and Peace in an Age of Ecological Conflicts." Lecture at the Peter Wall Institute, Vancouver, September 23.
— Latour, Bruno (2013c) "Antropólogo Francês Bruno Latour Fala sobre Natureza e Política." Interview with Fernando Eichenberg. *O Globo*, December 28. Available at: <http://blogs.oglobo.globo.com/prosa/post/antropologo-frances-bruno-latour-fala-sobre-natureza-politica-519316.html>.
— Latour, Bruno (2013d) *An Inquiry into Modes of Existence: An Anthropology*

세 상 의 **263** 종 말

of the Moderns. Translated by Catherine Porter. Cambridge, MA: Harvard University Press.
— Latour, Bruno (2015) *Face à Gaia: Huit conférences sur le nouveau régime climatique*. Paris: Les Empêcheurs de Penser en Rond/La Découverte.
— Le Guin, Ursula (2010) *The Word for World is Forest*. New York: Tor Books.
— Leibniz, Gottfried W. (1990) *Theodicy: Essays on the Goodness of God, the Freedom of Man and the Origin of Evil*. Edited with an introduction by Austin Farrer. Translated by E. M. Huggard. Chicago, IL: Open Court.
— Lévi-Strauss, Claude (1952) *Race and History*. Paris: UNESCO.
— Lévi-Strauss, Claude (1961) *Tristes Tropiques*. Translated by John Russell. New York: Criterion Books.
— Lévi-Strauss, Claude (1966) *The Savage Mind*. Translated by John and Doreen Weightman. Chicago, IL: University of Chicago Press.
— Lévi-Strauss, Claude (1975) *he Raw and the Cooked Mythologiques* volume 1. Translated by John Weightman and Doreen Weightman. New York: Harper & Row.
— Lévi-Strauss, Claude (1988) *The jealous Potter*. Translated by Benédict Chorier. Chicago, IL: University of Chicago Press.
— Lévi-Strauss, Claude (1996) *The Story of Lynx*. Translated by Catherine Tihanyi. Chicago, IL: University of Chicago Press.
— Lévi-Strauss, Claude (2001) "La Lecon de Sagesse des Vaches Folles." *Etudes Rurales* 157-8: 9-14.
— Lima, Tania S. (1996) "O Dois e Seu Múltiplo: Reflexões sobre o Perspectivismo em uma Cosmologia Tupi." *Mana* 2/2: 21-47.
— Lima, Tania S. (2005) *Um Peixe Olhou para Mim: o Pavo Yudjá e a Perspectiva*. São Paulo: Edunesp/NuTI/ISA.
— Lindblom, Jon (2012) "Techno-Cultural Acceleration. A Few Initial Remarks." Available at: <https://www.academia.edu/5686084/ Techno-Cultural_Accelerati on_A_Few_Initial_Remarks>.
— Lispector, Clarice (2011) *The Hour of the Star*. Translated by Benjamin Moser. New York: New Directions.
— Litaiff, Aldo (1996) *As Divinas Palavras. Identidade Étnica dos Guarani-Mbyá*. Florianópolis: UFSC.
— Lyman, John et al. (2010) "Robust Warming of the Global Upper Ocean." *Nature* 465: 334-7.
— McCarthy, Cormac (2006) *The Road*. New York: Vintage.
— Macedo, Valeria (n.d.) "A Cosmopolftica das Mudancas (Climáticas e Outras)." *Instituto Socio-Ambiental* website. Available at: <http://pib.socioambiental.org/pt/c/no-brasil-atual/narrativas -indigenas/ a-cosmopoli tica-das-mudancas-% 28clima ticas-e-outras%29>.
— Mackay, Robin (2012) "Nick Land - an Experiment in Inhumanism." *Umelec* 2012/1. Available at: <http://divus.cc/london/en/article/nick-land-ein-experiment-im-inhumanismus>.
— MacKinnon, James Bernard (2013) *The Once and Future World: Nature As It Was, As It Is, As It Could Be*. New York: Houghton Mifflin Harcourt.

— Mann, Charles (2005) *1491: New Revelations of the Americas Before Columbus*. New York: Vintage.
— Mann, Michael (2012) *The Hockey Stick and the Climate Wars: Dispatches from the Front Lines*. New York: Columbia University Press.
— Maranda, Pierre (ed.) (2001) *The Double Twist: From Ethnography to Morphodynamics*. Toronto: University of Toronto Press.
— Masco, Joseph (2010) "Bad Weather: on Planetary Crisis." *Social Studies of Science* 40/1: 7-40.
— Masco, Joseph (2012) "The End of Ends." *Anthropological Quarterly* 85/4: 1107-24.
— Meillassoux, Quentin (2009) *After Finitude: An Essay on the Necessity of Contingence*. Translated by Ray Brassier. London: Bloomsbury.
— Meillassoux, Quentin (2012) "Iteration, Reiteration, Repetition: A Speculative Analysis of the Meaningless Sign." Lecture at the Freie Universität, Berlin, April 20. Available at: <https://cdn .shopify.com/s/files/1/0069/6232/files/Meillassoux_Workshop_Berlin.pdf>.
— Mesquita, Erika (2013) "'Ver de Perto pra Contar de Certo.' As Mudarncas Climáticas sob os Olhares dos Moradores da Floresta." Doctoral thesis. Anthropology Department, University of Campinas.
— Milton, John (2008) *Paradise Lost*. Oxford: Oxford University Press.
— Monbiot, Georges (2014) "Destroyer of Worlds." *George Monbiot* website, March 24. Available at: <http://www.rnonbiot.corn/2014/03/24/destroyer-of-worlds/>.
— Morton, Timothy (2010) *The Ecological Thought*. Cambridge, MA: Harvard University Press.
— Morton, Timothy (2013) *Hyperobjects: Philosophy and Ecology After the End of the World*. Minneapolis, MN: University of Minnesota Press.
— Nimuendaju, Curt (1987) *As Lendas da Criacão e Destruicão do Mundo coma Fundamentos da Religião dos Apapocúva Guarani*. São Paulo: HUCITEC/EDUSP.
— Nixon, Rob (2011) *Slow Violence and the Environmentalism of the Poor*. Cambridge, MA: Harvard University Press.
— No REDD in Africa Network (2014) "Forced Relocation of Sengwer People Proves the Urgency of Cancelling REDD." *No REDD in Africa Network* website, March 12. Available at: <http://no-redd -africa. org/index.php/2-unca tegorised/101-press-release-forced -relocation-of-sengwer-people-proves-urgency-of-canceling-redd>.
— Nodari, Alexandre, and Flavia Cera. (2013) "A Horda Zumbi." *Rastros* 6: 1-4.
— Nordhaus, Ted, and Michael Shellenberger (2009) *Break Through: Why We Can't Leave Saving the Planet to Environmentalists*. New York: Mariner Books.
— Nordhaus, Ted, and Michael Shellenberger (2011) "The Long Death of Environmentalism." Lecture at the Yale School of Forestry and Environmental Studies, February 25. Available at: <http:// thebreakthrough.org/archive/the_long_death_of_environmenta>.
— Nordhaus, Ted, Michael Shellenberger, and Linus Blomqvist (2012) *The

세 상 의 **265** 종 말

Planetary Boundary Hypothesis: A Review of the Evidence. Oakland, CA: Breakthrough Institute.

— Noys, Benjamin (2008) "Accelerationism." *No Useless Leniency* blog, October 20. Available at: <http://leniency.blogspot .corn.br/2008/1O/accelerationism.html>.

— Noys, Benjamin (2012) "Cyberpunk Phuturisrn: The Politics of Acceleration." Talk given at the University of Brasflia, October 1. Available at: <https://www.academia.edu/2197499/ Cybernetic_Phuturism_The_Politics_of_Acceleration>.

— Noys, Benjamin (2014) Malign Velocities: *Speed and Capitalism*. Winchester: Zero Books.

— Nunes, Rodrigo (2014) "Ancestrality." *The Meillassoux Dictionary*. Edited by Peter Gratton and Paul J. Ennis. Edinburgh: Edinburgh University Press, 22-4. Ordnung, Alison (2013) "Touching on 12-12-13 at Kraupa-Tuskany Zeidler." *AQNB* website, December 23. Available at: <http://www.aqnb.com/2013/12/23/touching-on-14-12-13'-at-kraupa -tuskany-zeidler/>.

— Oreskes, Naomi, and Erik M. Conway (2010) *Merchants of Doubt: How a Handful of Scientists Obscured the Truth on Issues from Tobacco Smoke to Global Warming*. New York: Bloomsbury Press.

— Oreskes, Naomi, and Erik M. Conway (2014) *The Collapse of Western Civilization: A View from the Future*. New York: Columbia University Press. Palsson, Gisli, et al. (2013) "Reconceptualizing the 'Anthropos' in the Anthropocene: Integrating the Social Sciences and Humanities in Global Environmental Change Research." *Environmental Science & Policy* 28 (2013): 3-13.

— Peeples, Lynn (2014) "The Stomach Bacteria That Could Prolong Your Life." *Huffington Post*, May 21. Available at: <http://www .huffington post.com/2014/05/21/microbes-children-health _n_5366066.html?&ncid=twe etlnkushpmg00000048>.

— Pessoa, Fernando (2013) *Livro do Desassossego*. Edited by Jerónimo Pizarro. Rio de Janeiro: Tinta-da-China.

— Pierri, Daniel (2013) "Como Acabará Essa Terra? Reflexões sobre a Cataclismologia Guarani-Mbyá, á Luz da Obra de Nimuendaju." *Revista Tellus* 24.

— Pierri, Daniel (2014a) "O Perecível e o Imperecível. Lógica do Sensível e Corporalidade no Pensamento Guarani-Mbyá." MA dissertation, Anthropology Department, University of São Paulo.

— Pierri, Daniel (2014b) "O Dono da Figueira e a Origem de Jesus. Uma Crítica Xamânica ao Cristianismo." *Revista de Antropologia* 511: 265-301.

— Pignarre, Philippe, and Isabelle Stengers (2011) *Capitalist Sorcery: Breaking the Spell*. Translated by Andrew Goffey. London: Palgrave Macmillan.

— Plumer, Brad (2014) "Should We Try to Fight Rising Sea Levels-or Abandon the Coasts?" *Vox*, 9 July. Available at: <http://www.vox.com/2014/512215735144/rising-sea-levels-abandoning-the-coasts>.

— Povinelli, Elisabeth (2013) "Geontologies: Indigenous Worlds in the New Media and Late Liberalism." Lecture at the Colloquium *Métaphysiques*

Comparées, Centre Culturel International de Cérisy, July-August 2013.
— Ribeiro, Darcy (2000) *The Brazilian People: The Formation and Meaning of Brazil*. Gainesville, FL: University Press of Florida.
— Rockström, Johan, et al. (2009) "A Safe Operating Space for Humanity". *Nature* 461: 472-5. Available at: <http://www.nature.com/nature/journal/v461/n7263/full/461472a.html>.
— Ryan, Anne (2009) *Enough Is Plenty: Public and Private Policies for the 21st Century*. Winchester: Zero Books.
— Sahlins, Marshall (2013) *What Kinship Is—and Is Not*. Chicago, IL: University of Chicago Press.
— Sahlins, Marshall (2014) "On the Ontological Scheme of *Beyond Nature and Culture*." HAU: *Journal of Ethnographic Theory* 4/1: 281-90.
— Salmon, Gildas (2013) "De la Delegation Ontologique: Naissance de l' Anthropologie Néo-Classique." Lecture presented at the Colloquium *Métaphysiques Comparées*, Centre Culturel International de Cérisy, July-August 2013.
— Schieffelin, Edward (1976) *The Sorrow of the Lonely and the Burning of the Dancers*. New York: St. Martin's Press.
— Schmitt, Carl (2006) *The Nomos of the Earth in the International Law of the Jus Publicum Europaeum*. Translated and annotated by G. L. Ulmen. New York: Telos Press.
— Shapin, Steven (2014) "Libel on the Human Race." *London Review of Books* 36/11: 26-9.
— Shaviro, Steven (2009) "Against Self-Organization." *The Pinocchio Theory* blog, May 26. Available at: <http://www.shaviro.com/Blog/?p=756>.
— Shaviro, Steven (2011) "Panpsychism and/or Eliminativism." *The Pinocchio Theory* blog, October 4. Available at: <http:// www.shaviro.com/Blog/?p= 1012>.
— Shaviro, Steven (2012) "Melancholia, or the romantic anti-sublime". *Sequence* 1.1. Available at: <http://reframe.sussex.ac.uk/sequence/files/2012/12/MELANCHOLIA-or-The-Romantic-Anti-Sublime -SEQUENCE-1.1-2012-Steven-Shaviro.pdf>.
— Shryock, A., and D. L. Smail (2011) Deep History: The Architecture of Past and Present. Berkeley, CA: University of California Press.
Sloterdijk, Peter (2014) *Globes. Spheres, Volume 2: Macrospherology*. Translated by Wieland Hoban. Los Angeles, CA: Semiotext(e).
— Sollin, Sverker and Paul Warde (eds.) (2011) *Nature's End: History and the Environment*. London: Palgrave MacMillan.
— Solnit, Rebecca (2004) *Hope in the Dark: Untold Histories, Wild Possibilities*. New York: Nation Books.
— Sonny, Julian (2013) "The Ten Things Technology Will Allow You to Do in the Next 50 Years." *Elite Daily* website, May 9. Available at: <http://elitedaily.com/news/technology/the-10-things-technology-will-allow-you-to-do-in-the-next-50-years>.
— Srnicek, Nick, Alex Williams, and Armen Avanessian (2014) "#Ac-

세 상 의 **267** 종 말

celerationism: Remembering the Future." *Critical Legal Thinking* blog, February 10. Available at: <http://criticallegalthinking.com/2014/02/10/accelerationism-remembering-future/>.

— Steffen, Will et al. (2015) "Planetary Boundaries: Guiding Human Development on a Changing Planet." *Science* 347: 6223.

— Stengers, Isabelle (2013a) "Matters of Cosmopolitics: Isabelle Stengers in Conversation with Heather Davis and Etienne Turpin on the Provocations of Gaïa." *Architecture in the Anthropocene: Encounters among Design, Deep Time, Science, and Philosophy*. Edited by Etienne Turpin. Ann Arbor, MI: Open Humanities Press, 171-82.

— Stengers, Isabelle (2013b) *Une Autre Science Est Possible! Manifeste pour un Ralentissement des Sciences*. Paris: La Découverte.

— Stengers, Isabelle (2015) *In Catastrophic Times: Resisting the Coming Barbarism*. Translated by Andrew Gaffey. New Jersey: Open Humanities Press/Meson Press.

— Sterzi, Eduardo (2009) "O Reino e o Deserto. A Inquietante Medievalidade do Moderno." *Letteratura d' America (Brasiliana)* 29/125: 61-87. Available at: <https://periodicos.ufsc.br/ index.php/nelic/article/view/26462>.

— Stewart, George R. (1949) *Earth Abides*. New York: Ballantine Books.

— Strathern, Marilyn (1999) *Property, Substance and Effect: Anthropological Essays on Persons and Things*. London: Athlone Press.

— Strathern, Marilyn (2004) *Partial Connections*. Updated edition. Walnut Creek, CA: AltaMira Press.

— Strawson, Galen, et al. (2006) *Consciousness and Its Place in Nature: Does Physicalism Entail Panpsychism?* Exeter/Charlottesville: Imprint Academic.

— Sullivan, Lawrence Eugene (1988) *Icanchu's Drum: An Orientation to Meaning in South American Religions*. New York: Macmillan.

— Szendy, Peter (2011) *Kant chez Les Extraterrestres: Philosofictions Cosmopolitiques*. Paris: Minuit.

— Szendy, Peter (2015) *Apocalypse-Cinema: 2012 and Other Ends of the World*. Translated by Will Bishop. New York: Fordham University Press.

— Tanuro, Daniel (2016) "The Specter of Geoengineering Haunts the Paris Climate Agreement." *Climate and Capitalism*, January 25. Available at: <http://climateandcapitalism.com/2016/01/25/the-specter-of-geoengineering-haunts-the-paris-climate-agreement/>.

— Tarde, Gabriel (1974) *Underground Man*. Translated by Cloudesley Brereton. Westport, CT: Hyperion.

— Tarde, Gabriel (1980) *Fragment d'Histoire Future*. Paris: Slatkine.

— Tarr, Béla (2011) Interview with Vladan Petkovic. *Cineuropa* website, March 4. Available at: <http://cineuropa.org/it.aspx?t =interview&lang=en&document ID=198131>.

— United Nations Permanent Forum on Indigenous Issues (2009) "Who Are Indigenous Peoples?" *United Nations* website, n/d. <http://www.un.org/esa/socdev/unpfii/documents/5session _factsheet1. pdf>.

— Valentine, David (2012) "Exit Strategy: Profit, Cosmology, and the Future of

Humans in Space." *Anthropological Quarterly* 85/4: 1045-68.
— Vidal, John (2003) "Every Third Person Will be a Slum Dweller within 30 Years, UN Agency Warns." *Guardian*, October 4. Available at: <http://www.theguardian.com/world/2003/oct/04/ population.johnvidal>.
— Viveiros de Castro, Eduardo (1998) "Cosmological Deixis and Amerindian Perspectivisrn." *Journal of the Royal Anthropological Society* 4/3: 469-88.
— Viveiros de Castro, Eduardo (2004). "Exchanging Perspectives: The Transformation of Objects into Subjects in Amerindian ontologies." *Common Knowledge* 10/3: 463-84.
— Viveiros de Castro, Eduardo (2006) "No Brasil Todo Mundo é Índio Exceto Quern Não É." Instituto *Socio-Ambiental* website. Archived at: <http://pib.socioambiental.org/files/file/PIB_institucional/No_Brasil_todo_mundo_é_ %C3%ADndio.pdf>.
— Viveiros de Castro, Eduardo (2007) "The Crystal Forest: Notes on the Ontology of Amazonian Spirits." *Inner Asia* (Special Issue: Perspectivism) 9/2: 153-72.
— Viveiros de Castro, Eduardo (2011a) "Zeno and the Art of Anthropology: of Lies, Beliefs, Paradoxes, and Other Truths." *Common Knowledge* 17/1: 128-45.
— Viveiros de Castro, Eduardo (2011b) "Desenvolvimento Econômico e Reenvolvirnento Cosmopolítico: da Necessidade Extensiva á Suficiência Intensiva." *Sopro* 51: 1-11. Available at: <http:// culturaebarbarie.org/sopro/outros/suficiencia.html>.
— Viveiros de Castro, Eduardo (2012a) "Transformacão na Antropologia, Transformcão da Antropologia." *Mana* 18/1: 151-71.
— Viveiros de Castro, Eduardo (2012b) *Cosmological Perspectivism in Amazonia and Elsewhere. Four Lectures Given in the Department of Social Anthropology, Cambridge University, February/March 1998*. Hau Masterclass Series Volume 1. Available at: <http://www.haujournal.org/index.php/masterclass/issue/view/Masterclass%20Volurne%201>.
— Viveiros de Castro, Eduardo (2014) *Cannibal Metaphysics*. Translated by Peter Skafish. Minneapolis, MN: Univocal.
— Wagner, Roy (1981) *The Invention of Culture*, 2nd edn. Chicago, IL University of Chicago Press.
— Walsh, Bryan (2008) "Ted Nordhaus and Michael Shellenberger." *Time* magazine, September 24. Available at: <http://content.time.com/time/specials/packages/article/0,28804, 1841778_184 I 779 _1841804,00.html>.
— Walsh, Fergus (2014) "'Golden Age' of Antibiotics 'Set to End'." *BBC*, January 8. Available at: <http://www.bbc.com/news/health-25654112>.
— Ward, Peter (2009) *The Medea Hypothesis: Is Life on Earth Ultimately Self-destructive?* Princeton, NJ: Princeton University Press, Book Club Edition.
— Wark, McKenzie (2004) *A Hacker Manifesto*. Cambridge, MA: Harvard University Press.
— Wark, McKenzie (2013) "#Celerity: a Critique of the Manifesto for an Accelerationist Politics." Available at: <http://speculativeheresy.wordpress.com/2013/05/14/celerity-a-critique-of-the-rnanifesto-for-an-accelerationist-

세 상 의 **269** 종 말

politics/>.
— Weisman, Alan (2007) *The World Without Us*. New York: Thomas Dunne/St. Martin's Press.
— Weisman, Alan (2009) "The World Without Us." *AP04* website, April 6. Available at: <http://apo4.com/Science!fheWorldWithoutUs>.
— Weisman, Alan (2013) "Crowded Planet. A Conversation with Alan Weisman." *Orion Magazine* website, October 22. Available at: <http://www.orionmagazine.org/index.php/articles/article/ 7694>.
— Weiss, Gerald 157-72. (1972) "Campa Cosmology." *Ethnology* 9/2: 157-72
— Weston, Jessie Laidlay (1920) *From Ritual to Romance*. Available at: <http://www.gutenberg.org/ebooks/4090>.
— Whitehead, Alfred North (1979) *Process and Reality: An Essay in Cosmology*. New York: The Free Press /Macmillan.
— Williams, Alex, and Nick Srnicek (2013) "#ACCELERATE. Manifesto for an Accelerationist Politics." *Critical Legal Thinking* website, May 14. Available at: <http://criticallegalthinking .com/2013/05/14/accelerate-manifesto-for-an-accelerationistpolitics/>.
— Williams, Evan Calder (2011) *Combined and Uneven Apocalypse: Luciferian Marxism*. Winchester: Zero Books.
— Zeebe, Richard E., Andy Ridgwell, and James C. Zachos (2016) "Anthropogenic Carbon Release Rate Unprecedented during the Past 66 Million Years." *Nature Geoscience* 9: 325-9.
— Zourabichvili, Frarn;ois (2012) *Deleuze: A Philosophy of the Event* together with *The Vocabulary of Deleuze*. Edited by Gregg Lambert and Daniel W. Smith. Translated by Kieran Aarons. Edinburgh: Edinburgh University Press.

세상의 271 종말

인명

세상의 종말
좀비 아포칼립스에서 인류세까지 종말론에 대한 단상

초판 1쇄 2026년 2월 9일

지은이 데보라 다노프스키, 에두아르두 비베이루스 지 카스트루
옮긴이 김현경, 이승연

펴낸이 주일우
편집 정아린
디자인 워크룸 프레스

펴낸곳 이음
출판등록 제2005-000137호(2005년 6월 27일)
주소 서울시 마포구 토정로 222 한국출판콘텐츠센터 210호 (04091)
전화 02-3141-6126
팩스 02-6455-4207
전자우편 editor@eumbooks.com
홈페이지 www.eumbooks.com
인스타그램 @eum_books

ISBN 979-11-94172-21-5(93300)
값 28,000원